湖南省"芙蓉计划"高校优秀思想政治工作者"培养有温度的基层健康守护者团队"项目成果。

九州文库

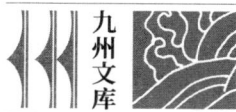

《中国近现代史纲要》专题教学详案

许健柏　全艳君　仲　玮　编著

九州出版社
JIUZHOUPRESS

图书在版编目（CIP）数据

《中国近现代史纲要》专题教学详案／许健柏，全
艳君，仲玮编著．－－北京：九州出版社，2025.1.
ISBN 978-7-5225-3550-0

Ⅰ. K25

中国国家版本馆 CIP 数据核字第 2025BB2342 号

《中国近现代史纲要》专题教学详案

作　　者	许健柏　全艳君　仲　玮　编著	
责任编辑	蒋运华	
出版发行	九州出版社	
地　　址	北京市西城区阜外大街甲 35 号（100037）	
发行电话	（010）68992190/3/5/6	
网　　址	www.jiuzhoupress.com	
印　　刷	唐山才智印刷有限公司	
开　　本	710 毫米×1000 毫米　16 开	
印　　张	17	
字　　数	305 千字	
版　　次	2025 年 1 月第 1 版	
印　　次	2025 年 1 月第 1 次印刷	
书　　号	ISBN 978-7-5225-3550-0	
定　　价	95.00 元	

前　言

　　《〈中国近现代史纲要〉专题教学详案》依托教育部思政课"马克思主义理论研究和建设工程重点教材"《中国近现代史纲要》（2023年版）进行编撰。该编撰打破了教材原有的章节顺序，以专题的形式进行全新视角的教案设计，力图实现"教材体系向教学体系转换"的目标。该书编撰过程中突出三个方面的特色创新：一是突出政治性和学理性相统一。该书的每一个专题都突出政治性，以习近平总书记有关党史学习教育重要论述为指引，有机地融入专题教学内容，强化了"纲要"课的政治内涵。同时，每一个教学专题都突出学理性，有机融入学术界最新学术成果，帮助拓展学生思考的深度和广度。二是突出价值性和知识性相统一。该书围绕二十大之后党的创新理论，将"五史"研究成果有机融入"纲要"课专题教学，既拓宽了学生在中国近现代史教育中的时空视野，也增强了学生学习的获得感和自豪感。三是突出教学多样性和实效性相统一。该书的专题教案有机融入了多种教学方式和技巧，这些方法很多都是经教学实践证明的好方法，将它们有机地融入专题教学，既有利于教材结构的优化、教学形式的创新，也增强了教学实效性。

　　该书的编撰人员都是从事"中国近现代史纲要"课程教学的教师，主要有许健柏、全艳君和仲玮。其中，许健柏提出编写构想，拟定大纲，组织编撰。专题一、二、三、四由许健柏编写；专题五、六、七由仲玮编写；专题八、九、十、十一由全艳君编写。该书的编撰参考了国内诸多专家学者的研究成果，在参考资料、引用及推荐阅读上均有列出，在此谨表致谢。该书旨在继承前人已出版"《中国近现代史纲要》教案"基础上，以习近平总书记有关党史重要论述为指引，全面融入"五史"的最新研究成果以及学术界相关研究成果，突出专题教学的政治性、学理性、价值性、知识性和教学多样性的统一，实现教材体系向教学体系的转换。该书的时间跨度涵括180多年的中国近现代史，受众主要是高校思政课教师，以及从事思想政治工作的研究人员、中国近现代史教育的相关人员和高校学生等。希望该书能为新时代"中国近现代史纲要"课程教学改革略尽绵薄之力。

　　该书受湖南省"芙蓉计划"优秀思想政治工作者"培养有温度的基层健康守护者团队"项目资助。由于编者的认知范围和能力水平有限，选择的专题内容及重难点难免有疏漏或不恰当之处、专题的谬误之处也难免存在，在此欢迎广大师生批评指正、提出宝贵建议，更欢迎专家学者不吝赐教！

2024 年 4 月 20 日

目　录
CONTENTS

专题一 "忘记历史就意味着背叛"

——大学生为什么学习中国近现代史

一、教学说明

（一）教学目标

1. 知识目标：掌握"中国近现代史纲要"课程学习方法；熟悉中国近现代史的两大历史任务、中国近现代史的主题和主线；了解中国近现代史的总体面貌、大学生学习历史的目的和意义。

2. 能力目标：通过对"中国近现代史纲要"课程性质、学习方法的学习，了解该课程特点，掌握课程大致框架体系，培养正确分析和评价历史问题的能力，增强个人研究历史的能力。

3. 价值目标：通过课程教学激发大学生爱国热情，牢固树立大学生的爱国情怀，增强为国家实现中华民族伟大复兴而献身的主动精神。

（二）教学重点与难点

重点：为什么学习中国近现代史；认识"中国近现代史纲要"课程的学习目的和要求。

难点：如何学好"中国近现代史纲要"课程。

（三）教学方法

综合运用案例式、启发式和讨论式教学方法，辅以视频教学、网络平台互动等教学手段，并通过学期的学情分析，搜集相关教学案例、社会热点等教学素材，应用于教学。

（四）学时安排

2学时

（五）参考资料

1. 本书编写组. 中国近现代史纲要［M］. 北京：高等教育出版社，2023.

2. 习近平. 论中国共产党历史［M］. 北京：中央文献出版社，2021.

3. 习近平. 在党史学习教育动员大会上的讲话［M］. 北京：人民出版社，2021.

4. 习近平. 论坚持人民当家作主［M］. 北京：中央文献出版社，2021.

5. 陈旭麓. 近代中国社会的新陈代谢［M］. 上海：上海人民出版社，1992.

二、教学内容

[导入] 以史为鉴，开创未来。习近平同志指出："历史的启迪和教训是人类的共同精神财富。忘记历史就意味着背叛。"① 这一重要论断，深刻揭示了坚持正确历史观的科学内涵和基本要求，为我们学习历史、研究历史，自觉运用蕴含其中的文明进步的思想精华、治乱兴衰的历史规律、治国理政的宝贵经验指导"纲要"课教学，提供了根本遵循。作为当代大学生的我们，应该如何理解历史的重要性，如何树立正确的历史观、坚定历史自信？下面由老师带领大家一起学习本专题。

（一）学习历史尤其中国近现代史的重要性

历史是指人类社会过去的事件和活动，以及对这些事件行为有系统的记录、研究和诠释。历史是现实的根源，任何一个国家的今天都来自昨天。只有了解一个国家从哪里来，才能理解这个国家今天为什么是这样而不是那样，也才能把握这个国家未来将走向何方。正如习近平同志强调："重视历史、研究历史、借鉴历史，可以给人类带来很多了解昨天、把握今天、开创明天的智慧。"②

1. 认识学习历史的重要性

学习历史无疑是非常重要的，马克思曾说过，我们仅仅知道一门唯一的科学——历史科学。只有学习历史，我们才能洞悉过去、感悟当下、预知未来，并以此开创未来。

【问题思考】学习历史的重要性体现在哪些方面？

第一，学习历史能使我们更好了解中华民族的过往与未来。中国是世界上历史最悠久的文明古国之一，拥有着悠久的历史和无比辉煌的文化。我国所藏浩如烟海的历史典籍，系统记录了中华民族在创造历史中积累的各种知识、经

---

① 习近平. 在南京大屠杀死难者国家公祭仪式上的讲话［N］. 人民日报，2014-12-14（02）.

② 习近平. 习近平致第二十二届国际历史科学大会的贺信［N］. 人民日报，2015-8-24（01）.

验和智慧，给我们了解过去辉煌的历史提供了无比真实的材料。历史是现实的根源，任何一个国家的今天都来自昨天；只有了解了她的昨天，才能知道她从哪里来、将往哪里去。正如习近平同志指出："中国有着5000多年连续发展的文明史，观察历史的中国是观察当代的中国的一个重要角度。不了解中国历史和文化，尤其是不了解近代以来的中国历史和文化，就很难全面把握当代中国的社会状况，很难全面把握当代中国人民的抱负和梦想，很难全面把握中国人民选择的发展道路。"① 要深入认识当今中国，就要从了解中国历史开始，追溯过去，吸取经验教训，从而更好地预见未来。

第二，学习历史能为治国理政提供有益借鉴。习近平同志强调："要治理好今天的中国，需要对我国历史和传统文化有深入了解，也需要对我国古代治国理政的探索和智慧进行积极总结。"② 历史是前人的实践和智慧之书。中国历史是中国人民、中华民族坚持不懈的创业史和发展史，蕴涵着十分丰富的治国理政经验，包含着许多对国家、社会、民族及个人的成与败、兴与衰、安与危、正与邪、荣与辱、义与利、廉与贪等的思考。今天的中国是从昨天发展而来的，今天遇到的许多事情都可以在历史中找到影子。只有认真学习总结中国历史，才能充分运用中华民族5000多年积累的伟大智慧来化解前进道路上遇到的问题与挑战。

第三，学习历史能够增强做中国人的骨气和底气。实现中华民族伟大复兴，需要中国人有骨气、有底气。在5000多年的文明史中，中华民族以自强不息的决心和意志，筚路蓝缕，跋山涉水，走过了不同于世界其他文明体的发展历程。5000多年文明史是中国人骨气和底气的精神源泉。习近平同志强调："对中国人民和中华民族的优秀文化和光荣历史，要加大正面宣传力度"；"引导我国人民树立和坚持正确的历史观、民族观、国家观、文化观，增强做中国人的骨气和底气"。③ 中华民族的优秀文化和光荣历史是中华民族的根和魂，是中华民族生生不息、薪火相传的内生力量。实现"两个一百年"奋斗目标和中华民族伟大复兴的中国梦，需要通过学习了解我们民族和国家的历史、传承祖先的成就与光荣，增强做中国人的骨气和底气，使我们的优秀文化和光荣历史更好地服务于民族复兴伟大事业。

---

① 习近平. 致第二十二届国际历史科学大会的贺信 [N]. 人民日报，2015-8-24（01）.
② 习近平. 牢记历史经验历史教训历史警示 为国家治理能力现代化提供有益借鉴 [N]. 人民日报，2014-10-14（01）.
③ 习近平. 建设社会主义文化强国 着力提高国家文化软实力 [N]. 人民日报，2014-1-1（01）.

2. 认识学习中国近现代史的重要性

中国近现代史作为中国历史的重要组成部分，能为当代中国社会治理、国家发展提供极具价值的镜鉴。中国近现代史是一部从苦难、抗争走向胜利的历史。正如习近平同志指出的："一切向前走，都不能忘记走过的路；走得再远、走到再光辉的未来，也不能忘记走过的过去，不能忘记为什么出发。"①

【问题探讨】学习中国近现代史的重要性又体现在哪些方面?

第一，学习中国近现代史才能深刻理解"四个选择"的历史必然性。

中国近现代历史，就是一部中国人民为实现中华民族独立、解放和伟大复兴而不懈奋斗的历史。在近现代中国 180 多年的历史中，无数的仁人志士为了挽救民族危亡、实现中华民族伟大复兴进行了不屈不挠的努力。但是，要实现这个目标，有三个问题必须首先解决：一是必须解决好走什么样道路的问题；二是必须选择好用什么理论来指导的问题；三是必须明确谁是中国革命的领导阶级和哪个政党来领导的问题。这三个问题解决不了，近代以来中华民族面临的两大历史任务就不可能完成，中华民族伟大复兴的目标也不可能完成。② 正因为这三个问题如此重要，所以这三个问题是中国近现代史的核心问题。如习近平同志强调说："近代以来，救亡图存成为中华民族和中国人民迫在眉睫的历史使命。争取民族独立、人民解放，实现国家富强、人民富裕，成为中国人民必须完成的两大历史任务。这两个历史任务相互衔接，前者是后者的基础。那么，必须走什么样的道路、必须以什么样的思想理论为指导、必须由哪个阶级哪个政党来领导人民进行斗争才能实现这两大历史任务，就成为中国近现代历史的核心问题。"③

围绕上述核心问题，近代中国社会的各政治派别和社会力量从来没有停止过争论和较量，争论的实质是不同的历史道路、社会发展方向之争。从林则徐的《四洲志》到魏源的《海国图志》提出的"师夷长技以制夷"的口号，洋务派最终发起了洋务运动；从太平天国运动提出的《天朝田亩制度》《资政新篇》到康有为、梁启超领导的戊戌变法，意图建立君主立宪制国家；从孙中山领导的辛亥革命到中华民国成立。实践证明，封建官僚们进行的所谓自强运动和资

---

① 习近平. 在庆祝中国共产党成立 95 周年大会上的讲话 [N]. 人民日报，2016-7-2 (02).

② 潘卫东. 从历史中汲取新时代的智慧和力量——学习习近平总书记关于中国近现代史的重要论述 [J]. 甘肃社会科学，2018 (03)：43.

③ 习近平. 在中央党校 2011 年秋季学期开学典礼上的讲话 [N]. 学习时报，2011-9-5 (01).

产阶级改良派进行的改良运动，旧式的农民反抗斗争，以及资产阶级革命派领导的民主革命想在中国实行西方资本主义的政治经济方案，都先后在近代中国尝试过，结果都行不通，都没有也不可能实现中华民族救亡图存的民族使命和反帝反封建的历史任务。

深入学习中国近现代史，我们可以清楚地看到因为不触动帝国主义、封建主义统治根基的改良主义失败了，中国人民才选择了革命的道路；因为走资本主义道路的各种方案尝试全部失败了，中国人民才选择了经过新民主主义走向社会主义的道路；因为其他各种政治力量都无力领导中国人民实现救亡图存和民族独立、解放与复兴，唯有中国无产阶级及其政党中国共产党肩负起了这一历史使命，才使受尽屈辱、濒临危亡边缘的中国进入了历史的新纪元，才向世人彰显和证明了"没有共产党就没有新中国""只有社会主义才能救中国和发展中国"的历史真理。学习中国近现代史，能使我们深刻认识历史和人民选择中国共产党、选择马克思主义、选择社会主义道路、选择改革开放的历史必然性，从而增强建设中国特色社会主义事业的信心。

第二，学习中国近现代史才能深刻领悟坚持中国共产党领导的历史必然性。

中国近现代史是一部中华民族面对外来侵略不断奋起抗争的历史，是一部先进的中国人面对民族危亡不断探寻国家出路的历史，是一部为实现中华民族伟大复兴而不懈奋斗的历史。这段历史最精彩的篇章，就是中国人民在中国共产党的带领下，把一个半殖民地半封建的旧中国逐步建设成为一个繁荣、富强、美丽的新中国。

中国共产党自诞生之日起，就义无反顾地肩负起实现中华民族伟大复兴的历史使命，团结带领中国人民推翻帝国主义、封建主义、官僚资本主义三座大山，取得新民主主义革命胜利，建立人民当家作主的新中国；完成社会主义革命，确立社会主义基本制度，在艰辛探索中改变一穷二白的落后面貌；勇于改革开放，开创、坚持和发展中国特色社会主义，使中国大踏步赶上时代；推动党和国家事业取得历史性成就、发生历史性变革，中国特色社会主义进入新时代，全面建成小康社会取得伟大历史性成就，中华民族伟大复兴向前迈出新的一大步。从开天辟地、改天换地、翻天覆地到惊天动地，100年来中国共产党团结带领人民创造了中华民族发展史、人类社会进步史上令人刮目相看的奇迹。

习近平总书记深刻指出："中国共产党领导是历史的选择、人民的选择，是党和国家的根本所在、命脉所在，是全国各族人民的利益所系、命运所系。没有中国共产党，就没有新中国，就没有中华民族伟大复兴。"①

深入学习中国近现代史，我们可以了解和把握中国共产党领导人民在革命、建设、改革不同历史时期取得的历史性成就和为中华民族所作出的历史性贡献；了解和把握中国共产党从无到有、从小到大、由弱变强，从不完善到完善、从不成熟到成熟，在革命、建设和改革的不同时期，有效应对各种风险挑战，不断推动事业向前发展的辉煌履历和光明前景；了解和把握中国共产党是中国工人阶级同时是中国人民和中华民族的先锋队，是用马克思主义先进思想武装起来的先进政党，是代表中国最广大人民根本利益并敢于斗争、敢于牺牲的党，是牢记初心使命、勇于自我革命的党，从而让大学生们坚定在党的领导下实现中华民族伟大复兴的信心。

第三，学习中国近现代史才能深刻了解过往，以史为鉴、更好前进。

学习中国近现代史，就要深入了解中国所经历的苦难，深刻汲取落后就要挨打的教训。鸦片战争以后，一个惊人的历史事实是，世界上的帝国主义国家，几乎都侵略和欺凌过中国。他们凭借坚船利炮，对中国发动一系列军事侵略，制造众多惨案，屠杀中国人民；他们迫使中国签订一系列不平等条约，破坏中国的领土、司法、关税、贸易、交通运输等主权；他们在中国领土上设立租界，强行驻军，扶植和收买代理人，培植亲帝国主义势力，控制中国政府；他们勒索赔款，抢劫财富，盗窃文物，控制交通口岸，对华进行商品倾销和资本输出，进而控制中国的经济命脉。帝国主义列强对中国的军事侵略、政治控制、经济掠夺、文化渗透，给中华民族和中国人民带来深重灾难，使中国的经济社会发展受到严重破坏。

通过对中国近现代史的学习，让学生更好地了解近代以来中华民族的屈辱史、苦难史，教会学生懂得铭记历史不是为了记住仇恨，而是为了懂得以史为鉴。"历史是最好的教科书"，在中国近现代史的教学中，让学生认识到我们有义务去珍惜无数的先辈用血泪换来的今天的新生活；要让学生们明白落后就要挨打的教训；要让他们认识到自己肩上的复兴中华民族的重任，为了祖国的腾飞，更要奋发努力；要让他们吸取经验和教训而不再重蹈覆辙；同时也为了给学生增加忧患意识，让他们牢记这百年的荣辱与奋争。

（二）深入认识"中国近现代史纲要"课程

"中国近现代史纲要"课程是全国普通高校思想政治理论课"05方案"实施后设立的一门新课程，系统了解该课程的开设历史、开设意义，以及它与其

① 习近平.在纪念辛亥革命110周年大会上的讲话［N］.人民日报，2021-10-10（02）.

他思政课程的联系和区别，对全面、深入认识"中国近现代史纲要"课程有重要意义。

1. 认识"中国近现代史纲要"课程开设历史

"中国近现代史纲要"课程作为高校思想政治理论课之一，在我国 70 多年的历史里，经历了从课程名称到设置的多次变化和调整，了解这一变化过程，对深入认识和把握"中国近现代史纲要"课程具有重要意义。

第一阶段，"中国近现代史纲要"课程初创阶段（1949—1956）。1949 年 9 月 29 日中国人民政治协商会议一致通过《中国人民政治协商会议共同纲领》，该纲领的第 5 章"文化教育政策"相关规定，为高等学校马列主义政治理论课程的设置指明了方向，也为思想政治教育从新民主主义教育向社会主义教育的转变提供了基本指导方针。此后，华北高等教育委员会颁布了《各大学专科学校文法学院各系课程暂行规定》，规定"新民主主义论"（包括近代中国革命运动史）、"辩证唯物论与历史唯物论"（包括社会发展简史）、"政治经济学"为文学院、法学院的公共必修课。其中"新民主主义论"主要讲授毛泽东思想，这也是现今"中国近现代史纲要"课程的前身。

此后，基于"新民主主义论"教学的实际以及国家发展的需求，1952 年 10 月 7 日教育部发布《关于全国高等学校马克思列宁主义、毛泽东思想课程的指示》，明确要求综合性大学及财经、艺术等学院对高校一年级学生开设"新民主主义论"的教学，开设课时数是 34。经过一段时间的试行，1953 年教育部进一步下发《关于改"新民主主义论"为"中国革命史"及"中国革命史"的教学目的和重点的通知》，决定"自 1953 年度起，将高等学校一年级开始的'新民主主义论'一律改为'中国革命史'，其讲授、课堂讨论和自学时数，同'新民主主义论'课程原规定"①。从此，承担中国近现代史教学任务的"新民主主义论"改名"中国革命史"，系统讲授毛泽东思想的基础知识，使学生认识中国政治的发展规律，了解中国革命的基本问题和中国共产党的总路线总政策，从而提高思想政治水平。为满足教学需要，何干之受高教部委托，负责主编"中国革命史"教材，1954 年《中国现代革命史讲义（初稿）》由高等教育出版社出版，此书被高教部正式定为全国高校教材。1956 年再次修订，修订后书名为《中国现代革命史》，分上下两册，内容由之前的 1919—1952 年的历史增补到 1956 年。

---

① 《中华人民共和国学校思想政治理论课重要文献选编》编写组．中华人民共和国学校思想政治理论课重要文献选编：上册［M］．北京：人民出版社，2022：187.

第二阶段，"中国近现代史纲要"课程发展阶段（1957—1976）。从 1957 年到 1976 年，受我国政治局势影响，该阶段的高等教育受到极大的冲击，也影响这时候高校思想政治理论课的发展，甚至一度以"社会主义教育"课程代替"中国革命史"课程，这时候高校政治理论课的课程设置和教学内容一度处于混乱的状态。[①]

但是，即使是在这样的情况下，高校思想政治理论课仍在曲折中发展。1961 年 4 月开始，中宣部和教育部对高校思想政治教育理念、教学目标和价值观念的认识有了正确的定位。1961 年 7 月，中央下发了《关于高等学校共同政治理论课安排的几点意见》，明确建议高校重新开设"中共党史"，即"中国革命史"改名为"中共党史"。1964 年 10 月中宣部和教育部发布《关于改进高等学校、中等学校政治理论课的意见》正式要求高校执行，"中国革命史"改名"中共党史"，在这一时期的教材，主要是选读毛泽东、刘少奇的有关著作。我国高校思想政治理论课在国家政策整顿中得到了短暂的发展。

遗憾的是，1966 年后受"文化大革命"影响，全国高校停课"闹革命"，思想政治理论课名存实亡。1970 年下半年高校恢复招生，招收工农兵学员。但是高校复课后政治理论课基本围绕"无产阶级专政下继续革命"的理论而展开。

第三阶段，"中国近现代史纲要"课程的成熟时期（1978—1998）。1978 年 12 月，十一届三中全会召开，全会作出把党和国家的工作重心转移到社会主义现代化建设上来的决策，重新确立党的马克思主义的路线，我国进入新的历史发展时期。高校思想政治教育也迎来了它的春天。

1978 年 4 月，教育部办公厅发布《关于加强高等学校马列主义理论教育的意见》，重新强调高校的马列主义理论课程是含"中国共产党党史"（"中国近现代史纲要"的前身）在内的四门课程，详细解释"中国共产党党史"的开设目的和任务、教材和教学方法等问题。1980 年 4 月，教育部和共青团根据十一届三中全会指示精神，专门研究高等学校学生思想政治工作。在 7 月 7 日发布《改进和加强高等学校马列主义课的试行办法》，提出在高校本科全面恢复开设中共党史等思政课程，被耽搁的高校思政课程得以恢复。

此后，基于国家社会主义现代化建设的需要，1985 年 8 月 1 日，中共中央发出了《关于改革学校思想品德和政治理论课程教学的通知》（简称"85 方案"），对高校思想政治理论课的主要内容和任务作出新的规定，将"中共党

---

① 张海军.《中国近现代史纲要》课程设置和发展的历史考察［J］. 传承，2016（01）：114.

史"改名为"中国革命史"。1986 年 3 月 20 日，国家教委发出的《中共中央关于改革学校思想品德和政治理论课程教学的通知》明确规定，从 1986 年起高等学校马克思主义理论课要开设"中国革命史""中国社会主义建设""马克思主义原理"课程，这是十一届三中全会后对高校思想政治理论课进行的第一轮改革。

　　但是高校思想政治理论教育还存在很多薄弱环节，1989 年后党和国家强调必须坚持教育的社会主义方向，坚持把培养社会主义事业的建设者和接班人作为学校工作的根本任务，坚持把坚定正确的政治方向放在教育第一位，于是对高校思想政治理论课进行第二轮改革。这一时期设置的思想政治理论课程主要为"中国革命史""中国社会主义建设""马克思主义原理"和"世界政治经济与国际关系"。1997 年，党的十五大将邓小平理论确立为党的指导思想，写入党章，党中央明确指出邓小平理论要"进课堂、进教材、进学生头脑"的"三进"要求。随着教学形势的发展，1998 年 4 月 28 日，中宣部、教育部下发了《关于普通高等学校开设"邓小平理论概论"课的通知》，开启高校思政课改革新征程，该通知规定"中国革命史"中关于 1956 年以后的课程内容融合到"邓小平理论概论"课程中进行讲授。1998 年 6 月，中共中央宣传部、教育部联合下发《关于普通高等学校"两课"课程设置的规定及其实际实施工作的意见》，史称"两课"改革、"98 新方案"。"98 新方案"把"85 方案"中的"中国革命史"课调整为"毛泽东思想概论"课，"中国革命史"就被分到了"毛泽东思想概论"和"邓小平理论概论"两门课程中。从"毛泽东思想概论"到"邓小平理论概论"的调整，凸显了马克思主义中国化的两大理论成果以及两大成果之间的密切逻辑关系。

　　第四阶段，"中国近现代史纲要"课程的完善时期（2005—至今）。2005 年实施高校思政课"05 方案"，它最大的变化就是增加了以爱国主义为主题的"中国近现代史纲要"课程，此课程以中国人民担负的两大历史任务为线索，回答了历史和人民是怎样选择了马克思主义，选择了中国共产党，选择了社会主义道路和改革开放，为思想政治理论课程教学开辟了新的方法和视角。"05 方案"此后又经过了 2008 年版修订、2010 年版修订、2013 年版修订和 2015 年版修订①。

　　2. 认识"中国近现代史纲要"课程开设意义

　　"中国近现代史纲要"课程作为高校思想政治理论课程之一，旨在坚持和运

①　张海军.《中国近现代史纲要》课程设置和发展的历史考察［J］. 传承，2016（01）：115.

用唯物史观，揭示历史和人民选择了马克思主义、选择了中国共产党、选择了社会主义道路、选择了改革开放的深刻历史必然性，引导学生理解历史和人民所作的"四个选择"，从根本上改变了中国人民和中华民族的前途命运，不可逆转地结束了近代以后中国内忧外患、积贫积弱的悲惨命运，不可逆转地开启了中华民族不断发展壮大、走向伟大复兴的历史进军。为了更深入地理解上述开课宗旨，结合学生的实际，现将"中国近现代史纲要"课程开课意义讲述如下：

第一，通过"纲要"课教学，让学生们了解帝国主义列强入侵中国及其与中国封建势力相结合给中华民族和中国人民带来的深重苦难，了解近代中国面临的争取民族独立、人民解放和实现国家富强、人民富裕这两项历史任务；懂得必须首先推翻半殖民地半封建的社会制度，争得民族独立、人民解放，才能为集中力量进行现代化建设开辟道路，认识革命的必要性、正义性、进步性；自觉地继承近代以来中国人民的爱国主义传统和革命传统，发扬中华民族的民族精神，进一步增强民族的自尊心、自信心和自豪感。

第二，通过"纲要"课教学，让学生们了解近代以来中国的先进分子和人民群众为救亡图存而进行艰苦探索、顽强奋斗的历程及其经验教训；注意比较地主买办阶级、民族资产阶级和工人阶级政党的政治方案，懂得旧民主主义革命让位给新民主主义革命、资产阶级共和国让位给人民共和国的原因，认识历史和人民怎样选择了马克思主义、选择了中国共产党、选择了社会主义道路、选择了改革开放；进一步增强拥护党的领导和接受马克思主义指导的自觉性。

第三，通过"纲要"课教学，让学生们联系新中国成立以后的国内外环境，了解中国人民走上以共产党为领导力量的社会主义道路的历史必然性；联系社会主义改造以后中国现代化建设事业的发展尤其是改革开放以来取得的巨大成就，懂得中国选择社会主义的正确性；进一步树立"只有社会主义才能救中国，只有社会主义才能发展中国"的明确观念，坚定走中国特色社会主义道路的信心。

第四，通过"纲要"课教学，让学生们紧密结合中国近现代的历史实际，通过对有关历史进程、事件和人物的分析，帮助大学生提高运用科学的历史观和方法论分析历史问题的能力。

总之，"中国近现代史纲要"课程是教育部规定的高校本科学生的必修课程，是对大学生进行社会主义、爱国主义、集体主义教育的主渠道，是高校思想政治理论教育课程体系的重要组成部分。"中国近现代史纲要"课程兼有思想政治理论课和历史课的特点，课程希望通过教学帮助学生系统认识中国近现代社会发展的历史进程及其内在规律，掌握运用马克思主义理论分析历史问题的科学方法，理解历史和人民选择马克思主义，选择中国共产党，选择社会主义道路，选择改革开放的历史必然性；引导学生树立在中国共产党领导下走中国特色社会主义道路的坚定信念。

3. 认识"纲要"课程与其他思政课程的区别联系

"中国近现代史纲要"课程是高校思政课的课程设置之一，2005 年 3 月 9 日中共中央宣传部、教育部印发的《关于进一步加强和改进高等学校思想政治理论课的意见》明确规定"中国近现代史纲要"是高校思政课本科课程设置的必修课之一。该文件规定"中国近现代史纲要"课程，主要讲授中国近代以来抵御外来侵略、争取民族独立、推翻反动统治、实现人民解放的历史，帮助学生了解国史、国情，深刻领会历史和人民是怎样选择了马克思主义、选择了中国共产党、选择了社会主义道路、选择了改革开放。为更深刻了解"中国近现代史纲要"课程与其他思政课程的区别联系，我们可以从以下几个方面进行分析：

第一，"纲要"课与中学、大学历史课的区别。有大学生认为，中学阶段已经学过中国近现代史，大学为什么还开设"中国近现代史纲要"课？对此，教师必须在"中国近现代史纲要"开学第一课上讲清楚这门课与中学历史课的区别。要知道，高校开设的"中国近现代史纲要"课与中学历史课有巨大区别。中学历史课主要是讲清中国近现代史基本史实，让学生记住基本的史实，帮助奠定正确价值观。而大学"中国近现代史纲要"课是在大学生中学已经学过中国近现代史的基础上，进一步运用马克思主义唯物史观和唯物辩证法来分析中国近现代史中的种种问题。例如，如何评价近代以来西方列强对中国的侵略，如何认识近代中国人民的反侵略斗争，近代中国为什么没有走上资本主义发展道路，等等。其中最突出的是四大历史选择问题，即历史和人民选择了马克思主义、中国共产党、社会主义道路和改革开放。如何运用中国近现代史基本史实，令人信服地分析清楚并让大学生们认可这四大选择，是大学"中国近现代史纲要"课的主要内容和任务。因此，在"中国近现代史纲要"课教学过程中，主要教学内容不应是罗列基本史实，而应让大学生在了解基本史实的基础上，探讨中国近现代历史发展的规律和轨迹，帮助其学会运用马克思主义唯物史观和辩证法分析历史和现实，树立正确的历史观和党史观。①

另外，高校"中国近现代史纲要"课程与高校历史专业课程也有明显区别。高校历史专业的课程以培养历史专业的师范生或历史研究者为人才培养目标，

---

① 罗春梅．"中国近现代史纲要"绪论课必须阐明的六大问题 [J]. 思想政治课研究，2018（01）：46—47.

所教授的历史知识既要求全面（含中国史和世界史），又要求精和专，与高校"中国近现代史纲要"教学要求明显不同。不能因为高校"中国近现代史纲要"讲授历史知识，而简单地将两者混淆，甚至以高校历史课的形式讲授"纲要"课。"中国近现代史纲要"课程为什么不叫"中国近现代史"课程，特意增加的"纲要"说明该课程注重粗线条、大视野、轮廓式的大历史观教学，把握中国近现代史的主题主线、中国近现代史的主流本质，警惕和反对历史虚无主义，从而树立正确的大历史观、正确的党史观。

第二，"纲要"课与其他思政课程的区别。根据中宣部、教育部的要求，高校思想政治理论课包括"思想道德与法治""中国近现代史纲要""马克思主义基本原理""毛泽东思想和中国特色社会主义理论体系概论""习近平新时代中国特色社会主义思想概论"和"形势与政策"6门课程。"中国近现代史纲要"课程作为带有强烈史学教学背景的思政课，既是高校思政课程体系的重要组成部分，又自带强烈的课程色彩。该课程最强烈的色彩便是史学教育，通过近代180多年波澜壮阔的历史，同学们在其中看到屈辱与苦难、奋斗与牺牲、光荣与辉煌，让同学们了解到这180多年的历史既是近代以来中国人民的一部屈辱史、斗争史，又是一部探索史、创业史，从而把握中国近现代史的主题、主线、主流和本质，培养大学生正确的历史观和价值观。以史学教育为立足点，带入近代180多年的历史，着重思想政治教育元素的融入，实现思想政治教育的目标，这是该门课程与其他思政课程的最大区别。

第三，"纲要"课与其他思政课的联系。"中国近现代史纲要"在高校思想政治理论课程中，是连接"马克思主义基本原理""毛泽东思想和中国特色社会主义理论体系概论""习近平新时代中国特色社会主义思想概论"的纽带。在开课时间上，"中国近现代史纲要"课一般放到大一第二学期，安排在"思想道德与法治"课程之后上课。这是因为"德法"课注重对学生世界观、人生观的引导，主要涵盖入学教育与课程教育、理想信念教育、爱国主义教育、人生价值教育、道德品质教育和法治教育等。"中国近现代史纲要"则是在"德法"课的基础上，进一步讲授鸦片战争以来，近代中国人民为救亡图存而抗争的历史，特别是中国共产党成立以来的历史，这是一部蕴含和体现马克思主义、毛泽东思想、邓小平理论、"三个代表"重要思想、科学发展观和习近平新时代中国特色社会主义思想的活生生的教科书。从"纲要"课在思政课程的地位和作用来说，通过"纲要"课，可以使大学生进一步从历史与现实的比较中加深对中国国情的认识，加深对马克思主义基本原理同中国具体实际相结合、走中国特色社会主义道路的理解和认识；进一步从理论和实践的结合上增强贯彻党的基本理论、基本路线、基本纲领、基本经验的自觉性和坚定性；学会运用马克思主义的世界观和方法论认识和分析问题。

（三）如何学好"中国近现代史纲要"课程

学好"中国近现代史纲要"课程，应该把握中国近现代史的基本学习要求，从多个方面进行努力，具体如下：

1. 深入了解课程性质，坚持唯物史观、大历史观、正确党史观

学习历史是重要的，正如习近平总书记强调说："历史的启迪和教训是人类的共同精神财富。忘记历史就意味着背叛。"① 中国近现代史是中华民族历史上非常重要的一段历史，它不仅给中华民族带来惨痛的苦难记忆，也给中华民族带来宝贵的经验教训。我们要全面深入认真学习这段沉痛的历史，以史为鉴，才能避免重蹈覆辙，才能汲取前人教训，才能保持清醒和定力。

大学生在学习中，要坚持唯物史观、大历史观和正确党史观。培养以唯物史观、大历史观和正确党史观去看待和学习中国近现代史是大学生最基本的学习要求，也是教师希望达到的教学能力目标之一。唯物史观是指以辩证唯物主义和历史唯物主义为指导总结和评价中国近现代史；大历史观是主张从长时间周期、大空间视野、整体性思维、深层逻辑分析历史演变机理、探究历史规律、把握历史大势，是一种全面、系统、整体看问题的理论思维和方法；正确的党史观是指用具体历史的、客观全面的、联系发展的观点看待党的历史。

大学生们坚持唯物史观、大历史观和正确党史观，有利于认清历史虚无主义否定中华民族的历史和文化、否定党的百年奋斗的历史成就和历史意义、颠覆对历史人物的科学评价的实质；有利于培养对历史的尊重和敬畏，学会总结和评价历史的科学方法。

2. 认真领会课程目的，牢牢把握中国近现代史的主题和主线

学习"中国近现代史纲要"课程的主要目的是认识近现代中国社会发展和革命、建设、改革的历史进程及其内在规律，深刻领会"四个选择"，深刻领会中国共产党为什么能、马克思主义为什么行、中国特色社会主义为什么好，更加坚定地在中国共产党坚强领导下为实现中华民族伟大复兴而不懈奋斗。在该课程学习目的的指引下，学生们要牢牢把握住两个关键点——中国近现代史的主题和主线。

---

① 习近平. 在纪念中国人民抗日战争暨世界反法西斯战争胜利 70 周年招待会上的讲话 [EB/OL]. （2015-09-03）[2024-05-15]. https：//www. gov. cn/xinwen/2015-09-03/content_ 2924716. htm.

中国近现代史的主题是实现中华民族伟大复兴，正如习近平在庆祝中国共产党成立 100 周年大会上说："一百年来，中国共产党团结带领中国人民进行的一切奋斗、一切牺牲、一切创造，归结起来就是一个主题：实现中华民族伟大复兴。"① 实现中华民族伟大复兴是中国共产党百年奋斗历史的主题，也是全部中国近现代历史的主题。

【知识拓展】深入认识"实现中华民族伟大复兴是中国近现代历史的主题"

我们可以从历史中寻找到答案。鸦片战争以后，中国逐渐成为半殖民地半封建社会，国家蒙辱、人民蒙难、文明蒙尘，中华民族遭受了前所未有的劫难。从那时起，中国社会发生两个根本的变化：一是独立的中国逐步变成半殖民地的中国，二是封建的中国逐步变成半封建的中国。这种半封建半殖民地社会性质，决定了近代中国社会的主要矛盾是帝国主义和中华民族的矛盾、封建主义和中国人民大众的矛盾。这主要矛盾贯穿中国半殖民地半封建社会的始终，并对近代中国社会的发展变化起着决定性的作用。基于近代中国社会的主要矛盾，如何争得民族独立、人民解放，实现国家富强、人民幸福，就成为中国人民必须完成的两大历史任务；实现中华民族的伟大复兴就成为中国人民和中华民族最伟大的梦想，也成为全部中国近现代历史的主题。

中国近现代史的主线是什么？中国近现代历史就是中国人民为实现中华民族伟大复兴而英勇奋斗、艰辛探索并不断取得伟大成就的历史。尤其是全国各族人民在中国共产党领导下，进行艰苦卓绝的斗争，经过新民主主义革命，赢得民族独立、人民解放，建立中华人民共和国的历史；经过社会主义革命、建设、改革，把极度贫穷落后的中国逐步改变成持续走向繁荣富强、充满生机活力的社会主义中国的历史，这就是中国近现代史的主线。

【知识拓展】学术界关于中国近现代史主线的观点分析

在中国近代史的主线问题上，学术界曾有过激烈的讨论，史学家们从中国近现代史基本线索的角度出发，提出了中国近现代史可以概括为"一条主线、两个过程、三次高潮、八大事件"的革命史叙事范式。其中，"一条主线"，是以阶级斗争为主线，强调阶级斗争是人类社会发展的动力；"两个过程"，是指帝国主义和中国封建主义相结合，把中国变为半殖民地和殖民地的过程，也就是中国人民反抗帝国主义及其走狗的过程；"三次高潮"，第一次革命高潮指太平天国农民起义，第二次高潮是戊戌变法和义和团反帝爱国运动，第三次高潮

---

① 习近平. 在庆祝中国共产党成立 100 周年大会上的讲话［N］. 人民日报，2021-7-16（01）.

是辛亥革命；"八大事件"，指的是两次鸦片战争、太平天国运动、洋务运动、中法战争、中日甲午战争、戊戌变法、义和团运动、辛亥革命。这条中国近现代史的主线叙事在新中国成立后的 30 年中国近现代史教学和叙述里占据主导地位。

其后，随着改革开放序幕的揭开，人民的思想和观念获得解放。学术界迎来有关中国近现代史主线的第二次大讨论，李时岳先生主张重视资产阶级在近代中国追求实现近代化的作用，提出了"四个阶梯"说，即太平天国运动、洋务运动、维新变法和辛亥革命。后来，随着"中国近现代史纲要"课程的设置，有关中国近现代史主线的讨论更多了。例如，有人认为，中国近现代史的主线可以涵括为"四个历史进程说"：近代以来中国人民反对外来侵略、争取国家独立和民族解放以及扩大国际参与、步入世界民族之林的历史进程；近现代以来中国人民求强求富，解放和发展生产力，实现现代化的历史进程；近代以来中国人民争取和实现人民民主的历史进程；近代以来中国人民向西方寻找真理、选择马克思主义及马克思主义中国化与当代发展的历史进程。或者，也有人将中国近现代史主线归纳为"三部史"：一部灾难深重的屈辱史；一部不屈不挠的抗争史；一部中国人民的探索史。

总之，学术界有关中国近现代史主线的讨论有很多。但是，随着"中国近现代史纲要"课程的设置，国家领导人对"中国近现代史主线"的论述，思政课程中有关中国近现代史主线的说法得到统一。

3. 全面学习课程内容，把握中国近现代史的主流和本质

中国近现代史，就其主流和本质来说，是中国人民为救亡图存和实现中华民族伟大复兴而英勇奋斗、艰辛探索并不断取得伟大成就的历史。尤其是全国各族人民在中国共产党领导下，进行艰苦卓绝的斗争，经过新民主主义革命，赢得民族独立、人民解放，建立中华人民共和国的历史，经过社会主义革命、建设、改革，把极度贫穷落后的中国逐步改变成持续走向繁荣富强、充满生机活力的社会主义中国的历史。

【知识拓展】中国近现代史的主流和本质与"四史"教育主线高度契合

扎实有效推进"四史"教育，是新时代高校思想政治教育课的一项重要任务。在所有思想政治教育课中，"中国近现代史纲要"与"四史"教育有着最为密切的关联，讲好讲深讲透"四史"是"纲要"课程教学的应有之义。事实上，中国近现代史纲要与"四史"教育既有区别也有联系，两者的主线高度契合。"中国近现代史纲要"课程教学主要是围绕"中国历史和人民为什么选择中国共产党、马克思主义、社会主义、改革开放"展开的；"四史"教育则是要讲

通透中国共产党为什么"能"、马克思主义为什么"行"、中国特色社会主义为什么"好"。两者之间虽有区别，更多的是联系，体现高度的契合性。

无论是中国近现代史纲要教学内容，还是"四史"教育内容，两者的核心要义都是强调中国共产党的领导及其长期执政是历史的选择、人民的选择，没有中国共产党就没有新中国，中国共产党建立了社会主义制度，中国共产党作出了改革开放的历史决策，开创了中国特色社会主义制度。所以，中国近现代史纲要的主流和本质与"四史"教育的主线高度契合，在"中国近现代史纲要"教学中加强"四史"教育，就是突出了中国近现代史纲要的主流，彰显中国近现代史的本质，使大学生更加坚定中国共产党是领导我们事业的核心力量，更加明确坚持中国共产党的领导是办好中国一切事情的根本前提，更加深刻认识红色政权来之不易、新中国来之不易，旗帜鲜明听党指挥，坚定不移把中国特色社会主义推向前进。

4. 深入领悟课程主旨，警惕和反对历史虚无主义

作为高校思政课程之一，"中国近现代史纲要"课程教学主旨之一是警惕和反对历史虚无主义，提高运用科学的历史观和方法论分析和评价历史问题、辨别历史是非和社会发展方向的能力。现实生活里，历史虚无主义以所谓"客观"评价、"重新"评价、"反思"历史为名歪曲历史，从而达到其否定现实的目的。历史虚无主义本质上是一种政治思潮，带有严重的政治危害性，而其主要目的是否定中国共产党的领导地位、中国特色社会主义道路与制度，消解对马克思列宁主义的认同、对毛泽东思想和中国特色社会主义理论体系的认同、对社会主义核心价值观的认同。打着揭秘和还原真相的旗号，实际是造谣和颠倒是非。现在，抵制和反对历史虚无主义是一场严肃的政治战争，最根本的是运用历史唯物主义的历史观和方法论，坚持实事求是，具体问题具体分析。把尊重历史真相、考证历史真实、澄清历史事实的学术研究与反对历史虚无主义政治思潮紧密结合起来，高度警惕和坚决反对在"四史"问题上存在的错误观点和错误倾向。

深刻领悟中国近现代史纲要课程的教学主旨，能提升反对历史虚无主义的针对性和实效性。针对美化侵略、否定革命并由此否定中国共产党成立是历史发展的必然的历史虚无主义观点，强调说明中共成立是内生的，不是外部植入的；中共成立是必然的，不是偶然发生的；中共成立是应然的，不是历史早产儿。自从有了中国共产党，中国革命的面目就焕然一新。针对用改革开放前的历史时期否定改革开放后的历史时期的历史虚无主义观点，强调说明这是两个相互联系又有重大区别的时期，但本质上都是我们党领导人民进行社会主义建

设的实践探索，改革开放前的社会主义实践探索为改革开放后的社会主义实践探索积累了条件，改革开放后的社会主义实践探索是对前一个时期的坚持、改革和发展。坚持用历史的观点、实践的观点、辩证的观点正确看待改革开放前后两个历史时期，正确认识各个历史时期在探索、开创、发展中国特色社会主义历程中独特的地位和作用。针对近现代人物评价中出现的戏说、调侃，扭曲、颠覆和丑化人物等历史虚无主义现象，强调"对历史人物的评价，应该放在其所处时代和社会条件下分析，不能离开对历史条件、历史过程的全面认识和对历史规律的科学把握，不能忽略历史必然性和历史偶然性的关系。不能把历史顺境中的成功简单归功于个人，也不能把历史逆境中的挫折简单归咎于个人。不能用今天的时代条件、发展水平、认知水平去衡量和要求前人，不能苛求前人干出只有后人才能干出的功绩"①。

三、专题小结

历史是最好的清醒剂。习近平总书记指出："以史为鉴，才能避免重蹈覆辙。对历史，我们要心怀敬畏、心怀良知。"② 历史警示人们，只有汲取前人教训，才能保持清醒和定力。历史经验值得总结，历史教训尤应汲取，忘记历史就意味着背叛。中国近现代史作为中华民族史上一段极为重要的历史，既映现了近代中国落后于世界，被列强欺凌掠夺的悲惨形象，又展现了近代无数国人为救亡图存而矢志奋斗牺牲的悲壮画像，更呈现了中国共产党人肩负光荣使命，挑起历史重任，为实现中华民族伟大复兴而努力拼搏的精彩景象。

新时代大学生作为祖国的未来和栋梁，必须积极学习中国近现代史，深入认识"中国近现代史纲要"课程，了解"中国近现代史纲要"课程的开设历史和意义，认识到"中国近现代史纲要"在思政课程群中的地位和作用。通过深入了解课程性质，认真领会课程目的，全面学习课程内容和深入领悟课程主旨，最终让新时代大学生在坚定历史自信、增强历史主动中，谱写新时代中国特色社会主义更加绚丽的华章。

四、推荐阅读

1. 茅海建．天朝的崩溃——鸦片战争再研究［M］．北京：生活·读书·新

---

① 邹学海．高质量党建引领高质量发展 苏州大学医学部的理论研究与实践探索［M］．苏州：苏州大学出版社，2020：142—144.
② 习近平．在第七十届联合国大会一般性辩论时的讲话［N］．人民日报，2015－9－29（02）.

知三联书店，1995.

　　2. 蒋廷黻．中国近代史［M］．长沙：岳麓书社，1999.

　　3. 费正清，刘广京．剑桥中国晚清史［M］．北京：中国社会科学出版社，1985.

　　4. 罗荣渠．现代化新论［M］．北京：北京大学出版社，1993.

　　5. 张注洪，王晓秋主编．国外中国近现代史研究述评［M］．北京：中国文史出版社，1999.

　　6. 习近平．在复兴之路上坚定前行——《复兴文库》序言［N］．人民日报，2022-09-27（01）.

专题二　"历史是最好的教科书"

——近代磨难与抗争中前行的中华民族

一、教学说明

（一）教学目标

1. 知识目标：掌握中华民族伟大复兴梦想的提出过程及内生机理；熟悉资本-帝国主义侵略中国的历史及中国人民进行伟大抗争的历程；了解鸦片战争前后中国与世界发生了怎样的变化。

2. 能力目标：通过专题教学，培养学生辩证分析历史问题能力和评价重大历史事件能力，坚决抵制历史虚无主义。

3. 价值目标：通过课程教学，凝聚学生们的共识，增强民族自尊和自信，帮助学生树立民族振兴、为国奋斗的理想目标，唤起献身民族复兴大业的爱国热情。

（二）教学重点与难点

重点：正确认识资本-帝国主义对中国的入侵及近代中国人民的抗争历程。

难点：正确认识中华民族伟大复兴历史主题的形成。

（三）教学方法

综合运用案例式、启发式和讨论式教学方法，辅以视频教学、网络平台互动等教学手段，并通过学期的学情分析，搜集相关教学案例、社会热点等教学素材，应用于教学。

（四）学时安排

2学时

（五）参考资料

1. 本书编写组．中国近现代史纲要［M］．北京：高等教育出版社，2023.

2. 黄兴涛．重塑中华——近代中国"中华民族"观念研究［M］．北京：北京师范大学出版社，2017.

3. 郑师渠. 欧战前后国人的历史自信与民族自信——近代中华民族共同体意识觉醒的重要表征［J］. 史学史研究，2022（04）：1—10.

4. 欧阳哲生. 庚申之变——1860 年英法联军在北京研究［J］. 清华大学学报（哲学社会科学版），2022（05）：32—49，209.

二、教学内容

［导入］2012 年，习近平总书记在参观《复兴之路》展览时说："近代以后，中华民族遭受的苦难之重、付出的牺牲之大，在世界历史上都是罕见的。但是，中国人民从不屈服，不断奋起抗争。"① 无数中国人孜孜不倦的努力，终汇成滚滚洪流，推动着中华民族不屈地前行。那么，进入近代后中华民族遭受了哪些磨难？中华民族是如何反抗列强侵略的？中华民族伟大复兴梦想又是如何提出的？我们带着这些问题一起学习本专题。

（一）进入近代后中华民族遭受的磨难

中华民族有着 5000 多年的文明历史，创造了灿烂的中华文明，为人类作出了卓越贡献，成为世界上伟大的民族。但是，鸦片战争之后，曾经辉煌的中国陷入了内忧外患的黑暗境地，中国人民经历了战乱频仍、山河破碎、民不聊生的深重苦难。

1. 鸦片战争前后的中国与世界

（1）辉煌灿烂的古代中国。我们伟大的祖国——中国，位于亚洲的东部，土地广阔，人口众多，历史悠久，创造过灿烂的古代文明。在五六千年以前，在黄河流域和长江流域等地区已经出现早期文明社会的要素。4000 多年前，是传说中的黄帝、炎帝、尧、舜、禹时代。公元前 21 世纪开始形成王朝国家，早期的王朝是夏、商、周。公元前 221 年，秦始皇建立了统一的多民族国家。2000 多年来，国家的统一和各民族间经济文化的紧密联系和相互交流始终是中国历史的主流。各民族对统一的多民族国家的形成、发展，都作出了贡献。中国古代物质文明和精神文明丰富多彩、灿烂辉煌。

【互动交流】中国古代物质文明和精神文明都有哪些代表性成果？

第一，中国古代科技成就丰富多样。古代中国人民在农业、医药、冶炼、陶瓷、造纸、印刷等方面取得了许多突破性的发明和创新。如中国古代农业技

---

① 习近平. 承前启后继往开来 朝着中华民族伟大复兴目标奋勇前进［N］. 人民日报，2012-11-30（01）.

术的进步，包括耕作、灌溉、养殖等方面，为农业生产提供了高效的方法。如四大发明——造纸术、印刷术、指南针和火药的发明，对人类文明产生重大影响。

第二，古代中国的文化传承悠久。古代中国有着丰富的文化传统，包括语言文字、文学、音乐、舞蹈、戏剧、绘画、雕塑等方面。古代中国发展了独特的汉字书写系统，成就了丰富的文学作品，包括《诗经》《楚辞》《唐诗宋词》等。也发展了丰富多样的音乐、舞蹈和戏剧艺术，如古琴、京剧、越剧等，成为中华文化的瑰宝。

第三，古代中国的哲学思想独具特色。古代中国有着丰富的哲学思想，包括儒家、道家、墨家、法家等多种学派。这些学派对于道德、伦理、政治、社会等方面的探讨，为古代中国的文明发展和社会秩序的建立提供了思想基础。例如，儒家思想强调仁爱、孝道、忠诚等伦理观念，对于塑造古代中国人民的道德品质起到了积极作用。道家思想则强调"道法自然"，注重个体的修身养性和追求自由自在的生活方式，为后来的道教信仰奠定了基础。

第四，古代中国在艺术方面的成就也非常显著。古代中国的艺术涵盖了绘画、雕塑、建筑、陶瓷等多个领域，形成了独特的艺术风格和传统。古代中国绘画以山水画、花鸟画、人物画等为主要形式，注重意境和笔墨的表现；古代中国的雕塑艺术以石刻、木雕、铜雕等为主要形式，精美细腻，融入了宗教、历史、文化等元素；古代中国的建筑艺术，如宫殿、寺庙、园林等建筑作品，融入了精湛的工艺和独特的审美观念，体现了古代中国人民的智慧和创造力。

第五，古代中国在历史学、地理学、天文学等方面也有显著的成就。例如，《史记》《汉书》《资治通鉴》等，详细记载了古代中国的历史文化、政治制度、社会风貌，为后世的历史研究提供了宝贵的资料和参考。《山海经》是一部记载了古代中国地理、地质、民族、历史等方面内容的著作，还有古代中国的天文学也取得系列成就，对于古代中国的地理、天文认知和研究起到了积极的推动作用。

第六，古代中国在医药学、草药学等方面也有着丰富的成就。古代中国的医药学强调整体观念和防治结合，注重预防和治疗的综合应用，形成了独特的中医药学体系。古代中国的医学典籍如《黄帝内经》《神农本草经》等对中草药的药性、功效、用法等进行了详尽的记载和研究，为后世的医学研究和临床实践提供了重要的参考。古代中国的草药学和古代中国的医学理念和疗法如针灸、推拿等，在世界范围内产生了深远的影响，被誉为中医药文化的瑰宝。

（2）近代封建中国的衰落。在鸦片战争以前，中国是清王朝统治下的一个独立、统一的中央集权的封建国家。后来，随着商品经济的发展，在中国封建社会内部孕育出资本主义萌芽，一些行业中已经出现自由雇佣劳动关系。但是，在鸦片战争前夕，随着经济、社会、军事等一系列的没落，晚清中国逐渐走上了衰败的道路。

【互动交流】鸦片战争前夕，晚清中国呈现哪些衰落的表现？

第一，土地兼并严重。中国虽然在明清时期出现了资本主义萌芽，但是一直处于萌芽状态，资本主义生产方式因素发展缓慢。相反，在封建土地分配方面，地主阶级占有了大量的土地，农民很少或完全没有土地，鸦片战争前夕土地兼并趋势愈演愈烈。随着土地的高度集中，地主对于农民的剥削更加严重，农民日益贫困，双方的矛盾更加尖锐，社会更加动荡不安。

【案例呈现】晚清中国的土地兼并现象——以安徽为例

> 以安徽淮系官僚集团为例，李鸿章及其兄弟六人，在淮北地区所占田地约在 50 万亩以上，"其在外县者更无论矣"。其他次级的官员也疯狂购地，北华捷报记载："深得李鸿章信赖的一个中国官吏，最近为了种植鸦片而购置了一万亩土地。"再如六安州的徐宗瀛、彭玉麟在奏稿中说："徐宗瀛（湖广总督）廉耻自持……惟其历任缺分尚优，居身过于节俭。在本籍六安州乡间买有庄房两所、田数亩，分于两胞侄为世业。本身子孙两房，乡间有老屋一所，城内新架住屋一所，买田计不足千亩，留为退老及子孙教育之资，此皆人情之常。"买田不足千亩，不仅被认为是人之常情，还受到称赞，可见当时社会土地兼并之风气。
>
> ——李文治. 中国近代农业史资料：第 1 辑［M］. 北京：生活·读书·新知三联书店，1959：184.

第二，吏治腐败。从 18 世纪下半期开始，清王朝已经走上了衰败的道路，吏治愈发腐败，大小官员贪污风气盛行。其中，清代著名的贪官和珅用各种手段积累的财富就达到 4 亿两之多，相当于清政府 8 年的财政收入。地方的官员更是巧取豪夺、无孔不入，甚至贪官污吏明目张胆地进行敲诈勒索，人民的生活十分悲惨。

第三，军队腐化。在鸦片战争以前，清政府拥有 22 万八旗兵和 66 万绿营兵。但是不论是八旗还是绿营，都已经腐败不堪。大小军官不重视军队事务，反而是克扣粮饷，冒领军功，花天酒地。而士兵们也不重视操练，许多人竟然吸食鸦片，聚集起来开赌场。更有甚者，出现了骑兵没有马、水兵不会游泳、武器生锈、炮台失修的严重现象。如果遇到军队的演习，骑兵们便临时雇佣马匹，水兵们便临时寻找捕鱼之人冒名顶替。这样腐朽没落的军队，根本没有任何的战斗力。

第四，起义频发。在封建社会后期的中国，广大人民遭受严重的剥削，阶级矛盾日益尖锐。从 18 世纪末到 19 世纪初，农民的反抗斗争连绵不绝。先后爆发了白莲教大起义、天理教起义，虽然对于清朝统治带来了一定的危害，但是没有从根本上唤醒清朝的统治者。

世界资本主义的殖民扩张。16 世纪—19 世纪初，当中国还处在封建社会晚期之时，西方资本主义已经产生、发展，1640 年的英国资产阶级革命，标志着世界历史开始进入资本主义时代。西方资本主义的殖民扩张，逐步蔓延到了世界各个角落。资本主义的发展逐步使人类历史成为世界历史。西方资产阶级迫使一切民族采用资产阶级的生产方式，一句话，它按照自己的面貌为自己创造出一个世界。但是，西方殖民主义势力来到东方，并不是为了使东方国家成为独立的资本主义国家，而是为了把它们纳入资本主义的世界体系，成为殖民地、半殖民地，成为自己在经济上、政治上、文化上的附庸。

【知识拓展】早期资本主义的掠夺殖民本质及罪恶

不断地攫取更多的剩余价值，是资本的天然属性，是资本的"命"。当这一要求无法在一国内部得到满足时，资本必然走上对外掠夺和殖民之路。资本来到殖民地，带来的是赤裸裸的掠夺。掠夺，就是资本主义殖民的本质。

资本扩张的罪恶罄竹难书。例如，为了寻找和夺取黄金，葡萄牙和西班牙殖民者在非洲和美洲大肆烧杀抢夺。据相关统计，1503 年至 1660 年，西班牙从美洲攫取的有据可查的白银和黄金分别是 18600 吨和 200 吨，而其中未经注册就被私运到西班牙的金银估计占总数的 10%—50%。与此同时，葡萄牙人也从巴西掠夺了 6 亿美元的黄金和 3 亿美元的金刚石。再如，美国殖民者驱逐印第安人的血泪史至今家喻户晓。由于印第安人长期遭到屠杀、围攻、驱赶、被迫迁徙等迫害，人数急剧减少，到 20 世纪初，只剩下 30 多万人。

——王增智. 掠夺是资本主义殖民的本质 [J]. 历史评论，2020（03）：97—101.

西方资本主义的发展及其向东方的殖民扩张，使古老的中国遇到了空前严重的挑战，面临着极其深刻的生存危机。帝国资本主义列强为了掠夺中国资源，悍然对中国大规模走私鸦片。长期规模巨大的鸦片贸易造成晚清中国银元大量外流，给中国带来了巨大危害，并引发了鸦片战争的爆发。

2. 资本-帝国主义如何侵略中国

近代资本-帝国主义总是希望通过军事侵略、政治控制以及经济掠夺，占领和奴役弱小国家民族和落后地区，将它们变成殖民地或半殖民地以满足本国资本的剥削。自鸦片战争以来，资本-帝国主义国家对中国发动了多次侵略战争，企图将中国变成该国的殖民地，严重阻碍了中国的发展，给中华民族带来巨大的创痛和伤害。资本-帝国主义对近代中国的侵略主要表现在军事、政治、经济和文化四个方面。

（1）军事侵略。资本-帝国主义对中国的侵略首先和主要的是进行军事侵略。1840—1919 年，英、法、美、俄、日等列强先后对中国发动了大小达上百次的侵略战争，侵华战争的参与国之多、历时之长、频次之高、危害之重，世所罕见。

【史实梳理】1840—1914 年列强发动对华大规模的侵略战争

第一，第一次鸦片战争（1840—1842）。英国以林则徐的虎门销烟为借口，悍然发动侵华战争。鸦片战争以中国失败并赔款割地告终。中英双方签订了中国历史上第一个丧权辱国不平等条约《南京条约》。中国开始向外国割地、赔款、商定关税，严重危害中国主权，开始沦为半殖民地半封建社会。

第二，第二次鸦片战争（1856—1860）。为进一步打开中国市场，英法两国在美俄的支持下再次发动侵华战争，扩大在华利益。因为这场战争的目的与鸦片战争一致，所以被称为第二次鸦片战争。在战争期间，英法联军闯入圆明园大肆烧杀抢掠，无数瑰宝流失海外，战争最终以清朝签订《北京条约》结束。第二次鸦片战争加深了中国半殖民地半封建化程度，外国侵略势力扩张到了中国沿海各省，中国廉价原材料和劳动力被外国侵略势力肆意掠夺。

第三，沙俄侵略新疆伊犁（1871）。1871 年俄国乘中国新疆局势混乱，出兵入侵伊犁。5 月 3 日，一支俄军越过中国边境哨卡阿克肯特卡伦侵入新疆，5 月 8—31 日，俄军猛攻通往新疆的克特缅山口，守军塔兰奇人（意为各族耕种者）奋力抵抗后失守。6 月 12 日，俄军总攻伊犁，22 日进入伊犁城。沙俄在伊犁移民垦殖，残酷压迫、剥削中国各族人民达 10 年之久。

第四，日本侵略台湾（1874）。1874 年 5 月，日本在美国支持下派 3000 日军侵犯台湾。10 月 31 日，清政府与日本政府签订《北京专约》，清朝承认日本出兵是"保民义举"，赔偿日本 50 万两白银，日军撤出台湾。日本侵略台湾，暴露了日本的霸占台湾的野心，给清廷敲响了警钟。

第五，中法战争（1883—1885）。中法战争是法国侵略中国和越南而引起的一次战争。战争过程中，法海陆两军虽在多数战役占上风，但均无法取得奠定全局的战略性大胜。而清军虽然在战争初期陆海战皆遭惨败，但后期台湾及杭州湾防卫的成功，且有冯子材统率各部在镇南关之战给法国陆军带来较重伤亡，给清政府带来一些优势。最终，迫于国内外多方面因素，清政府与法国议和，被迫签订《中法越南边界通商章程》《中法界务条约》《中法续议商务条约》等一系列不平等条约，使法国又得到很多权益。从此，中国西南门户洞开，法国侵略势力以印度支那为基地，长驱直入云南、广西和广州湾（今湛江市），并使之一度变成法国的势力范围。

第六，中日甲午战争（1894—1895）。中日甲午战争，是指19世纪末日本侵略中国和朝鲜的战争。1894年，日本借朝鲜发生东学党起义之机，悍然在朝鲜半岛海面袭击清军运兵船，挑起中日战争。这场战争以中国战败、北洋水师全军覆没告终。中国清朝政府迫于日本军国主义的军事压力，1895年4月17日签订了《马关条约》。这场战争也标志着洋务运动彻底失败。

第七，八国联军侵华（1900—1901）。指1900年（清光绪二十六年）5月28日以英、俄、日、法、意、美、德、奥为首的8个主要国家组成的对中国的武装侵略战争。1900年春，义和团运动成了八国联军侵华战争的导火索，以此为借口，八国联军以镇压义和团之名行瓜分和掠夺中国之实。1901年9月7日，以《辛丑条约》的签订为结果，中国自此彻底沦为半殖民地半封建社会，给当时的国家和人民带来了空前沉痛的灾难。

第八，日俄战争（1904—1905）。日俄战争是1904年—1905年日本和俄罗斯帝国为争夺朝鲜半岛和中国东北而进行的战争。1904年2月8日，日本海军突然袭击俄罗斯驻扎在中国旅顺口的舰队，日俄战争爆发。2月12日，中国清政府以日俄两国"均系友邦"为由，宣布局外中立。俄军由于补给困难以及指挥无能，屡遭失败。此后美国出面调停，8月10日，日俄双方在美国朴茨茅斯正式举行和谈，于9月5日签订《朴茨茅斯和约》。日俄战争不仅是对中国神圣领土主权的粗暴践踏，而且也使中国东北人民在战争中蒙受了空前的浩劫。

总之，近代资本-帝国主义列强对中国发动的多次侵略战争给中国造成巨大的损失和创伤，这体现在屠杀中国人民、攫取中国领土、划分势力范围、勒索赔款、劫掠财富等方面。为了更好地帮助同学们理解，老师从列强屠杀中国人民和勒索赔款两个方面，选取典型案例进行剖析说明。

【典型案例】日本制造"旅顺大屠杀"的域外报道

中日甲午战争爆发后，英美报刊派出了战地记者前往远东报道战事。科文、克里尔曼、维利尔斯等人随日本第二军经历了旅顺战役，目睹了旅顺大屠杀，并对此作了报道。

伦敦《泰晤士报》的托马斯·科文（Thomas Cowen）将亲历看见的"旅顺大屠杀"刊载于 1894 年 12 月 3 日的《泰晤士报》，报道说："在接下来的 4 天，我看到城内并无任何抵抗，但日本兵洗劫了整个城市，屠杀了市内几乎所有的人。也有少数妇女和儿童被杀，虽然这有可能是误杀。我还告诉陆奥子爵，我看见许多中国俘虏被捆绑起来，脱去衣裤，被枪杀，被刀砍，被开膛破肚取出内脏，被肢解碎尸。很多尸体中的一部分还被焚烧过"。纽约《世界报》的詹姆斯·克里尔曼（James Creelman）在 1894 年 12 月 12 日将有关"旅顺大屠杀"的见闻以《日军大屠杀》为题刊于《世界报》头版，以亲身经历讲述了屠杀的惨状："日军于 11 月 21 日进入旅顺，残酷地屠杀了几乎全部居民。无自卫能力和赤手空拳的居民在其家中被屠杀，他们的躯体被残害之状无法形容。这种肆无忌惮的凶杀持续了 3 天。整个城市在骇人听闻的暴行中被劫掠。这是日本文明的最大污点，日本人在这一事件中重回到了野蛮。把暴行看作事出有因的一切借口都是虚伪的。文明世界将会被屠杀详情震惊。外国记者为这种场面所惊骇，集体离开了日本军队。"

——摘编自刘文明．甲午战争中的英美特派记者与旅顺大屠杀报道[J]．社会科学战线，2014（10）：95—96.

总之，中日甲午战争爆发后，西方国家的媒体对这场战争给予了极大关注，纷纷派出一些战地记者前往远东。这些特派记者利用当时先进的电报技术，争抢独家新闻，及时将战争中的重大事件报告给各自服务的报刊，并随后撰写长篇通讯详述事件经过。大多数英美战地记者坚持报道"旅顺大屠杀"，如《苏城论坛报》《林奇堡进步报》《宾厄姆顿共和党人报》《费城呼声报》《费城时报》《圣路易斯邮讯报》《华盛顿明星报》《沃斯堡公报》《波士顿邮报》《明尼阿波利斯新闻报》《辛辛那提商业公报》等。同时，作为海外华人最大的聚集地，南洋地区的中文报界始终对这场战争保持着高度关注，构建了中国本土之外另一个重要的国际舆论场，来自中、日和西方各国的不同资讯与声音在这里彼此交锋，见证了日军的残暴和近代中国遭受的人道灾难。

【典型案例】鸦片战争后帝国主义向中国勒索的几笔较大的赔款

表1　鸦片战争后帝国主义向中国勒索的几笔较大的赔款

条约名称	签订日期	赔款数字	条约规定的赔款办法
中英《南京条约》	1842年8月29日	2100万元	赔款4年付清。倘有按期未能交足之数，按年息5厘计息
中英《北京条约》	1860年10月24日	800万两	赔款银两先缴50万两，余款由通商各关所纳总数二成扣缴，三月一期，扣完为止
中法《北京条约》	1860年10月25日	800万两	赔款三个月缴一次，从中国各海关所收税银五分之一扣缴
中日《马关条约》	1895年4月17日	2亿两	赔款分8次付清。第一、二次各缴5000万两，于条约批准互换后，一年内付清，余款分6次7年内付清。第一次付款后，余款按年息5厘计息，照此计算所付之息应为2000余万两。以通商口岸关税为抵押
中日《辽南条约》	1895年11月8日	3000万两	限条约签订后8月内交清
《辛丑条约》	1901年9月7日	4.5亿两	分39年付清，年息4厘，应付之利息为5.32亿两，连同赔款共计982238150两。赔款以新关常关盐政银承担
备注	总计赔款数字为6.96亿两又2100万元。如加上利息合计为12.5亿余两又2100万元。此表内统计数字系根据条约规定数字		

——摘自：鸦片战争后帝国主义向中国勒索的几笔较大的赔款［J］. 历史教学，1965（02）：63.

上述表格统计的数字是根据不平等条约所记载数字统计而来。西方列强发动殖民侵略战争，大肆屠杀中国人民，却反过来要中国人民加倍赔偿其战争费用。他们向中国勒索赔款，造成了清朝政府严重的财政危机，清政府却把赔款转嫁给广大的、贫苦的人民大众，人民生活苦不堪言。

（2）政治控制。资本-帝国主义列强为了统治中国，在政治上采取政治控制的多种手段，操纵中国的内政和外交，把中国当权者变成自己的代理人和驯服工具。列强进行政治控制的手段有：

第一，控制中国的内政和外交。列强通过鸦片战争、第二次鸦片战争击败中国后，取得了派驻公使驻扎北京的特权。事实上，这些所谓的外国公使，就是清政府的"太上皇"。外国公使可以在北京直接向中国政府发号施令。1901年《辛丑条约》签订，是清朝统治集团完全屈服外国列强的例证。该条约规定，清朝政府永远禁止中国人反抗，清政府官员如有对抗"弹压惩办不力"，"即行革职，永不叙用"。

攫取领事裁判权又是列强控制中国的重要手段。1843年中英《五口通商章程》规定，英国人在华通商口岸享有领事裁判权。1844年中美《望厦条约》更扩大领事裁判权的范围，所有美国人在华之一切民事、刑事诉讼，均由美国领事等官员询明办理。其他列强获悉后，纷纷要求享有同一待遇。从此，外国人可以在中国横行不法，中国政府却无权干预。

把持中国海关是列强控制中国政治的又一手段。近代中国海关的职权范围，除了征收进出口关税外，还管理港口、主办邮政，甚至涉及与外国人交涉的各种事务。中国海关的高级职员全部由外国人充任。英国人赫德自1863年任总税务司开始，直至1908年回国，掌握中国海关大权达40年之久。他曾向清政府提出《局外旁观论》，教训中国政府必须遵守不平等条约；他还帮助英国诱迫李鸿章签订《烟台条约》。

【问题思考】晚清中国海关总税务司为什么要聘请外国人担任？赫德是谁？

【问题答案】1853年上海小刀会起义时上海海关被毁，英、美国商人借口海关行政陷入停顿，拒绝交纳关税。后来，经过清政府多方交涉，直到1854年6月29日，英、美、法三国才同意恢复纳税，但提出一个条件：必须由他们各指派一名税务司，共同管理海关。这是外国侵略者攫取中国海关主权的开始。1859年两江总督又任命英国税务司李泰国为"总税务司"，给了他选定各通商口岸税务司的权力。这样，外国侵略者进一步确定了在中国海关的统治地位。

1863年11月，英国人赫德继任税务司的职务。此人1854年来到中国，原是英国领事馆的一名翻译，后来才调到海关任税务司。他继任税务司后，制定了一整套半殖民地的海关制度，并把它推广到全国通商口岸；他按照各国在华势力的大小，任用各国的税务司共同管理海关，既保证了英国对中国海关的领导地位，也因此得到各国的支持。他还从海关税收入中分出一部分给清政府，以便控制清政府的财政。他深得清政府大员李鸿章的信任，把持中国海关大权达48年之久，并得以向中国内政、外交伸手，成了既是侵略者的代表，又是清政府官员这样一个具有特殊身份和特殊能力的人物。

第二，镇压中国人民的反抗。资本-帝国主义列强为加强对中国的统治，肆意镇压中国人民的反侵略反封建斗争。一方面，列强向清政府供应军火、船只，派遣外国军官组织并指挥"洋枪队"，甚至直接动用陆海军，镇压太平军；另一方面，当中国人民掀起反对外国教会侵略的斗争，发生所谓的"教案"时，外国侵略者便指使清政府屠杀中国人民，惩办对人民镇压不力的地方官员。1870年"天津教案"的发生和处理，将资本-帝国主义列强如何武力威胁和军事恫吓清政府展现得淋漓尽致。最终，清政府被迫判处20名民众死刑，流放天津地方官吏25人。晚清时期，相类似的教案案件以及处理有很多，大多以中国赔款、处死责任人和道歉告终。列强通过对中外纠纷中国人的强势镇压，打压中国人反抗的意志和斗争信念，试图瓦解中国人的反抗精神，营造外国人不可战胜的形象，这些都是需要揭露剖析的。

【知识拓展】"天津教案"的海外报道及西方叙事话语批判

天津教案是1870年（同治九年）在天津所发生的一场震惊中外的教案。天津民众为反对天主教会在法国武力庇护下的肆行宣教活动，攻击天主教教会机构而造成数十人被谋杀。学术界评论说，发生在1870年的天津教案是中国近代史上一次举世瞩目的外交事件，无论打死外国人还是捣毁教堂的数量，都是鸦片战争以来30年间最多的。对于该教案，海外媒体给予关注和持续报道，这里选取美国社会颇具影响力的主流日报《纽约时报》为样本进行说明。

《纽约时报》基于西方叙事架构和对中国的刻板印象，建构了天津教案"事件是早有预谋的""鼓吹炮舰外交，列强须联合起来对清政府作战""中国从官方到民间是普遍排外的"3个主要议题，并未过多关注中国受害者的身份和造成的伤害，反而呈现鲜明的西方视角。例如，该报关于天津教案发生原委的数篇报道中，几乎全是在华外国人对事件的忆述，而不见中国一方的官员、民众的声音。而且，这些报道统一呈现对华谴责蔑视的态度，过于强调西方人员的损伤，所获取的信息来源和分析视角相对单一。

总之，在《纽约时报》的叙述中，中国成为没有表达能力的他者，中国方面的声音几乎被完全忽视，西方的话语强势渗透于其报道的字里行间。该报在立场上基本配合了此时期美国政府的对华外交政策，支持西方列强联合对中国进行军事威胁，始终没有摆脱用战争和武力迫使中国屈服的殖民思维，深切体现了清政府"国弱力小"的话语困境。

——杨帆.《纽约时报》视野中的天津教案［J］. 东岳论丛，2016（04）：97—106.

第三，扶植、收买代理人。中国人民表现出来的不屈不挠的牺牲精神和斗争精神使得西方列强意识到，无法把中国变成纯粹的殖民地。为了控制中国的政治，帝国主义列强特别注意在中国政府中扶植、收买自己的代理人。帝国主义试图把清政府变成"洋人的朝廷"。例如，支持袁世凯篡夺辛亥革命胜利果实，建立北洋军阀政权；扶植皖系军阀各派系，导致军阀连年混战。

（3）经济掠夺。资本-帝国主义对中国进行经济掠夺的方式，除了强迫中国支付巨额的战争赔款外，还利用与清政府签订不平等条约所赋予的条约特权，进一步掠夺和榨取中国资源，逐步把中国卷入资本主义的世界市场。这些经济掠夺的手段主要有：

第一，控制中国的通商口岸。鸦片战争前，中国实施闭关自守政策，仅允许广州十三行与外国通商交流。鸦片战争后，中国被迫开放广州、厦门、福州、宁波和上海 5 处通商口岸，中国的通商口岸数量开始增加。历史上，近代中国的通商口岸可以分为两个类型，一种是约开口岸，这类口岸是继鸦片战争后外国强迫中国履行不平等条约而开的通商口岸。这类口岸，中国政府在任何情况下都不得停止开放。一种是自开口岸，是中国政府主动开放的通商口岸。这种自开商埠，实际上也是屈从于外国的要求或海关协议的结果。据统计，近代历史上中国共开放口岸 104 个，亦称 110 个（包括胶州湾、旅顺口、威海卫、大连湾、香港、澳门 6 处）。在这些通商口岸里，外国人依仗不平等条约享有种种特权，控制当地的工商、金融事业，甚至设立租界，实行殖民统治。这些通商口岸大多成了资本-帝国主义列强在中国进行经济侵略的基地。

第二，剥夺中国的关税自主权。关税是国家保护民族经济的重要手段和工具。但是，鸦片战争失败后，中国便逐步丧失关税自主权，甚至为筹集战败赔款，不惜以关税作为抵押，使我国丧失了关税自主权，为列强的进一步经济侵略打开了方便之门。

【启发思考】近代中国关税自主权丧失具体有哪些危害?

近代中国的关税政策和税则，是在兵临城下被迫签订的一系列不平等条约中形成的。一系列不平等条约的签订，直接导致中国关税自主权丧失。关税自主权从广义的角度来说，涵括协定税率与税则的权力、海关行政权、子口税制度、关款保管权等权利，而关税自主权的丧失导致的直接后果有：国家财政经济发展受到影响；危及国家主权；影响国内工商业发展；以及导致其他主权如领土主权、司法主权、行政主权等进一步丧失。如学者所说：近代中国关税自主权的丧失致使关税不仅不能为政府提供充足的财政收入，更不能保护本国民族经济不受外部势力的冲击和损害。近代以来，列强凭借控制中国的关税主权攫取了数不清的中国利益，阻碍了中国经济的发展和社会的进步。1843 年的《五口通商章程：海关税则》规定的进出口税率与原粤海关税则相比大幅降低，关税税率调整表如下①：

表 2　关税税率调整表

货名	每单位市价	征税单位	旧税率（%）	新税率（%）
进口货				
棉花	每担 10 元	担	24.19	5.56
棉纱	每担 25 元	担	13.38	5.56
出口货				
茶叶	每担 27 元	担	30.89	12.87
湖丝	每担 350 元	担	9.43	3.97
土布	每担 50 元	担	7.37	2.74

由上表可知，棉花、棉纱等进口商品，协定税则较粤海关税则分别降低 77.02% 和 58.45%；大宗出口的茶叶、湖丝、土布也降低了 58.33%、57.86%、62.29%。近代中国由此成为世界上关税进出口税率最低的国家之一。②

第三，实行商品倾销和资本输出。资本-帝国主义列强凭借不平等条约所赋予的种种特权，把中国变成了它们倾销商品的市场和取得廉价原料的基地。列强通过大规模的商品倾销和资本输出，迫使近代中国逐渐沦为列强的产品销售市场和榨取原料的基地。

【案例呈现】近代列强对中国倾销商品的部分数据统计——以芜湖口岸为例

1876 年 9 月 13 日，李鸿章代表清政府同英国代表威妥玛签订了不平等

---

① 滕淑娜，李明慧. 失去与收复：近代中国关税主权变迁探析 [J]. 聊城大学学报（社会科学版），2021（02）：63.

② 滕淑娜，李明慧. 失去与收复：近代中国关税主权变迁探析 [J]. 聊城大学学报（社会科学版），2021（02）：63.

条约《烟台条约》，规定开放安徽芜湖作为通商口岸。芜湖被迫开放后，中外贸易统计数据大增，列强利用该通商口岸倾销大量商品，极大地冲击中国的本土经济。根据历年《芜湖关华洋贸易情形论略》中的有关数字，整理得出芜湖关1877—1920年的贸易总额数据，列表如下：

表3 芜湖海关贸易总额净值统计（1877—1920）（关平银：两）

年份	货价计值关平银	年份	货价计值关平银
1877	1，586，682	1899	20，281，849
1878	3，219，476	1900	18，080，948
1879	3，563，573	1901	13，289，752
1880	3，934，144	1902	19，090，828
1881	4，379，036	1903	24，542，700
1882	3，707，514	1904	30，640，193
1883	3，907，357	1905	30，623，800
1884	3，888，490	1906	21，998，200
1885	5，255，360	1907	21，390，455
1886	7，989，833	1908	27，429，894
1887	5，831，240	1909	24，907，347
1888	5，572151	1910	24，670，000
1889	7，354，468	1911	21，430，000
1890	7，629，100	1912	29，500，000
1891	10，253，000	1913	20，223，604
1892	10，923，000	1914	22，530，041
1893	9，661，900	1915	24，260，000
1894	10，224，000	1916	25，650，000
1895	7，959，000	1917	19，787，021

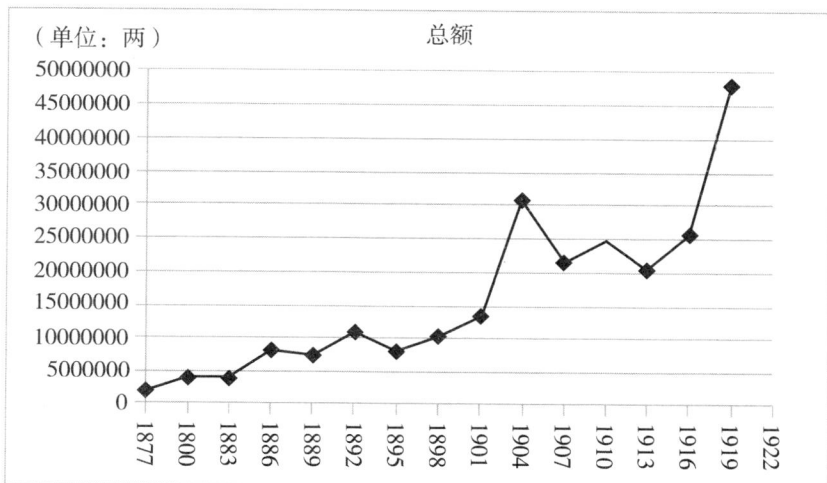

图1 芜湖海关1877—1920年贸易总额净值

根据以上图表①，可以得知：芜湖自开埠以来，贸易额剧增，从1877年1586682海关两上升为1920年的40144619海关两，1920年芜湖海关的贸易总额净值是1877年的28倍之多，反映出列强通过芜湖海关对中国倾销数额巨大的商品。

（3）文化渗透。资本-帝国主义列强在近代中国进行文化渗透的目的，是为了更好地控制中国，将中国变成列强彻底的殖民地。为了实现该目的，列强在中国大肆进行文化渗透活动，主要体现在两个方面：

第一，利用教育外衣，掩盖侵略活动。近代以来西方基督教会在中国办有几十所大学、数百所中学、数千所小学。列强为什么要在中国办学呢？目的是希望通过文化渗透，宣传殖民主义奴化思想，瓦解中国人的斗志，为其侵略中国、控制中国服务。正如北平协和医学院在给国民党政府美国顾问兰安生的信上说："我们相信用一百万美元支持各大学，对蒋政权来说，比用二百万美元来维持军队更有力量……由此培养出来的学生将会更加驯服可靠。"② 在教会学校里，学校负责人规定不允许挂中国国旗，不许讲中国话，更不许爱国。上海三育学校的美方负责人说："已入教会学校，应断绝一切国家观念，爱国二字断无

---

① 方姝人. 近代芜湖港口贸易研究（1877—1937）——以芜湖海关贸易报告为考察中心［D］. 广西师范大学硕士学位论文，2018：12—13.
② 梁占军. 近代中华国耻录［M］. 北京：北京出版社，1994：99.

存在的余地。"① 读《圣经》、做礼拜都是必修课。除宣传基督教教义之外，还有西方"文明"和意识形态的必修课程。这就使进入学校的中国人大部分在接受了基督教的同时，逐渐丧失了民族意识，丧失了中国人民的自尊心和自信心。甚至，在日本侵华时期，一些教会学校的学生没有组织抵抗，反而向上帝祈祷，"祈求上帝饶恕中国之罪"。可见西方列强利用教育外衣，行文化渗透之实，部分中国人受毒害之深！乃至中国人民中流传一句话：多了一个基督徒，就少了一个中国人。

第二，利用办报刊，鼓吹侵略舆论。据统计，从1840年到1914年，帝国主义列强在华先后发行了80多种报刊。列强利用办报刊、出版杂志和书籍的机会，大肆贬损中国人，肆意散布"黄祸论"，以此论证侵略、压迫有理。1895年，德国皇帝威廉二世甚至亲自构思了一幅《黄祸图》，让画家克纳克福斯画成油画送给俄国沙皇。西方还出现了一批关于"黄祸论"的文章和专著。有的"黄祸论"鼓吹者竟说："一旦千百万中国人意识到自己的力量时，将给西方文明带来灾难和毁灭。"② 列强大肆宣传"黄祸论"，甚至攻击诬蔑中华民族是愚昧落后的"劣等民族"，应该接受"优等民族"白种人的开导和奴役，借此论证侵略有理。它们希望中国人民在思想上放弃抵抗，心甘情愿地接受他们的压迫、掠夺和奴役③。

3. 资本–帝国主义侵略给中国造成的影响

资本–帝国主义对中国的侵略，无疑给近代中国造成巨大的损害。帝国主义的入侵造成了中国社会100多年的社会动荡和更长时间的社会大萧条，带来了经济、政治、军事、社会和文化灾难般的打击。

（1）经济上沦为资本–帝国主义的附庸

资本–帝国主义对中国经济的入侵，主要是强迫中国支付战争赔款和签订一系列的不平等条约。通过控制中国的通商口岸、剥夺中国的关税自主权、实行商品倾销和资本输出、操纵中国的经济命脉等手段，彻底将中国纳入资本主义市场，沦为资本–帝国主义列强倾销商品的市场和取得廉价原材料的基地。资本–帝国主义列强的入侵，使中国在经济上丧失了独立性，中国被纳入资本主义的世界经济体系，成了西方大国的经济附庸。此外，他们同中国封建主义相勾

---

① 中国人民保卫世界和平反对美国侵略委员会北京分会辑：美国侵华史料［M］. 北京：北京人民出版社，1951：301.

② 吕浦，张振鹍等. 黄祸论历史资料选辑［G］. 北京：中国社会科学出版社，1979：189.

③ 匡长福. 深化对近代西方文化渗透问题的教学探索［J］. 马克思主义学刊，2017，05（02）：11—15.

结，导致了近代中国经济的落后和人民的贫困。

（2）政治上丧失部分主权，开始沦为半殖民地半封建社会

帝国主义主要通过控制中国的政府，来控制中国的内政、外交。随着一系列不平等条约的签订，中国的领土、领海、司法、关税和贸易主权遭到严重破坏，中国人民的反抗被镇压，军阀、官僚被扶植成代理人，中国逐渐由一个独立自主的国家沦为半殖民地半封建社会国家。

（3）在文化上进行侵略和渗透

列强对中国进行文化渗透，一些传教士披着宗教的外衣，进行侵略活动，他们宣扬"种族优劣论""黄祸论"，目的是为帝国主义侵略中国制造舆论。

（4）社会主要矛盾的变化

因为西方列强的入侵给近代中国带来了深远影响，人们并不甘心受列强欺负，开始了一系列反对侵略的战争，所以外国资本-帝国主义同中华民族的矛盾代替了本国封建主义同人民大众的矛盾而上升为主要矛盾。

（5）部分中国知识分子开始探索实现国家独立和现代化的道路

无论在经济、政治体系还是其他方面中国和西方列强都明显存在很大差距，西方列强的入侵使一部分知识分子开始注目世界，寻求强国御辱之道，新思潮萌发，冲击了封建思想。甲午中日战争、戊戌维新、辛亥革命，都是为了救亡图存、振兴中华，这些斗争和探索，使中华民族燃起了新的希望，标志着中华民族的进一步觉醒。

【话题讨论】如何评价资本-帝国主义侵略中国的主观动机与客观效果

关于资本-帝国主义侵略中国的评价问题，是"中国近现代史纲要"课程教学中必须讲清楚的一个问题。有人认为：资本-帝国主义侵略中国的主观动机是要把中国变成他们的殖民地，这是他们的"过"；而中国又只沦为半殖民地，这是他们的"功"。因此，想要解决该问题，需要对列强侵略的主观动机与客观效果进行分析。

第一，列强侵略中国的主观动机。资本-帝国主义侵略中国的主观动机，是要把中国变成他们的殖民地。1840年英国挑起了第一次鸦片战争，接着先后爆发了1856年的第二次鸦片战争，1883年的中法战争，1894年的中日甲午战争，1900年的八国联军侵华战争以及后来日本帝国主义的侵华战争。所有这些侵华战争，无不带有变中国为其殖民地的卑鄙目的。1895年，沙俄帝国主义的喉舌《新闻报》就曾鼓吹利用中日甲午战争的"大好时机"，干净利落地解决中国问题，由欧洲有关的几个主要国家加以瓜分。八国联军侵华时，"瓜分中国"之说也成了西方资产阶级舆论的中心。马克思在揭露西方殖民主义在中国犯下的滔

天罪行时明确指出：殖民主义的所谓"传播文明"，不过是踏着中国人民的白骨和血肉以实现其肮脏的政治和经济的目的。马克思就是这样无情地撕破了殖民主义者所披的"文明"面纱，使人们看到了其丑恶的面孔。

第二，列强侵略中国的客观效果。资本-帝国主义侵略中国的主观动机是要变中国为他们的殖民地，为什么客观上容许中国只沦陷到半殖民地的程度就不加强制地半途而止。有人认为，这是列强对中国的施恩，是列强的"功"。事实上，并非列强不愿意将近代中国完全变为殖民地，而是列强无法做到。最主要的原因有两大方面，一方面中国人民的顽强抗争，极大震慑到资本-帝国主义列强，给予列强以重大打击。从太平天国运动到辛亥革命，从国民大革命到新民主主义革命，中国人一步步在通过自己的努力行动，不断刷新列强对中国的认识，使其深刻认识到无法消灭中国。另一方面，资本-帝国主义列强之间深刻的矛盾，也让列强无法整合全部力量镇压中国人民的反抗。正是中国人民反对帝国主义的斗争和帝国主义相互之间的斗争，造成资本-帝国主义侵略中国的主观动机与客观效果的不符。

（二）进入近代后中华民族反抗列强侵略

资本-帝国主义侵略、压迫中国的过程也是中国人民反抗列强侵略、压迫的过程。救亡图存，成了一代又一代中国人面临的神圣使命。为了捍卫民族生存的权利，实现民族的独立复兴，无数的中国人进行着不屈不挠的斗争。

1. 进入近代后中华民族抵御外来侵略的历程

进入近代以后，列强对中国的侵略逐渐加快，救亡图存成为近代国人心中的主旋律。无数的中国人为了挽救民族危亡，进行着不屈不挠的伟大斗争，坚决抵御外国列强侵略。

【教师提问】请同学们梳理近代国人抵御外来侵略的历程

待学生回答后，教师引导解释，资本-帝国主义侵略、压迫中国人民的过程，同时也是中国人民反抗列强侵略、压迫的过程。比如英国发动侵略中国的鸦片战争时，中国人民即奋起抵抗。如三元里抗英斗争，太平军重创侵略者指挥的洋枪队"常胜军""常捷军"，台湾高山族人民反抗日本侵略军，义和团和外国侵略者的斗争等。爱国官兵也在同期激烈抗争着，1859年英法联军大举侵犯大沽炮台，守军沉着应战，击沉、击伤多艘敌舰；中法战争期间，冯子材在镇南关奋勇杀敌，取得镇南关大捷；等等。正是近代国人的英勇抗争，为反抗侵略所进行的前赴后继、视死如归的战斗，才粉碎了帝国主义列强瓜分和灭亡中国的图谋。

2. 近代后中华民族反侵略战争失败的原因分析

1840—1919 年的 80 年间,中国人民对外来侵略进行了英勇顽强的反抗。遗憾的是,历次的反侵略战争都是以中国失败告终,中国政府被迫签订丧权辱国的条约。从中国内部因素分析,主要有以下两个方面:一是社会制度的腐败;二是经济技术的落后。

第一,近代中国社会制度的腐败是中国反侵略战争失败的根本原因。由于政治腐败、经济落后和文化保守,一方面使清朝统治阶级封闭自守,妄自尊大,骄奢淫逸,盲目进攻;另一方面又使清军指挥人员在战争面前完全没有应变的能力和心态,不适应近代战争,不少将帅贪生怕死,临阵脱逃,有的甚至出卖国家和民族利益。另外,清政府尤其害怕人民群众,担心人民群众动员起来会危及自身统治,所以不敢发动和依靠人民群众的力量。

第二,经济和科学技术的落后,国家综合实力低,特别是经济技术和作战能力的落后,是近代中国反侵略战争失败的另一重要原因。社会政治制度的腐败造成经济技术的落后。当时的英国已经经历过工业革命,资本主义生产力获得突飞猛进的发展,而中国仍停留在封建自然经济的水平。经济技术的落后直接造成军事装备和军事思想的落后,尽管清朝军队在总兵力上占优势,但是却无力与装备先进和训练有素的敌军作战。

【教学案例】 第一次鸦片战争时期中英武器差距对比

鸦片战争时期,清军处于冷热兵器混合使用的阶段,但是英军早已步入了以火炮与火枪为主的热兵器时代。海战时期,清军舰载武器主要有冷兵器(含弓箭、藤牌、刀斧、长枪)、热兵器(含燃烧性火器、抛射性火器如鸟枪、红夷炮、字母炮、抬炮、冲天炮、竹节炮等)。清军火炮普遍存在爆炸性能不足,射程、精确度均不足的弊端。英军舰载武器主要有火枪和火炮。英军火枪主要是滑膛遂发枪,枪重 4.3 千克,最大射程 220 米,射速 23 发/分钟。英军火炮主要是长管加农炮、榴弹炮、卡伦炮和康格里夫火箭炮等,英国军舰的火炮是长短搭配,爆炸弹与实心弹结合,远程打击与近程攻击配合,杀伤威力大。清军除了武器技术的落后外,在交战技术以及战略战术上等均有明显差距,使得鸦片战争期间清军惨败。

——张建雄. 基于武器视角下的鸦片战争中英战船战术差异探究 [J]. 岭南文史,2020(04):37—45.

需要知道,分析近代中国社会制度的腐败和经济技术的落后是近代中华民族反侵略战争失败的根本原因和重要原因，并不意味着否定近代国人抗争的努力和必要性。因为无论是武器或者制度都是影响战争的重要因素，但不是唯一因素或者决定性因素。决定战争胜利的真正因素是人，在当时中国，不仅武器落后，而且统治阶级压制人民群众的动员，这种情况下中国的反侵略战争一再遭到挫败已可预知。但是，值得指出的是，当时国人们明知战争可能失利，但仍然勇于战斗，为挽救民族危亡而不懈斗争，始终值得国人称颂。

（三）进入近代后中华民族伟大复兴梦想的提出

近代以来，历经磨难的中华民族为实现中华民族伟大复兴的中国梦而苦苦探索。无论是统治阶级的洋务运动，农民阶级的太平天国和义和团运动，还是资产阶级中上层的维新变法，无一例外地都以失败而告终。然而这些探索的失败也刺激了近代国人民族意识的觉醒。无数国人民族意识的觉醒，汇聚成磅礴的力量指引着中华民族实现民族复兴的伟大目标。

1. 近代中国人民民族意识觉醒的过程

鸦片战争以后，西方列强以武力打开了中国的大门，对中华民族发动了野蛮的侵略，给中华各族人民带来巨大的历史灾难。深重的民族危机深刻地教育了中国人民，促使他们反思祖国和民族的前途与命运，促进了中华民族的觉醒。民族意识的日益强烈、民族自觉的不断升华，成为中华民族觉醒的重要标志。这种意识最终成为催生、助长近代中国民族解放运动的精神动力。

【问题探讨】近代中华民族意识觉醒的大致过程

（1）"开眼看世界"——鸦片战争后国人近代民族意识的萌发

鸦片战争后，清王朝从唯我独尊的"天朝大国"沦为任人宰割的羔羊，强烈的反差使得一部分先进的中国人幡然醒悟。如林则徐、魏源、徐继畬和梁廷枏。他们纷纷在作品里表达了民族意识的觉醒。如林则徐的《四洲志》、魏源的《海国图志》、徐继畬的《瀛寰志略》和梁廷枏的《海国四说》。

上述几位先进人物是近代国人中比较早主张学习西方的人物。尤其是林则徐，在我们的国门还没有打开的时候，为了解对手，林则徐不断收集欧美国家的资料，雇佣译员进行翻译，亲自编订《四洲志》，介绍世界各国情况，林则徐成为中国第一个睁眼看世界的人。他的学生魏源则在林则徐《四洲志》基础上编写的《海国图志》，成为中国第一部比较系统介绍西方风土人情的著作，提出了"师夷长技以制夷"的口号，启发了李鸿章、曾国藩等一批先进的地主阶级，开始学习西方先进的科学技术。而徐继畬和梁廷枏也各自提出了学习西方的主张。

（2）群体觉醒——早期维新派的民族意识觉醒

我国的民族意识觉醒从零星的几个人物觉醒到群体性的觉醒，是在19世

70年代以后，以王韬、薛福成、马建忠、郑观应等人为代表的早期维新派，呈现群体性觉醒的状态。他们不仅主张学习西方的科学技术，同时也要求吸纳西方的政治、经济学说。他们的代表作品分别是《韬园文录外编》《筹洋刍议》《适可斋记言》《盛世危言》。例如，郑观应的《盛世危言》介绍的内容很多，核心观点是大力发展工商业，同西方国家进行商战，设立议院，实行君民共主制度的主张。现今学术界评价这本书是晚清危机加深视角下，中国思想界开始考虑从传统社会向现代社会转变的著作，并且它很明确提出中国不如西方的观点。在当时提出这个观点是很需要勇气的，即使百年之后的今天，仍然不能抹杀其具有现实意义的光辉。

（3）甲午危机——近代民族意识的普遍觉醒

如果说鸦片战争以后，中国还只是少数人有朦胧的民族觉醒意识。那中日甲午战争以后，当中华民族面临生死存亡的关头，整个中国，无论是上至士大夫下至底层平民都开始普遍地觉醒起来。

甲午战争中国彻底战败，这个结果是当时清政府没有预料到的，也是欧美列强没有预料到的。可以说，甲午战争的失败给予中国的打击是极为沉痛的。这让当时所有的中国人无法接受，曾经给中国人带来荣耀的中国强大形象开始破碎，就如同梁启超所说："吾国四千余年大梦之唤醒，实自甲午战败割台湾偿二百兆以后始也。"他的老师康有为也说："吾国四万万人，如笼中之鸟，牢中之囚，为奴隶，为牛马，为犬羊，听人驱使，听人宰割，此四千年中二十朝未有之奇变。"严复也提出他的观点，就是世界上一切民族都在为生存竞争，中国再不进取只能自取灭亡。救亡图存成为这个时期的主旋律。如陈旭麓先生的《近代中国社会的新陈代谢》强调，甲午战败"成中国之巨祸"，中国的民族具有普遍意义的觉醒也因此而开始。这是近代百年的一个历史转机。

甲午战争之后，民族意识的觉醒仍在继续，康有为、梁启超等维新派发动"公车上书"，痛陈中国所面临的民族危机的严重性，以强烈的民族忧患意识对国人进行了爱国救亡的思想启蒙。戊戌维新运动失败后，中国人民开展的救亡图存斗争非但没有停止，反而以更大的规模和气势磅礴发展，再一次走向新的高潮。

2. 中华民族伟大复兴历史主题的形成

习近平总书记指出："中国共产党一经诞生，就把为中国人民谋幸福、为中华民族谋复兴确立为自己的初心使命。一百年来，中国共产党团结带领中国人民进行的一切奋斗、一切牺牲、一切创造，归结起来就是一个主题：实现中华民族伟大复兴。"①

【问题探讨】中华民族伟大复兴历史主题是如何形成的？中华民族伟大复兴是怎样成为不可逆转的历史进程的？

问题探究一：中华民族伟大复兴历史主题是如何形成的？

实现中华民族伟大复兴作为中国近代以来全部历史的主题，不是凭空掉下来的，更不是外国"教师爷"赐予的，而是从中华民族发展的历史逻辑中产生的。它既是从近代以来中国社会主要矛盾中产生的，也是从对内忧外患的不懈反抗和求索中产生的。

第一，实现中华民族伟大复兴主题，源于中华民族 5000 多年的文明史。中华民族是世界上伟大的民族，有着 5000 多年连绵不断、源远流长的文明历史，创造了博大精深的中华文化，为人类文明进步作出了不可磨灭的贡献。在 5000 多年历史中，创造了独树一帜的中华文明、中华历史、中华优秀传统文化、中华民族精神家园，形成了以伟大创造精神、伟大奋斗精神、伟大团结精神、伟大梦想精神著称于世的中华民族精神。

第二，实现中华民族伟大复兴主题，源自 1840 年以后国家蒙辱、人民蒙难、文明蒙尘遭受的前所未有的民族劫难，无数仁人志士进行的英勇抗争与不懈求索。近代以来，中华民族遭受的苦难之重、付出的牺牲之大，在世界历史上都是罕见的。从那时起，实现中华民族伟大复兴，就成为中国人民和中华民族最伟大的梦想。正如《中共中央关于党的百年奋斗重大成就和历史经验的决议》所指出："为了拯救民族危亡，中国人民奋起反抗，仁人志士奔走呐喊，进行了可歌可泣的斗争。太平天国运动、洋务运动、戊戌变法、义和团运动接连而起，各种救国方案轮番出台，但都以失败告终。孙中山先生领导的辛亥革命推翻了统治中国几千年的君主专制制度，但未能改变中国半殖民地半封建的社会性质和中国人民的悲惨命运。"

第三，实现中华民族伟大复兴主题，期待着开天辟地的大事变。中国近代以来无数仁人志士求索抗争的历史表明，实现中华民族伟大复兴，必须有先进思想作指导，必须有先进阶级及其政党来领导。"中国迫切需要新的思想引领救亡运动，迫切需要新的组织凝聚革命力量。"在中国人民和中华民族的伟大觉醒中，在马克思列宁主义同中国工人运动的紧密结合中，中国共产党应运而生。②

---

① 习近平. 在庆祝中国共产党成立 100 周年大会上的讲话［N］. 人民日报，2021-07-02（02）.

② 李捷. 实现中华民族伟大复兴：中国近代以来全部历史的主题［J］. 近代史研究，2021（04）：4—5.

这个"运"，就是世界发展大势。十月革命的胜利，社会主义的兴起，就是当时的世界大势，我们党从这个世界大势中产生，走在了时代前列。这个"运"，就是"十月革命一声炮响，给我们送来了马克思列宁主义"。在旧式的农民战争走到尽头，不触动封建根基的自强运动和改良主义屡屡碰壁，资产阶级革命派领导的革命和西方资本主义的其他种种方案纷纷破产的情况下，马克思列宁主义给苦苦探寻救亡图存出路的中国人民指明了前进方向、提供了全新选择。这个"运"，就是中国人民和中华民族伟大觉醒、中华民族伟大复兴进入新阶段。中国共产党的成立，是开天辟地的大事变，犹如在黑暗中擎起的一把熊熊火炬，给中国人民和中华民族带来了光明和希望。从此，中国人民谋求民族独立、人民解放和国家富强、人民幸福的斗争就有了主心骨，中华民族伟大复兴就有了正确方向，中华民族开始艰难地但不可逆转地走向伟大复兴，中国人民开始从精神上由被动转为主动。

问题探究2：中华民族伟大复兴是怎样成为不可逆转的历史进程的？

中国共产党成立以来的百年不懈奋斗史、不怕牺牲史、理论探索史、为民造福史、自身建设史，使实现中华民族伟大复兴这个主题在百年间历经从量变到部分质变再到根本性质变的过程，终于在新时代进入了不可逆转的历史进程。

首先，从量变到部分质变的积累。实现中华民族伟大复兴进入了不可逆转的历史进程，经历了一个长期奋斗、长期积累的过程。其中，中国共产党成立、新中国成立、改革开放成功，是对于"不可逆转"具有重大影响的三件大事。中国共产党成立，证明只有在中国共产党领导下才能实现中华民族伟大复兴；新中国成立，证明只有社会主义才能救中国，才能发展中国；改革开放成功，证明中国特色社会主义是实现中华民族伟大复兴唯一正确的道路。

其次，质变的实现。实现中华民族伟大复兴进入了不可逆转的历史进程，最根本的、最具有决定意义的，是党的十八大后，以习近平同志为核心的党中央，把许多不可能变为可能，把许多梦想变为现实，党和国家事业取得历史性成就、发生历史性变革，使中国特色社会主义进入新时代，中华民族迎来了从站起来、富起来到强起来的伟大飞跃。

最后，质变的进一步巩固和拓展。在中国共产党成立100周年之际，在中华大地上全面建成了小康社会，历史性地解决了绝对贫困问题，第一个百年奋斗目标圆满实现，成功开启向着全面建成社会主义现代化强国的第二个百年奋斗目标迈进新征程。任何力量、任何困难也无法阻挡这一历史进程。①

三、专题小结

习近平总书记在给《复兴文库》作序言时说："历史是最好的教科书，一切向前走，都不能忘记走过的路；走得再远、走到再光辉的未来，也不能忘记走过的过去"。② 中国近代史，是一部充满磨难、落后挨打的悲惨屈辱史，更是一部中华民族抵抗外来侵略、实现民族独立的伟大斗争史。我们要学好中国近代史，深切了解我们曾经经历了哪些磨难、承受了哪些屈辱，深切了解我们是干什么的、已经干了什么、还要干什么等等。铭记历史，不是为了仇恨和报复，而是为了深切了解过去我们为什么能够成功、未来怎样才能继续成功等等。只有以史为鉴，我们才能更好地前行。近代以来，中国人民和仁人志士怀着强烈的忧患意识和变革意识，历尽千辛万苦，不怕流血牺牲，探索挽救中华民族危亡、实现民族复兴的道路。这些斗争和探索，使中华民族燃起了新的希望，也标志着中华民族日益觉醒。

四、推荐阅读

1. 茅海建. 天朝的崩溃：鸦片战争再研究［M］. 上海：生活·读书·新知三联书店，2005.

2. 中国社会科学院近代史研究所编. 中国近代通史［M］. 南京：江苏人民出版社，2006.

3.［美］杜赞奇. 文化、权力与国家：1900—1942 年的华北农村［M］. 王福明，译. 南京：江苏人民出版社，2020.

4. 黄宗智. 中国研究的范式问题讨论［M］. 北京：社会科学文献出版社，2003.

5. 石泉. 甲午战争前后之晚清政局［M］. 上海：生活·读书·新知三联书店，1997.

6. 冯庆想，赵舒雅. 近代中国的民族国家观：历史脉络和思想争鸣［J］. 中央社会主义学院学报，2023（05）：147—157.

---

① 李捷. 中国共产党一百年来奋斗、牺牲、创造的主题就是实现中华民族伟大复兴［N］. 光明日报，2021-12-01（16）.

② 习近平. 在复兴之路上坚定前行——《复兴文库》序言［N］. 人民日报，2022-9-27（01）.

专题三 "方向决定道路，道路决定命运"

——近代不同社会阶级力量对国家出路的早期探索与失败

一、教学说明

（一）教学目标

1. 知识目标：掌握农民阶级、地主阶级洋务派、资产阶级维新派所做救亡图存的努力及局限性；熟悉太平天国运动、洋务运动和戊戌变法的内容；了解太平天国运动、洋务运动和戊戌变法失败的原因。

2. 能力目标：通过对近代不同社会阶级力量对国家出路的探索，学会正确分析近代不同社会阶级救亡努力存在的局限，培养正确思考和分析历史问题的能力。

3. 价值目标：通过课程教学激发大学生爱国热情，帮助学生深刻认识到农民阶级、地主阶级洋务派和资产阶级维新派不能救近代中国，改良道路在中国是行不通的，只有革命才能救中国，有效激发学生的报国热情。

（二）教学重点与难点

重点：正确认识太平天国运动、洋务运动与维新运动的历史意义和教训。

难点：正确理解太平天国运动、洋务运动与维新运动失败的必然性。

（三）教学方法

综合运用案例式、启发式和讨论式教学方法，辅以视频教学、网络平台互动等教学手段，并通过学期的学情分析，搜集相关教学案例、社会热点等教学素材，应用于教学。

（四）学时安排

2学时

（五）参考资料

1. 本书编写组. 中国近现代史纲要［M］. 北京：高等教育出版社，2023.

2. 夏春涛. 天国的陨落——太平天国宗教再研究［M］. 北京：中国人民大学出版社，2006.

3. 樊百川. 清季的洋务新政［M］. 上海：上海书店出版社，2003.

4. 茅海建：茅海建戊戌变法研究［M］. 上海：生活·读书·新知三联书店，2018.

二、教学内容

［导入］习近平总书记在庆祝中国共产党成立 100 周年大会上强调："中华民族是世界上伟大的民族，有着 5000 多年源远流长的文明历史，为人类文明进步作出了不可磨灭的贡献。1840 年鸦片战争以后，中国逐步成为半殖民地半封建社会，国家蒙辱、人民蒙难、文明蒙尘，中华民族遭受了前所未有的劫难。从那时起，实现中华民族伟大复兴，就成为中国人民和中华民族最伟大的梦想。为了拯救民族危亡，中国人民奋起反抗，仁人志士奔走呐喊，太平天国运动、戊戌变法、义和团运动、辛亥革命接连而起，各种救国方案轮番出台，但都以失败而告终。"① 面对西方列强入侵和封建统治腐败带来的民族危亡，近代中国农民阶级、地主阶级洋务派和资产阶级维新派对国家出路进行探索，先后提出和尝试了各自的救国主张和方案，但最终均以失败告终。上述三者对国家出路的探索程度怎样？为何最终都失败了？今天，我们带着这些问题一起学习本专题。

（一）近代农民阶级对国家出路的早期探索与失败

鸦片战争后，晚清政府被迫与列强签订一系列不平等条约，中国领土主权不断丧失，自给自足的自然经济逐渐瓦解，中国开始沦为半殖民地半封建社会，民族危机和社会危机不断加深。在这样的社会背景下，中国社会的各阶级都在思考和探索"怎么办"的问题。从农民阶级到地主阶级洋务派，再到资产阶级维新派都从自己的阶级立场出发，对国家出路进行了早期探索。洪秀全领导的太平天国运动，正是在这样的历史背景下爆发。

1. 太平天国运动的兴起

太平天国运动始于 1851 年爆发的金田起义，到 1864 年太平天国首都天京（南京）的陷落，标志着运动失败。这一场由洪秀全发动、农民阶级主导的抗争运动，前后历经 10 余年，全盛时期席卷大半个中国，给中国造成巨大的影响。

---

① 习近平. 在庆祝中国共产党成立 100 周年大会上的讲话［N］. 人民日报，2021-07-02（02）.

【问题探讨】太平天国运动爆发的历史背景？

太平天国运动的爆发自有其历史原因，是深刻的社会矛盾冲突以及个人因素综合影响的结果。

从社会层面来说，当时的中国内忧外患不断，中国广大人民在封建地主的压迫、剥削下，过着极其贫苦的生活。加之西方资本主义的入侵，中国的农业和家庭手工业相结合的自然经济逐渐解体，白银外流、银贵钱贱的现象更加严重。特别是鸦片战争后，外国资本主义的侵略掠夺、清政府的腐败统治和残酷剥削，逼得广大人民群众走投无路被迫走上反抗斗争的道路。

【史料呈现】当时的一些原始史料描绘了一幅悲惨的画面。

1843年两江总督耆英向皇帝汇报说："官与民，民与兵役，已同仇敌。……吏治日坏，民生日困，民皆疾视其长上。一朝有事，不独官民不能相顾，且将相防。困苦无告者，因而思乱。"① 1848年，广东学政戴熙进京陛见道光帝，说他沿路所见，"盗贼蜂起，民不聊生"。② 1852年初，时任内阁学士兼署刑部左侍郎的曾国藩更进一步把"民间疾苦"归结为三条：一曰银价太昂，钱粮难纳；二曰盗贼太众，良民难安；三曰冤狱太多，民气难伸。③ 差不多与此同时，天地会所张贴的《万大洪告示》则痛心疾首地宣称："天下贪官，甚于强盗，衙门污吏，何异虎狼"，"富贵者纵恶不究，贫贱者有冤莫伸"，"民之财尽矣，民之苦极矣！我等仁人义士，触目伤心，能不将各府、州、县之贼官狼吏尽行除灭，救民于水火之中也"。④

再加上鸦片战争后，西方列强凭借《南京条约》等一系列不平等条约，从政治、经济、文化等方面大肆侵华。清政府为了支付高达2800万元的战争赔款和赎城费，弥补由于鸦片大量输入而造成的财政亏空（道光二十七年至二十八年平均每年流出白银1000万元），加紧横征暴敛，增加税收1—3倍以上。兼之外国工业品大量倾销，使中国城乡手工业受到摧残，农民和手工业者纷纷破产。地主阶级乘机兼并土地，加重剥削。民族矛盾的加剧促进了国内阶级矛盾的激化，广大农民饥寒交迫，纷纷揭竿而起，鸦片战争后10年间，各族人民自发的反清起义达100多次。而广西是多民族聚居区，清朝统治者对广大少数民族的

---

① 中国史学会. 中国近代史资料丛刊·鸦片战争（三）[G]. 上海：神州国光社，1954：469—470.

② 徐珂. 清稗类钞·谏诤卷 [G]. 北京：中华书局，1986：178.

③ 曾国藩. 曾文正公全集·奏稿卷1 [M]. 长沙：传忠书局，1876：324.

④ 杨松，邓力群原编，荣孟源重编. 中国近代史资料选辑 [G]. 北京：生活·读书·新知三联书店，1954：115—116.

民族压迫和阶级剥削十分严酷；又加以天灾人祸，广大农民苦不堪言，反抗斗争此伏彼起，一场摧枯拉朽式的农民起义运动爆发因子已经不断积累酝酿。

从个人层面来说，洪秀全作为太平天国的灵魂人物，其生平际遇和个人对时局的认知与太平天国运动息息相关。洪秀全父祖世代务农，他是家中第一位上学读书、尝试科举入仕的子弟。但是，洪秀全身处广州近郊，受到天地会"反清复明"思潮和西方基督教的双重影响，对满族皇帝及朝廷的忠诚度不高，所以在科考连次失利时，就对清廷极度失望，由此催生改朝换代的反清思想。

据洪仁玕回忆，洪秀全萌生反清意识后，密切关注现实局势，经常与同道亲朋"谈经论道，终夜不倦"，"时论时势则慷慨激昂，独恨中国无人，尽为鞑妖奴隶所惑矣"。[①] 他向洪仁玕阐明自己的反清论述称："（中国）十八省之大受制于满洲狗之三省，以五万万兆之华人受制于数百万之鞑妖，诚足为耻为辱之甚者。兼之每年化中国之金银几千万为烟土，收华民之脂膏数百万回满洲为花粉，一年如是，年年如是，至今二百年，中国之民富者安得不贫？贫者安能守法？不法安得不问伊黎省或乌隆江或吉林为奴为隶乎？兴言及此，未尝不拍案三叹也。"[②]

洪秀全以东、西王名义发布的诰谕更揭露了清廷暴政给广大民众带来的深重苦难："凡有水旱，略不怜恤，坐视其饿殍流离，暴露如莽，是欲我中国之人稀少也。满洲又纵贪官污吏，布满天下，使剥民脂膏，士女皆哭泣道路，是欲我中国之人贫穷也。官以贿得，刑以钱免，富儿当权，豪杰绝望，是使我中国之英俊抑郁而死也。凡有起义兴复中国者，动诬以谋反大逆，夷其九族，是欲绝我中国英雄之谋也。"[③]

洪秀全认为，清朝廷是造成民族压迫、经济掠夺、水旱灾害、民众贫穷、官吏贪腐、司法不公、人才绝望、英雄罹难的罪恶之源，也是酿成当前危局的罪魁祸首。在他看来，这不只是清朝危局，而是中国面临的危局，也是中国人民和民族的苦难。因此，洪秀全决心寻求真理，努力探索走出危局、救国救民的道路，[④] 由此拉开了轰轰烈烈的太平天国运动的序幕。

---

① 夏春涛. 中国近代思想家文库·洪秀全洪仁玕卷［M］. 北京：中国人民大学出版社，2015：279.
② 夏春涛. 中国近代思想家文库·洪秀全洪仁玕卷［M］. 北京：中国人民大学出版社，2015：279.
③ 太平天国历史博物馆. 太平天国文书汇编［G］. 北京：中华书局，1979：105.
④ 崔之清，姜涛，华强，等. 唯物史观与太平天国研究［J］. 史学理论研究，2021（01）：7.

【问题探讨】太平天国是怎样由盛转衰的?

1851 年 1 月，洪秀全率拜上帝教教众在广西桂平县金田村发动起义，建号太平天国。清廷闻讯，调集兵力进行"围剿"。1851 年 8 月，太平军一举攻克了广西永安州，此后天王洪秀全封杨秀清为东王、萧朝贵为西王、冯云山为南王、韦昌辉为北王、石达开为翼王，所封各王，俱受东王节制。永安封王确立了太平天国初期的官制，有助于加强领导、发展队伍。1853 年 3 月 8 日，太平军兵临南京城下。3 月 20 日，太平军完全占领南京城，定都南京，改南京为天京，正式建立了与清王朝对峙的政权。太平天国和各地革命力量互相激荡，形成了震动全国的革命高潮。太平天国定都南京后，为了巩固和扩大革命成果、彻底推翻清朝统治，先后进行北伐和西征。到 1856 年，太平天国在军事上达到了全盛。

但是，太平天国领导者们在胜利面前没有保持清醒的头脑，相反还滋长了骄傲自满的情绪。农民阶级潜在的弱点也日益明显地暴露出来。太平天国领导集团的思想在蜕化，一些人在生活上追求享乐，在政治上争权夺利。最终于 1856 年 9 月酿成了天京事变。

【知识拓展】天京事变及影响

长期以来，天京事变被视作太平天国的盛衰分水岭。天京事变前的太平天国虽有矛盾，但是整体力量仍在。可是，洪秀全、杨秀清占据南京以后，便把享受和特权放在首要地位。太平天国的领袖们就大造王府，广选后妃，洪秀全的后妃竟达 88 人之多。尤其是杨秀清的封建特权恶性膨胀，为了显示特权，杨秀清还设立各种酷刑，如鞭打、枷杖、斩首、五马分尸等，连韦昌辉、秦日纲、黄玉昆等一些高级将领都被他杖责过。杨秀清的骄横，造成他和诸多朝臣的积怨，也导致洪秀全的不满，终于酿成了一场灾难——天京事变:杨秀清及其家属、部下和太平军精兵两万多人被韦昌辉滥杀。其后，由于洪秀全的猜忌，石达开率 20 万精兵远离天京。经过天京事变、石达开出走，太平天国处于十分困难的境地。虽经陈玉成、李秀成等后期太平天国名将的努力，军事上稍有起色，但终究缺乏回天之力，最后一步一步走向失败。

——苏双碧. 太平天国失败的原因及其历史教训 [J]. 求是，2011 (02)：54—55.

2.《天朝田亩制度》与《资政新篇》

《天朝田亩制度》与《资政新篇》作为太平天国前期和后期两个纲领性文

献，系我国农民阶级对国家出路的早期探索方案，对我国历史产生重要影响。

（1）《天朝田亩制度》及其评价

太平天国定都天京后，进行了一系列制度建设，并颁布了《天朝田亩制度》。《天朝田亩制度》是最能体现太平天国社会理想和这次农民起义特色的纲领性文件，是太平天国"新世界"的蓝图。该制度核心是根据"凡天下田，天下人同耕"的原则，依据土地产量的多少，分为上、中、下三级九等，然后好田、坏田互相搭配，好坏各一半，按人口平均分配。凡 16 岁以上的男女每人得到一份同等数量的土地，15 岁以下的减半。同时，还提出"丰荒相通"、以丰赈荒的调剂办法。

《天朝田亩制度》所提出的平分土地方案，是农民阶级对地主土地所有制的否定。它反映了当时广大贫苦农民强烈地反对地主阶级残酷剥削的要求，以及对获得土地、追求平等平均的理想社会的渴望。但是它具有明显的落后性，例如实行绝对的平均主义政策以及一切剩余产品收归国库所有的国库制度，它并不符合封建社会的农民作为小私有者的本性和对利益的诉求。它把小农自然经济作为追求的理想化目标，实际上并没有超越封建主义的经济范畴。

事实上，在《天朝田亩制度》这个不切实际的方案中，农民依然对自己最为关心的土地没有所有权，对所耕作之物没有自主权，对所收获的农产品没有支配权，其经济活动完全处于太平天国最小官员两司马管理的国库的控制之下。从根本上说，它并没有真正反映农民对土地的切实要求，也不符合社会发展的大趋势，是一种空想的农业社会主义思想，既不合理又行不通，所以注定是要失败的。①

（2）《资政新篇》及其评价

《资政新篇》是太平天国后期颁布的社会发展方案。1859 年，洪仁玕从香港来到天京，被封为干王，总理朝政。不久，他提出了一个统筹全局的改革方案——《资政新篇》。它的主要内容是：政治方面，主张"禁朋党之弊"，加强中央集权，并学习西方制定法律制度；经济方面，鼓励发展工商业，奖励科技发明，提倡保险事业；文化思想方面，反对迷信，提倡新式教育；外交方面，主张自由往来、平等互利；等等。洪仁玕的这些具有鲜明的资本主义色彩的改革方案，符合当时中国社会发展的客观要求。可以说，《资政新篇》是先进的中国人最早提出发展资本主义的方案，从政治、经济、外交等方面提出了崭新的

---

① 王宇，王天蛟．从《天朝田亩制度》看太平天国的小农经济政策［J］．理论观察，2016（09）：40．

主张，顺应世界潮流，具有历史进步性。

【知识拓展】学术界评价《资政新篇》的新观点

长期从事太平天国运动研究的史学专家刘晨认为，《资政新篇》倡言除旧布新、顺应时势，深刻系统全面地揭示了向西方（向英美等"同道"之邦）学习、看齐的时代命题，所涉内容涵盖政治、经济、社会、外交、思想文化等方方面面，堪称当时国内最为先进完整的社会治理方略。毋庸置疑，《资政新篇》标志着将近代国人向西方学习推到了一个新的高度，代表了19世纪60年代之前中国人探索救国救民道路的最高水准。即使是19世纪70年代之后的早期改良派，其思想之系统和深度也未必全然超越洪仁玕。《资政新篇》提出了全面系统地向西方学习的社会治理方略，这在中国历史上具有重要意义。

——摘编自刘晨. 太平天国社会治理方略的近代化建构——《资政新篇》新解读［J］. 近代史研究，2022（03）：65.

但是，《资政新篇》尚未实施就被束之高阁。这是多方面原因互相影响的结果：一是太平天国政权的性质。太平天国作为一个农民政权，其根本任务是推翻清朝统治，建立理想的社会秩序。由于缺乏推翻封建王朝的政治资本和经济实力，使得他们很难抽出资源和精力进行大规模的内政改革。二是《资政新篇》的实施没有安定的社会环境。洪仁玕提出《资政新篇》之时，正值天京事变后，太平天国在军事上处于防御阶段，旷日持久的军事战争使得太平天国根本无暇顾及繁杂的经济建设和内政建设，只能将精力聚焦于军事破局之中。三是缺乏必要的社会条件。《资政新篇》旨在发展资本主义，但它所需要的市场、资金和技术在当时的环境中并不具备。此外，太平天国活动的地区并未形成近代民族资本主义工业和资产阶级，因此在实施该方案时遇到了巨大的障碍。

3. 农民阶级斗争的历史意义与局限性

太平天国后期更趋腐败，虽多方努力，终未能起衰振弱，挽救败局。1864年6月，洪秀全病亡。7月，天京被湘军攻破，但其余部仍坚持斗争达4年之久，加速了清朝的败亡。

（1）太平天国运动的历史意义

轰轰烈烈的太平天国运动虽然失败了，但是仍然留下诸多不可磨灭的历史功绩和重大的历史意义。

第一，太平天国运动对当时的封建统治造成了沉重的打击，撼动了清王朝的统治根基。太平天国运动历时 14 载，转战 18 个省，建立了独立的政权，坚持斗争长达 10 余年。在太平天国的影响下，各地各族人民反清斗争风起云涌，他们共同动摇了封建社会的统治秩序，加速了清王朝崩解的过程。

第二，太平天国运动是中国农民反封建斗争的最高峰。太平天国把中国社会千百年来农民对土地的渴望用《天朝田亩制度》完整地表现出来。在鸦片战争后中外冲突的背景下，《资政新篇》成为近代中国第一个明确提出比较系统发展资本主义的方案，反映了太平天国后期试图通过发展资本主义寻求出路的努力。因而太平天国运动具有不同于以往农民战争新的历史特点。

第三，它冲击了孔子和儒家的正统权威。在进军过程中，太平军毁掉孔庙，砸碎孔子牌位，所以某种意义上讲，这对中国传统的宗法思想，还有儒家的文化产生了一定的削弱作用。

第四，太平天国运动让外国侵略势力付出了惨痛的代价，强有力地打击了外来势力的入侵。太平天国领袖们拒绝承认不平等条约，严禁鸦片贸易。太平军们面对列强侵略，指挥军队对列强控制的"常胜军""常捷军"进行了英勇斗争，给予外国军队沉重打击。

第五，太平天国运动鼓舞和推动了当时亚洲民族解放运动。在 19 世纪中叶的亚洲民族解放运动中，太平天国是其中持续时间最长、规模最大、影响最深远的一次。它和其他亚洲国家的民族解放运动汇合在一起，形成了亚洲民族解放运动的高潮，冲击了西方殖民主义者在亚洲的统治。

（2）太平天国的历史局限性

太平天国运动动摇了晚清王朝的统治根基，有力打击了西方资本主义列强，充分显示了农民阶级的革命性。然而最终逃不掉失败的命运，是在于农民阶级历史的局限性。太平天国的历史局限性如下：

第一，农民阶级不是中国社会新的社会生产力和生产关系的代表。他们无法克服小生产者所固有的阶级局限性，因而无法从根本上提出完整的、正确的政治纲领和社会改革方案，无法制止和克服领导集团自身腐败现象的滋长，也无法长期保持领导集团的团结，以至于出现"天京事变"的重大内讧，极大削弱了自身的力量，为政权的覆灭埋下祸根。

第二，太平天国是以宗教来发动和组织群众。拜上帝教作为太平天国的宗教信仰，不是科学的指导思想。它不仅不能正确指导斗争，反而给农民战争带来了危害。在拜上帝教教义指导下，太平军毁孔庙、烧古籍，反对儒学，直接导致整个中国士大夫阶层的激烈反抗。太平天国宣传人人平等思想，然而诸王却享有种种特权，普通人只能拿到最基本的生活物资。凭借拜上帝教教义，早期或许能取信于民众，使太平天国发展壮大，但后期随着问题的逐渐暴露，拜上帝教便丧失了感召力，天国的崩溃已可预见。

第三，太平天国未能正确、全面地对待儒学。洪秀全们借助西方的上帝，也糅合了儒家传统文化，创立了异于东西方文化的拜上帝教，并以此为号召发动了轰轰烈烈的太平天国运动。但是，他们把儒家经书笼统地称为"妖书"。后来，又主张将四书五经删改后加以利用，把儒学封建的纲常伦理思想保留了下来。

第四，太平天国未能正确地认清列强面目。面对西方列强，太平天国领袖们曾简单地认为他们是"洋兄弟"，同出一源。尽管太平天国反对不平等条约，也曾对抗西方列强控制的武装，取得一定的成绩。但是，始终不能抹杀他们对西方殖民侵略的认识不深、缺乏理性认识的真相。

【知识拓展】 中国共产党人对太平天国局限性的评价

1948年，在解放区土地改革期间，毛泽东一针见血地指出，太平天国的历史局限性在于其绝对平均主义的"农业社会主义思想"，"企图用小农经济的标准，来认识和改造全世界，以为把整个社会经济都改造为划一的（平均的）小农经济，就是实行社会主义，而可以避免资本主义的发展……过去历史上代表小生产者的原始社会主义的空想家或实行家，例如帝俄时代的民粹派和中国的太平天国的人们，大都是抱有这一类思想的"。徐特立1950年7月在《读书日记一则》中指出，洪秀全失败的原因说："洪秀全是主观的社会主义，是幻想，故不能成功。"1946年6月东北局书记彭真在长春召开干部会议，强调："李自成、洪秀全失败的原因，主要是忘掉了敌人，忘掉了群众，因而就产生了享乐主义。从上到下，争功、争地位，闹山头、闹本位，结果功败垂成，功亏一篑，惨败了。我们谈此历史，不能不为之惋惜。"据新中国成立后曾任中组部干部审查局局长的何载回忆："我们在延安学习近代史时，曾对太平天国责备很多，简单地认为洪秀全农民的帮派意识太重，没有政治远见，打到南京就不乘胜北上，夺取北京。丧失良机，坐以待毙，内起内讧，外遇强敌，以致失败。"

——郑林华. 中共对太平天国斗争历史经验的吸收和借鉴［J］. 北京党史，2021（03）：43—49.

（3）太平天国运动失败的深刻启示

太平天国农民运动清楚地表明，在半殖民地半封建的中国，农民阶级具有伟大的革命潜力。但是，太平天国运动的失败证明，农民阶级既不能担负起领导反帝反封建斗争取得胜利的重任，也不能承担起战胜中外反动势力的重任。历史表明，单纯的农民战争不可能完成争取民族独立和推翻封建统治的双重使命。正如毛泽东指出，在中国已经进入半殖民地半封建社会时期，"中国革命如果没有无产阶级的领导，就必然不能胜利"①。农民阶级探索国家出路的失败，预示着新的阶级力量、新的救国方案将出现，处于黑夜中的中国人仍将继续探索国家和民族的出路。

（二）近代地主阶级洋务派对国家出路的早期探索与失败

习近平总书记曾说过："历史是最好的老师，它忠实记录下每一个国家走过的足迹，也给每一个国家未来的发展提供启示。"② 19世纪60年代到90年代的洋务运动，是清政府为了拯救其摇摇欲坠的统治，以引进和学习西方先进的科学技术，创办和发展军事工业、民用工业企业，建设新式海陆军、培养新型人才为中心，以维护其封建统治的"自强""求富"运动。

1. 洋务运动的兴起

洋务运动刚刚酝酿时，即遭到了封建统治阶级内部的极力反对，他们站在洋务派的对立面，阻止洋务派的改革努力。但即使这样，洋务运动仍然冲破阻力，兴办了许多的军事工业与民用企业，初步建立了近现代化的工业生产体系，并在一定程度上稳固了清王朝的统治。

【问题探讨】洋务运动兴办的背景

第一，外部环境的压力和刺激。第二次鸦片战争期间，英法联军的肆意入侵，圆明园被焚毁，这些羞辱了清王朝统治阶层，也让统治阶层看到了西方侵略者的真实面孔，认识到妥协只能是苟延残喘，自强才是根本出路。

第二，内部镇压太平天国的需要。当时，太平天国农民起义军正与清政府军队进行殊死搏斗，屡遭败绩的晚清政府不得不启用部分汉族地主武装。这些开明汉族地主武装见识到西方先进军事技术，从而学习西方制作器械、练习军队方法，以镇压农民运动。

第三，封建统治阶级内部权力的分化——地方汉族官僚权力的增强。在镇压太平天国运动时，曾国藩率先在地方搞团练，形成了湘军，李鸿章在安徽搞团练，掌握了淮军。湘、淮两军在成功镇压太平天国运动中功不可没，曾、李二人也因此成为晚清中兴之臣。太平天国失败之后，二人手中的武装依旧没有

---

① 徐育苗. 毛泽东政治学说［M］. 武汉：华中师范大学出版社，1998：28.
② 习近平. 在德国科尔伯基金会的演讲［N］. 人民日报，2014-03-30（02）.

解除，此时的清廷已无力制约地方汉族官僚的势力，中央权力逐渐下放到地方，地方督抚受中央的掣肘较少，使得他们较易在地方推动洋务运动。①

【问题探讨】洋务运动的内容及成就

第一，兴办军事企业。洋务运动的首要任务是"自强"，所以工作重心首先是军事技术、武装和训练军队，逐步发展到近代工业的创办。包括：陆军"练军"，用新式枪炮和聘请外国军官对军队进行新式训练；"筹议海防"，1888年北洋舰队初步成军，在沿海七省的海口构筑了炮台等防御设施；创办军事工业，创办了安庆内军械所、江南机器制造总局、福州船政局等，广泛制造枪炮、轮船、火药等各种军用器具。

第二，兴办民用企业。随着形势发展的需要，洋务运动到19世纪70年代开始从"自强"转向"求富"，兴办了一系列的民用企业。民用工业主要有轮船航运业、电线电报业、采矿冶炼业、纺织轻工业四大类。此外，修建了唐胥铁路、津沽铁路、关东铁路，金融银行的创办也提上了日程。

第三，兴办新式学堂培养新式人才。在办理洋务的过程中，洋务派认识到人才支撑的重要性，举办了一系列与政治、经济、军事密切相关的文化教育事业，培养了翻译、外交、律例、科学技术、企业管理、机械制造、矿山冶炼、水陆军事等多方面专门人才。向欧美派遣留学生，同时兴办各类专业技术学校，包括外语学校3所、军事学校9所、技术学校16所。洋务派还创办了近代式医疗卫生事业，在天津建储药施医总医院，威海、旅顺建水师养病院，开设了医科学堂，培养医务人才。

历时34年的洋务运动，推动了中国近代工业的产生和发展，促进了军队和教育的近代化，培养了一大批具有西学知识的新式人才，在一定程度上促进了中国资本主义的发展；洋务企业在航运、电线电报、纺织、铁路、矿业等经济领域的发展，也在一定程度上抵制了外国资本主义的经济输入。但洋务运动自强求富的初心是为了维护清朝的封建统治，在发展道路上既受到顽固派的阻挠，又对西方列强存在依赖性，最终以失败而告终，它没有改变中国沦为半殖民地半封建社会的命运。②

---

① 李国锐. 鉴往开来：试析洋务运动兴起与余响［J］. 中学历史教学参考，2023（24）：37.

② 刘俐宏. 洋务运动对实现中华民族伟大复兴的历史启示［J］. 河北民族师范学院学报，2023（03）：124.

【知识拓展】多维视角下的"中体西用"救国主张

洋务运动的指导思想"中体西用",最早是改良派冯桂芬提出的,原意是"以中国之伦常名教为原本,辅以诸国富强之术"。冯桂芬不仅肯定"师夷长技",而且把"长技"提高到"西学"地位。张之洞明确提出"中学为体,西学为用",成为洋务派的思想武器。他将西学作为一个整体予以认可,从而为西方技术的整体引进开辟了道路。需要注意的是,"中体"和"西学"二者地位并不对等,中体是中学,是基础,西学决不能对中体,也就是封建制度构成威胁。

"中体西用"救国主张是洋务派与顽固派进行激烈斗争后妥协的产物。为了能够顺利推动洋务运动的开展,减少与顽固派之间的摩擦和冲撞,洋务派适时提出"中体西用"作为理论纲领。他们的本意是要用"西用"来捍卫"中体",即不动摇清政府的统治根基,仅仅是用西方的先进技术来武装自己,而这其中既包括用西方先进的火炮来绞杀太平天国运动,以捍卫摇摇欲坠的清朝统治秩序,又包括在民族危机日重、中西冲突愈剧的背景下,用西技增强自身力量以保全清朝的统治地位。

这种主张有一定的市场,也获得一定群体的支持,洋务事业得以开展。但是,这种单纯依赖封建上层人物推动,嫁接某种先进技术以希望实现救国的主张,没有认清近代中国问题和主要矛盾的根源,最终洋务事业归于失败是肯定的。

——乔还田,晋平. 洋务运动史研究叙录 [M]. 天津:天津教育出版社,1989:7—33.

3. 地主阶级抗争的历史意义与局限性

历时30多年的洋务运动,随着甲午中日战争中北洋水师的全军覆没而结束。作为地主阶级抗争的努力象征,洋务运动的失败虽然失败了,但也给近代中国及后人产生巨大的历史影响,拉开了中国近代化的进程。

（1）洋务运动的历史意义

第一,洋务派发展近代企业,开了中国人办近代企业的先河。洋务派办企业是符合近代世界潮流的历史举动,通过开办近代企业,为近代中国资本主义的发展和兴起奠定基础,当然也为近代中国后期出现工矿企业、电讯交通、科技教育等奠定基础,客观上对近代中国早期工业及民族资本主义的发展起促进作用。

第二，洋务运动培养了一批通晓西务的人才，开创了中国近代教育，开阔了人们眼界。洋务运动时期，为了兴办企业需要，兴办了新式学堂，培养了一批官派留学生。还组织一批学生翻译了一批西方书籍，涉及近代物理、化学、数学、天文、地理等自然科学书籍，给当时中国带来新的知识，开阔了人们眼界。

第三，洋务运动学习西方的技术，某种程度也学习西方的管理，冲击了中国传统的重本抑末观念，社会风气和价值观念开始变化，工商业者的地位开始上升。西方的各种技术和器械不再单纯地被认为是"奇技淫巧"，而是被视为学习、模仿的对象，这些有利于促进我国资本主义经济的发展。

（2）洋务运动的历史局限性

洋务运动虽然兴办了一批企业，建立了新式陆海军，但是没有实现"自强""求富"的目标。最终，北洋舰队的全军覆没，宣告洋务运动失败。李鸿章在进行自我辩白时说："我办了一辈子的事，练兵也，海军也，都是纸糊的老虎，何尝能实在办理？不过勉强涂饰，虚有其表，不揭破犹可敷衍一时。如一间破屋，由裱糊匠东补西贴，居然成一净室。虽明知为纸片裱糊，然究竟决不定里面是何等材料。即有小小风雨，打成几个窟窿，随时补葺，亦可支吾对付。乃必欲爽手扯破，又未预备何种修葺材料、何种改造方式，自然真相破露，不可收拾，但裱糊匠有何术能负其责？"[1] 李鸿章的话，充满无奈，但也揭示了洋务运动的局限性：

第一，洋务运动具有封建性。洋务运动的封建性，不仅表现在封建思想的陈旧与落后，更在于新瓶装旧酒般改革的浅尝辄止。洋务运动兴办的军工企业，大多采用封建衙门式经营管理方法，机构臃肿，各种营私舞弊、贪污中饱现象频出，经济效益很差。再从洋务运动的指导思想"中体西用"来看，这一指导思想是希望培养能为洋务运动事业效力又循规蹈矩的科技、外交人才，他们要求洋务人才既掌握西方先进科学技术，又不超越封建社会制度，反而利用学习的先进技术维护封建制度，这些必然预示洋务运动的失败。

第二，洋务运动具有依赖性。洋务企业对外国有很大的依赖性，无论是设计施工、设备进口、生产技术、主要原料等都要靠进口，即使这些依赖在当时难以避免，但关键是这种情况长期没有改变，甚至一部分管理权也落入外国人手中。

第三，洋务运动具有腐朽性。洋务运动大都采用官办和官督商办的形式。不论是官办还是官督商办都有很多封建官僚参与其中，而且他们常常在用人、理财方面发挥主导作用。封建管理的弊端在这些企业彰显无遗，无论是因人设

---

[1] 吴永. 庚子西狩丛谈［M］. 北京：中华书局，2009：137.

事、安插亲信、中饱私囊，还是挥霍公款、贪污浪费、效益底下等，全都体现在这些企业之中，这些弊端与落后都预示着洋务运动的失败。

（三）近代资产阶级维新派对国家出路的早期探索与失败

维新变法运动是承继在洋务运动兴起的潮流和氛围中，在越来越接触到更多的欧美事物过程中，一部分人士开始突破"中体西用"思想束缚，产生了维新变法思想。这部分人以康有为、梁启超、王韬、郑观应、薛福成等为代表，掀起了一场维新变法运动。

1. 维新运动的兴起

19 世纪 90 年代以后，中国民族资本主义有了初步发展。新兴的民族资产阶级迫切要求挣脱外国殖民势力和本国封建势力的束缚和压迫，以推动本国资本主义的发展。资产阶级维新思想在这样的社会环境下产生，并在 1898 年发展成一场变法维新的政治运动。

【知识拓展】甲午战败与维新思潮

甲午惨败引发的割地赔款和瓜分危机，把中国推进亡国灭种的深渊。深重的民族危机激发了新的民族觉醒，站在救亡图存前列的民族资产阶级知识分子群体深切感受到民族陷入灭亡的危机之中，而罕见的奇耻大辱震动了国人。据谭嗣同《题江建霞东邻巧笑图诗》描述："世间无物抵春愁，合向沧溟一哭休。四万万人齐落泪，天涯何处是神州？"

震动之后便是怀疑、困惑与愤怒，人们开始怀疑清政府长期基本国策的正确性，困惑何以堂堂中华帝国竟然败在日本这一弹丸岛国之手，愤怒清政府的无能。据梁启超《戊戌政变记》回忆说："吾国四千年大梦之唤醒，实自甲午战败割台湾偿二百兆以后始也。我皇上赫然发愤，排众议，冒疑难，以实行变法自强之策，实自失胶州、旅顺、大连湾、威海卫以后始也。"

甲午战败唤醒了国人的民族主义情绪，不论统治者、维新派，还是一般民众，都深刻意识到中华民族已到了危险关头。据苏继祖《清廷戊戌朝变记》记载："（光绪帝）日夜忧愤，益明中国致败之故，若不变法图强，社稷难资保守，每以维新宗旨商询于枢臣。"

可以说，在甲午惨败的强烈刺激下，民族资产阶级的知识分子群体逐渐形成一个共识：要救国，只有维新，要维新，只有学习外国。

——马勇．戊戌变法 120 周年祭（上）［J］.百科知识，2018（11）：2—4.

1895 年 4 月，当甲午惨败清政府被迫签订《马关条约》的消息传回中国，中国士大夫阶层震动。康有为联合在京参加会试的 1300 名举人上书光绪皇帝，提出拒和、迁都、练兵、变法等主张，史称"公车上书"，拉开了维新变法的序幕。

此后，为了推动变法的进行，康有为广泛制造舆论，组织维新团体。到 1898 年上半年，全国各地维新派设立报馆、学会、学堂、书局达 300 多所。维新派们在宣传变法思想过程中，与守旧派发生激烈的论战，推动了论战高潮的到来。

当时，封建守旧派和反对改变封建政治制度的洋务派，利用自己的地位和权力，对维新思想发动攻击，斥之为"异端邪说"，指责康有为、梁启超等维新派人士是"名教罪人""士林败类"。于是维新派与守旧派之间围绕要不要变法，要不要兴民权、设议院、实行君主立宪，以及要不要废八股、改科举、兴西学三个方面展开了一场激烈论战。这是资产阶级思想与封建主义思想在中国的第一次正面交锋。论战涉及的领域十分广泛，进一步开阔了新型知识分子的眼界，解放了人们长期受到束缚的思想。通过论战，西方资产阶级社会政治学说在中国得到进一步的传播，维新变法政治运动的帷幕随之拉开。

1898 年康有为、梁启超等维新派通过光绪帝发动了维新变法运动。1898 年 6 月 11 日，光绪皇帝颁布"明定国是"诏书，宣布变法，在此后的 103 天里，接连发布推行新政的政令，把变法推向了高潮。遗憾的是，1898 年 9 月 21 日，慈禧太后发动政变，维新变法惨遭失败。

2. 君主立宪制的政治理想

1898 年 6 月 11 日，光绪帝颁布了"明定国是"诏书，宣布开始变法，在此后的 103 天中，他接连发布了一系列推行新政的政令，史称"百日维新"。其内容归纳起来，包括以下措施。政治方面：改革行政机构，裁撤闲散、重叠机构；裁汰冗员，澄清吏治，提倡廉政；提倡向皇帝上书言事；准许旗人自谋生计，取消他们享受国家供养的特权。经济方面：保护、奖励农工商业和交通采矿业，中央设立农工商总局与铁路矿务总局，各省设立商务局；提倡开办实业，奖励发明创造；注重农业发展，建立新式农场；广办邮政，修筑铁路；在上海、汉口等大城市开办商学、商报，设立商会等各类组织；改革财政，编制国家预决算。军事方面：裁减旧式绿营兵，改练新式陆军；采用西洋兵制，练洋操，习洋枪等。文化教育方面：创设京师大学堂；提倡西学，废除八股，改试策论，开经济特科；设立译书局，翻译外国书籍，派人出国留学；奖励新著，奖励创办报刊，准许自由组织学会。

【深度评析】维新运动的变法主张

通过维新运动的政治改革主张，可以得知维新变法运动的政治目标是君主立宪。维新派超越了洋务派"中体西用"思想的限制，鼓吹自由、民权和平等，提倡设议院，主张用君主立宪取代君主专制。

为实现该政治改革目标，减轻政治阻力，康有为将君主立宪解释为"君民合治"，而且一度提出以"开制度局"代替君主立宪。支撑康有为进行政治改革的是其提出的"托古改制"和"仿洋改制"理论，既希望学习西方，又不能脱离中国传统。

其中，"托古改制"理论集中反映在康有为的《新学伪经考》和《孔子改制考》中。《新学伪经考》将东汉以来被奉为经典的古文经学斥为"伪经"，今文经才是正统。通过批判古文经学派，从而在政治上打击顽固派的保守思想，触动封建知识分子的守旧思想，使得封建知识分子认识到既然古文经学是"伪经"，那么"伪经"主张的典章制度就应变革，从而为维新运动提供理论基础。《孔子改制考》中，康有为宣称称孔子提出"创制立法"，是"托古改制"的鼻祖。他把"改制"的头衔戴在了孔子头上，目的在于为维新变法提供历史依据。《新学伪经考》和《孔子改制考》奠定了维新变法的理论基础，在思想界引起了强烈的震动。

另外，"仿洋改制"集中反映在《俄彼得变政记录》《日本变政考》和《波兰分灭记》中。康有为在《俄彼得变政记录》中希望光绪皇帝学习彼得，雷厉风行实行变法。《日本变政考》记述了明治维新的全过程，描述了日本官制改革的情况，具体介绍了日本从开制度所到立宪法、设议院的过程。《波兰分灭记》为光绪皇帝提供一个反面典型，波兰由于变法不坚决，遭到外国干涉而导致亡国，以此激励光绪皇帝排除干扰，将变法进行到底。

经过维新派的大力宣传和推广，"百日维新"期间颁布的各项政令大都采纳了维新派的建议，旨在一定程度上开放言论、出版、结社等自由，使资产阶级享受一定程度的政治权利，促进民族资本主义的发展。因此，戊戌维新是一场资产阶级性质的改良运动。但是，改革虽企图挽救面临瓜分危机的中国，却并未触及帝国主义在华的特权。维新派所倡导的制定宪法、召开国会、实行君主立宪的要求，也未能实施。在中央设置的新政机关，则多为洋务派和顽固派所控制，基本上形同虚设，变法运动因此没有取得多少实效。从新政的主要内容看，并没有触动封建制度这一根本，其所推行的是一种十分温和的不彻底的改革方案。

3. 资产阶级维新派斗争的历史意义与局限性

1898 年 9 月 21 日，以慈禧太后为首的守旧派势力向以光绪皇帝为首的维新派势力发动了一场血腥政变。政变的结果是，持续了百余日的戊戌变法终告失败。

（1）戊戌维新变法的历史意义

第一，戊戌维新运动是一场爱国救亡运动。这场运动是 19 世纪末民族危机的产物，是中华民族和帝国主义矛盾激化的表现。维新派在民族危亡的关键时刻，高举救亡图存的旗帜，要求通过变法，发展资本主义，使中国走上富强的道路。维新派提出了近代意义上的民族主义和爱国主义的概念，强调国家为国民所有，匹夫有责，只有变法才能御侮图存。维新派的政治实践和思想理论，不仅贯穿着强烈的爱国主义精神，而且促进了中华民族的觉醒。

第二，戊戌维新运动是一场挽救国家危亡的资产阶级性质的政治改革运动。维新派希望通过变法使国家富强，免受外国欺辱，因此有反帝爱国性质。康有为等人要求对封建君主专制制度进行改革，在经济上发展民族资本主义，在思想文化领域宣传近代科学和资产阶级文化，因此带有反封建性质。这是值得肯定的。维新运动虽然未能成功地建立资本主义的君主立宪制度，其颁布的促进民族资本主义发展的若干措施也未能生效，但在政治、经济等领域一定程度上冲击了封建制度，为近代民族资本企业和近代文教事业的发展创造了有利的条件。戊戌变法颁布的保护和鼓励民族企业发展的政策，激发了人民"实业救国"的热情，形成民族企业的第一次投资高潮。

第三，戊戌维新运动是一次思想解放运动，在思想文化领域产生了很大影响。教师在讲课时要特别强调，维新派在思想文化领域的影响超过了他们在政治、经济领域的影响。维新运动首先是思想启蒙运动。在维新运动期间，维新派通过办报刊、学会和学堂，大力传播西方资产阶级的社会政治学说和自然科学知识，介绍了西方的自由平等学说和君主立宪制度，宣传天赋人权、自由平等、社会进化观念，批判了封建君权和封建纲常伦理，从而把顽固的封建主义思想壁垒打破了一个缺口，有利于民主思想在中国的传播，有利于人们的思想解放，从而掀起了近代中国第一次思想解放运动的潮流。在维新派的推动下，"诗界革命""文体革命""小说界革命""戏剧改良""史学革命"等相继而起，形成了广泛的文化革新运动。以维新运动为起点，资产阶级新文化开始打破封建文化独占文化阵地的局面。在教育方面，维新派主张采用西方近代教育制度，兴办新式学堂，这对中国近代教育的发展起了积极的推动作用。京师大学堂的创设，更成为中国近代国立高等教育的发端。

第四，戊戌维新运动开启了社会新风。维新派在改革社会风气方面也提出了许多新的主张，做了大量工作。如主张革除吸食鸦片及妇女缠足等恶俗陋习，提出"剪辫易服"的主张，倡导讲文明、重卫生、反跪拜等。其移风易俗、开启社会新风的效用不可低估。

戊戌维新运动虽然失败了，但它在中国近代历史上却有重要意义。它是中国民族资产阶级登上政治舞台后进行的首次爱国救亡运动和政治改革运动，更是一场思想启蒙运动。这种在不根本改变封建体制的条件下，试图通过政治改革使中国走上民族独立和资本主义道路的努力，反映了中国人自鸦片战争以来为建立独立、自主、富强的中国而进行的不懈追求和探索。

（2）戊戌变法的历史局限性

第一，从客观层面出发，敌强我弱的实力对比致使维新派难以与守旧势力抗衡。以慈禧太后为首的强大的守旧势力远远超过光绪皇帝支持的康、梁为首的维新派。民族资产阶级力量薄弱，作为其政治代表的维新派社会基础薄弱，不掌握军队，不掌握官僚系统，没有纪律严明的组织机构，只靠一个没有实权的封建皇帝，根本无法同以慈禧为首的守旧势力对抗。百日维新期间，地方官员只有湖南巡抚陈宝箴拥护变法，其他中央高官和地方实力派均持观望和反对态度。掌握实权的洋务派也与维新派为敌。如张之洞写《劝学篇》反对维新变法。

第二，从主观层面出发，维新派自身的诸多局限性导致维新变法难有实效。首先，不敢否定封建主义。维新派虽然同封建势力有矛盾，但是，他们在政治上不敢根本否定封建君主制度，不敢摧毁封建势力，把希望寄托在没有实权的光绪皇帝身上，只是幻想依靠光绪皇帝"以君权雷厉风行"，通过和平的、自上而下的改革实现变法图强，让资产阶级和开明士绅的代表参加政权，逐步实现君主立宪。在变法步骤上，他们主张渐变、缓变。在经济上，他们虽然要求发展民族资本主义，却未触及封建主义的经济基础——封建土地所有制。在理论指导上，他们虽然提倡学习西学，却仍要打出孔子的招牌进行变法，康有为的《孔子改制考》甚至虚构一个改制的孔子，试图把孔子打造成变法改革的祖师，这虽然具有减少改革阻力、争取知识分子支持的策略意义，但也暴露了维新派的软弱无力。

其次，对帝国主义抱有幻想。维新派同帝国主义有矛盾，他们大声疾呼救亡图存，但他们缺乏彻底反抗帝国主义的勇气，认为不必正面反对帝国主义，通过资本主义改革，使中国富强起来，就能免于帝国主义的侵略，甚至寄希望于英美的支持。维新派尖锐地揭露了沙俄侵华的事实，却幻想依靠与英、日结成同盟来抵抗沙俄。康有为甚至建议聘请日本前总理大臣伊藤博文来中国任维新的总顾问。英、日帝国主义虽然表面上同情维新派，但实质上只是为了乘机扩大在华的侵略势力，并寻找它们在中国的代理人，同时也是为了与沙俄进行争夺。因此，在戊戌政变前夕，维新派分别乞求英、美、日公使的支持，结果都落了空。

最后，害怕发动人民群众。维新派很多人本身兼有地主、官僚、士绅的身份，同工农群众是天然隔阂的。维新派的活动基本上局限于官僚士大夫和知识分子的小圈子。他们不但脱离人民群众，而且害怕甚至仇视人民群众。康有为在给皇帝的上书中甚至多次提醒光绪皇帝注意防备陈胜、吴广以及太平天国这类民众造反，充分反映了维新派对下层民众的态度。戊戌变法始终是少数人进行的政治运动，谭嗣同就义前高呼"有心杀贼，无力回天，死得其所，快哉！快哉！"表达他为维新慷慨赴死的大无畏精神，也反映出维新派的孤立与无助。他们没有认识到广大人民群众中蕴藏的回天之力，这种缺点致使不流血的维新变法最后以流血的政变而告终，也证明了想用和平的改革使中国实现民族独立和国家富强，在中国行不通。

维新变法的失败证明了想通过自上而下的改良来救国在中国是行不通的，要想"实现中华民族伟大复兴，必须推翻压在中国人民头上的帝国主义、封建主义、官僚资本主义三座大山，实现民族独立、人民解放、国家统一、社会稳定"①。

三、专题小结

习近平总书记在纪念毛泽东同志诞辰120周年座谈会上的讲话指出："中华民族，具有5000多年绵延不绝的文明历史，为人类文明进步作出了不可磨灭的贡献。但是，由于封建制度的腐朽没落，中国在近代被世界快速发展的浪潮甩在了后面。1840年鸦片战争以后，在西方列强坚船利炮轰击下，中国危机四起、人民苦难深重，陷入半殖民地半封建社会的黑暗深渊。"② 面对陷入苦难困境的旧中国，近代中国无数志士仁人前仆后继、不懈探索，寻找救国救民道路，太平天国运动、戊戌变法接连而起，但农民起义、商战救国、君主立宪等救国方

---

① 习近平. 在中国共产党第十九次全国代表大会上的报告［N］. 人民日报，2017-10-18（1）.

② 习近平. 在纪念毛泽东同志诞辰120周年座谈会上的讲话［N］. 人民日报，2013-12-27（02）.

案都相继失败了。战乱频仍，民生凋敝，丧权辱国，成了旧中国长期无法消除的病疡。

从对国家出路的早期探索可知，近代中国社会主要矛盾是帝国主义和中华民族的矛盾、封建主义和人民大众的矛盾。实现中华民族伟大复兴，必须进行反帝反封建斗争。在半殖民地半封建的中国社会，农民阶级、地主阶级洋务派、资产阶级维新派由于其自身的阶级局限性，没能达到挽救民族危机、实现国家独立富强的目的。中国迫切需要新的思想引领救亡运动，迫切需要新的组织凝聚革命力量。历史呼唤着新的革命阶级登上政治舞台。

四、推荐阅读

1. 罗尔纲．太平天国史纲［M］．长沙：岳麓书社，2013.

2. 杨家骆．洋务运动文献汇编［G］．上海：世界书局，1969.

3. 夏东元．洋务运动史［M］．上海：华东师范大学出版社，1992.

4. 郑师渠．近代国人的现代国家认同——从戊戌变法到辛亥革命［J］．社会科学文摘，2023（07）：48—51.

5. 汪朝光．近代中国与世界关系的多维审视［J］．近代史研究，2023（05）：4—13.

6. 刘晨．太平天国的运动性质与历史评价问题［J］．安徽史学，2023（04）：61—69.

专题四 "辛亥革命是中华民族伟大复兴征程上的一座里程碑"

——辛亥革命在中华民族伟大复兴征程中的地位与作用

一、教学说明

（一）教学目标

1. 知识目标：掌握辛亥革命爆发的原因；熟悉辛亥革命在中华民族伟大复兴征程中的地位和作用；了解辛亥革命的前沿学术研究。

2. 能力目标：通过课程教学，培养科学分析和总结辛亥革命失败原因与经验教训的能力。

3. 价值目标：通过课程教学激发大学生爱国热情，继承辛亥革命先烈们的遗志，增强爱国主义意识和为实现中华民族伟大复兴的中国梦而奋斗的历史使命感。

（二）教学重点与难点

重点：深入理解辛亥革命在中华民族伟大复兴进程中的作用。

难点：深入理解辛亥革命在中华民族伟大复兴进程中的地位。

（三）教学方法

综合运用案例式、启发式和讨论式教学方法，辅以视频教学、网络平台互动等教学手段，并通过学期的学情分析，搜集相关教学案例、社会热点等教学素材，应用于教学。

（四）学时安排

2 学时

（五）参考资料

1. 章开沅，林增平．辛亥革命史［M］．北京：人民出版社，1981．

2. 国家图书馆．百年辛亥［M］．北京：商务印书馆，2019．

3. 金冲及. 辛亥革命研究 [M]. 上海：上海辞书出版社，2011.

4. 杨天石. 从帝制走向共和：杨天石解读辛亥秘档 [M]. 重庆：重庆出版社，2016.

5. 金冲及，胡绳武. 辛亥革命史稿 [M]. 上海：上海辞书出版社，2011.

6. 沈渭滨. 孙中山与辛亥革命 [M]. 上海：上海人民出版社，2016.

二、教学内容

[导入] 1911 年，以孙中山为代表的革命党人发动了震惊世界的辛亥革命，推翻了腐朽、堕落的清朝政府，这是为实现民族独立、人民解放而进行的一次伟大而艰辛的探索。可以说，武昌城头的一声枪响成为辛亥革命的开端，就此拉开了中国完全意义上的近代民族民主革命的序幕，也为中华民族伟大复兴的征程树立了一座巍然屹立的里程碑。今天，老师带领大家一起来回顾辛亥革命在中华民族伟大复兴征程中的地位与作用。

（一）深入理解辛亥革命是如何爆发的

辛亥革命推翻了清王朝统治，结束了中国 2000 多年的封建君主制度，建立了共和制度。辛亥革命虽然失败了，但它开创了完全意义上的近代民族民主革命，打开了中国进步的闸门。回望 110 年前的这段历史，可以说清王朝的灭亡是必然的，辛亥革命的爆发是历史的必然。

1. 深重的社会民族危机引发辛亥革命的爆发

在 1949 年前的 100 多年间，具有悠久历史和灿烂文化的中华民族，蒙受了极大的苦难和屈辱。从 1840 年鸦片战争帝国主义用大炮轰开中国国门，迫使清政府签订南京条约开始，封建的中国逐渐沦为半封建半殖民地国家。一系列不平等条约像沉重的枷锁套在中国人民身上。19 世纪末 20 世纪初，帝国主义列强一方面划分势力范围企图瓜分中国，一方面又从政治、经济、文化各方面压迫中国，使清政府沦为洋人的朝廷，中国大地笼罩着"瓜分豆剖""亡国灭种"的阴霾。具体历史事件演进如下：

1900—1901 年的八国联军侵华战争，迫使中国签订《辛丑条约》，加强了对中国的政治控制与经济扩张；1904—1905 年的日俄战争，清政府宣布"局外中立"，东北人民饱受战争之苦；1903—1904 年，英国入侵西藏，边疆危机又一次显现；德国则将炮舰驶入长江，觊觎原属英国势力范围的长江流域。一系列的危机让国人感受到前所未有的亡国压力，而腐朽衰败的清政府无所作为，无法阻止愈演愈烈的民族危机。

马克思说过："革命是历史的火车头。"① 面对西方列强野蛮入侵，封建统治者腐朽无能，要实现民族独立、人民解放和国家富强、人民幸福，就必须推翻封建君主统治，对中国社会进行根本变革。辛亥革命作为近代中国完全意义上的民族民主革命，是当时深重社会危机下的必然产物，也是中国社会矛盾运动的必然产物。当民族危机愈演愈烈之时，为实现救亡图存的民族需要，革命便成为唯一的选择。所以，深重的社会民族危机决定辛亥革命的爆发。②

2. 清末新政利益分配不当诱发辛亥革命爆发

历史有自己的逻辑，不以任何人的主观愿望而改变。清末新政旨在维护清政府统治，即所谓"保大清"，但是由于涉及既得利益集团，结果"保大清"的目的非但没有实现，反而进一步激化了各种矛盾。

《辛丑条约》签订后，清政府为维持统治进行了新政改革。在改革之初，从各级官员到地方绅商对改革充满期待。但新政推行到地方社会，扭曲成各级官吏变本加厉压榨百姓的正当理由。本来就十分沉重的税赋加上巨额的对外赔款，使农村经济凋敝，亿万农民赤贫化，再加上连年自然灾害，地主商人乘机囤积居奇，民众生活极为困苦。正如陈天华曾指出的："及到庚子年闹出了弥天大祸，才晓得一味守旧万万不可，稍稍行了些皮毛新政。其实何曾行过？不过借此掩饰国民的耳目，讨讨洋人的喜欢罢了；不但没有放了一线光明，那黑暗反倒加了几倍。"③ 1902 年至 1911 年间，各地民变多达 1300 余起。从 1906 年起，几乎每年都有抢米风潮的发生，且遍及南北各地城镇乡村。当时人疾呼："以前不办新政，百姓尚可安身；今办自治、巡警、学堂，无一不在百姓身上设法。"这些事实说明：人民群众已经不能照旧生活下去了。④ 清政府积重难返，企图改良，但是走不通，也不可能走得通。再加上，清政府新政内部的利益分配矛盾，无论是清政府内部各派系之间，还是清政府中央和地方督抚的矛盾以及清政府与立宪派的矛盾，均呈矛盾激化的现状。清末新政是一次权力与利益的再分配，各派政治势力的矛盾焦点即在于此。在统治者内部矛盾不断激化之时，各种社会矛盾也日益尖锐。

所以说，清政府既不能有效化解内部矛盾，更无力应对外部矛盾，引发辛亥革命是历史的必然。

---

① 马克思，恩格斯. 马克思恩格斯全集［M］. 北京：人民出版社，1972：210.
② 李细珠. 辛亥革命爆发是历史的必然［J］. 历史评论. 2021（03）：41—42.
③ 荣孟源. 辛亥革命：二［M］. 上海：上海人民出版社，1957：113.
④ 张文灿等. 中国近现代史纲要（1840—1949）教学辅导读本［M］. 北京：中国政法大学出版社，2016：98.

3. 救亡图存的民族需要决定辛亥革命的爆发

习近平总书记指出："辛亥革命的发生，有着深刻的社会历史背景，是近代以来中国社会矛盾激化和中国人民顽强斗争的必然结果。"① 中华民族是世界上古老而伟大的民族，有着悠久而辉煌的文明历史。令人遗憾的是，在西方工业革命后，中国落伍了。1840 年，英国凭借坚船利炮打开了中国的国门，西方列强纷纷入侵中国，在中华大地上恣意妄为，中国逐步沦为半殖民地半封建社会，国家蒙辱、人民蒙难、文明蒙尘。面对前所未有的劫难，英雄的中国人民始终没有屈服，在救亡图存的道路上一次次抗争、一次次求索。资产阶级革命派在时代大潮中登上了历史舞台。作为中国民主革命的伟大先驱，孙中山先生率先发出"振兴中华"的呐喊。在孙中山先生领导和影响下，大批革命党人和无数爱国志士集聚在振兴中华旗帜之下，广泛传播革命思想，积极兴起进步浪潮，连续发动武装起义，推动了革命大势的形成。

我们需要深刻理解辛亥革命的爆发根植于严重的民族危机，是救亡图存的需要决定了辛亥革命的爆发。当时，封建帝制已经成为中国社会发展的严重障碍，腐败的清王朝已到了山穷水尽的地步，只有用革命推翻这个反动的封建帝制，才能使国家获得独立，民族得到解放，人民得到幸福。正如青年革命家邹容在《革命军》所说：我中国今日欲脱满洲人之羁缚，不可不革命；我中国欲独立，不可不革命；我中国欲长存于二十世纪新世界上，不可不革命。革命已经成为二十世纪初中国大地上不可阻挡的历史潮流。

革命先驱孙中山先生曾说："我们革命的目的是为众生谋幸福，因不愿少数满洲人专利，故要民族革命；不愿君主一人专利，故要政治革命；不愿少数富人专利，故要社会革命。"② 此后，孙中山先生坚定走武装起义的反清革命道路，领导同盟会发动系列武装革命斗争。

1907 年 5 月—1908 年 4 月，同盟会在华南沿海和沿边地区连续发动了 6 次武装起义：1907 年 5 月的饶平黄冈起义，1907 年 6 月的惠州七女湖起义，1907 年 9 月的防城起义，1907 年 12 月的镇南关起义，1908 年 3 月的钦州马笃山起义和 1908 年 4 月的云南河口起义。虽然这些起义都失败了，但是很好地鼓舞了全国各地武装斗争的斗志。

1911 年 5 月"保路运动"的爆发，给武装起义提供了机会。清政府为向英法德美四国银行团借款镇压革命，贸然实行"铁路国有"政策，在不同股东商

---

① 习近平．在纪念辛亥革命 110 周年大会上的讲话［N］．人民日报，2021-10-10（02）．
② 孟庆鹏．孙中山文集［M］．北京：团结出版社，1997：138．

议的情况下，贸然将已归商办的川汉铁路、粤汉铁路收归国有。此举激怒了投资这些企业的民间投资者。在各地同盟会员的帮助下，一场波及四川、广东、湖北、湖南等省的保路运动爆发了。在这次保路运动中，四川的斗争局势最为紧张。清政府紧急调遣各地新军驰援四川，尤以湖北力度最大。1911年10月，湖北新军奉调四川，造成武昌空虚，共进会和文学社抓住时机率先发难，10月10日发动武昌起义，辛亥革命爆发。武昌起义的成功鼓舞了革命士气，进而掀起席卷全国的革命风暴。

可以说，辛亥革命的发生，离不开以孙中山先生为代表的资产阶级革命者的长期准备，但它更是百年来逐步积累起来的、错综复杂的政治危机、民族危机和社会矛盾的一次总爆发，无数国人救亡图存的努力积攒促成了辛亥革命的爆发。

（二）深入理解辛亥革命在中华民族伟大复兴征程中的地位和启示

习近平总书记在纪念辛亥革命110周年大会上的重要讲话中指出："辛亥革命永远是中华民族伟大复兴征程上一座巍然屹立的里程碑！"[①] 该评价深刻形象地指明了辛亥革命在中华民族伟大复兴征程中的重要性。110年前，武昌城头的枪声划破了黑夜，拉开了武昌首义的帷幕，也拉开了中国完全意义上的近代民族民主革命的序幕。数月之间，清朝政府被推翻，在中华大地上建立起亚洲第一个共和制国家。辛亥革命打开了中国进步潮流的闸门，以巨大的震撼力和深刻的影响力推动了中国社会变革，为实现中华民族伟大复兴探索了道路。如何深入理解辛亥革命在中华民族伟大复兴征程中的地位、启示，是该节的重难点内容。

【问题探讨】如何理解"辛亥革命永远是中华民族伟大复兴征程上一座巍然屹立的里程碑！"

第一，辛亥革命拉开了近代中国变革的序幕，为中华民族伟大复兴探索了革命道路。辛亥革命发生前，中国社会各阶级和政治力量所进行的社会运动存在着一些共同缺陷，比如缺乏坚强有力的组织领导和阶级基础，缺乏明确系统的指导思想和先进合理的制度建构等。因此，它们或者如太平天国运动、洋务运动等，虽然持续多年但最终失败，或者如戊戌变法、义和团运动等，虽蓬勃兴起但迅速走向败亡，都没有探索出解决中国前途命运问题的正确道路和领导力量。相比之下，辛亥革命是一场有主义指导、有政党领导、有阶级基础、有制度建构的革命运动，它拉开了近代以来中国发生深刻社会变革的序幕，为实

---

① 习近平. 在纪念辛亥革命110周年大会上的讲话［N］. 人民日报，2021-10-10（02）.

现中华民族伟大复兴探索了革命道路，在中华民族伟大复兴进程中具有里程碑意义。

第二，辛亥革命进行了系统性的理论创造，为中华民族伟大复兴进行了思想创新。辛亥革命是中国民族资产阶级革命派登上中国政治舞台的标志。经过洋务运动以来几十年的发展，中国民族资产阶级成为民主革命的重要阶级基础，迫切需要表达自己政治意志的思想主张和理论指导。孙中山先生高扬反对封建专制统治的斗争旗帜，提出了"驱除鞑虏，恢复中华，创立民国，平均地权"的革命纲领，同封建专制主义思想及改良派思想等进行了激烈交锋和论战，系统阐述了民族、民权、民生的三民主义，成为指导辛亥革命的思想旗帜。三民主义的提出为辛亥革命提供了理论指导，也推动了革命思想的广泛传播，在中华民族伟大复兴征程中具有重要的思想创新意义。

第三，辛亥革命推翻了旧的社会制度，为中华民族伟大复兴提供了制度创新。以孙中山先生为代表的辛亥革命先驱，痛感于清政府的腐败和中华民族的危难，果断告别渐进改良的方式，经过艰辛曲折的努力，终于以革命方式推翻了清王朝统治，结束了在中国延续几千年的君主专制制度，开创了完全意义上的近代民族民主革命，以巨大的震撼力和深刻的影响力推动了中国社会变革，具有重要的道路探索意义。辛亥革命后建立的中华民国，以新的政治制度维护了社会变革成果，具有重要的制度变革和制度创新意义。作为亚洲第一个共和制国家，中华民国的建立广泛影响了亚洲和世界各地殖民地半殖民地国家和地区人民争取民族独立和解放的斗争，具有重要的世界性意义。同时，孙中山先生领导创立的同盟会这一具有现代政党意义的政治组织，为唤醒民族资产阶级的斗争精神，在一定时期内动员、组织和凝聚革命力量发挥了重要作用，在中华民族伟大复兴征程中具有重要的政治组织创新意义。[①]

【知识拓展】习近平总书记关于辛亥革命及其地位的部分重要论述

历史不会忘记，100多年前，中国民主革命的伟大先行者孙中山先生，以当时留日中国学生等为骨干组建中国同盟会，毅然发动和领导辛亥革命，推翻了统治中国几千年的君主专制制度，打开了中国进步的闸门，点燃了振兴中华的希望。

——习近平. 在欧美同学会成立100周年庆祝大会上的讲话［N］. 人民日报，2013-10-22（02）.

---

① 金民卿. 深刻认识辛亥革命的伟大历史意义［J］. 党建，2021（11）：25—27.

1911 年，在他领导和影响下，震惊世界的辛亥革命取得成功，推翻了清王朝统治，结束了统治中国几千年的君主专制制度。由于历史进程和社会条件的制约，辛亥革命虽然没有改变旧中国半殖民地半封建的社会性质，没有改变中国人民的悲惨命运，没有完成实现民族独立、人民解放的历史任务，但开创了完全意义上的近代民族民主革命，打开了中国进步闸门，传播了民主共和理念，极大推动了中华民族思想解放，以巨大的震撼力和影响力推动了中国社会变革。

——习近平. 在纪念孙中山先生诞辰 150 周年大会上的讲话［N］. 人民日报，2016-11-12（02）.

辛亥革命极大促进了中华民族的思想解放，传播了民主共和的理念，打开了中国进步潮流的闸门，撼动了反动统治秩序的根基，在中华大地上建立起亚洲第一个共和制国家，以巨大的震撼力和深刻的影响力推动了中国社会变革，为实现中华民族伟大复兴探索了道路。

孙中山先生和辛亥革命先驱为中华民族建立的历史功绩彪炳千秋！在辛亥革命中英勇奋斗和壮烈牺牲的志士们名垂青史！辛亥革命永远是中华民族伟大复兴征程上一座巍然屹立的里程碑！

——习近平. 在纪念辛亥革命 110 周年大会上的讲话［N］. 人民日报，2021-10-10（02）.

【问题探讨】如何深刻理解辛亥革命带给我们的启示？

习近平总书记在纪念辛亥革命 110 周年大会的讲话中强调："我们要以史为鉴、开创未来，在全面建设社会主义现代化国家新征程上继续担当历史使命，掌握历史主动，不断把中华民族伟大复兴的历史伟业推向前进。"① 如何更进一步推进中华民族伟大复兴进程？深刻理解辛亥革命带给我们的启示能很好地帮助我们以史为鉴、开创未来。

第一，辛亥革命的历史启示我们，实现中华民族伟大复兴，必须有领导中国人民前进的坚强力量，这个坚强力量就是中国共产党。中国共产党领导是历史的选择、人民的选择，是党和国家的根本所在、命脉所在，是全国各族人民的利益所系、命运所系。没有中国共产党，就没有新中国，就没有中华民族伟大复兴。

回顾近代历史，太平天国运动、洋务运动、戊戌变法、义和团运动、辛亥

---

① 习近平. 在纪念辛亥革命 110 周年大会上的讲话［N］. 人民日报，2021-10-10（02）.

革命接连而起，但都以失败而告终，没有能够改变中国人民和中华民族的悲惨命运。十月革命一声炮响，给中国送来了马克思列宁主义。这犹如黑暗中的一道霞光，给正在苦苦探求救国救民道路的中国先进分子指明了方向，中国共产党应运而生。从登上中国政治舞台的那一刻起，中国共产党坚持马克思主义立场观点方法，始终不渝为中国人民谋幸福、为中华民族谋复兴，从此，中国人民开始从精神上由被动转为主动，中华民族开始艰难但不可逆转地走向伟大复兴。

第二，辛亥革命的历史启示我们，实现中华民族伟大复兴，道路是最根本的问题。中国特色社会主义是实现中华民族伟大复兴的唯一正确道路。这条道路符合中国实际、反映中国人民意愿、适应时代发展要求，不仅走得对、走得通，而且也一定能够走得稳、走得好。

辛亥革命之前，太平天国运动、洋务运动、戊戌变法、义和团运动、清末新政等都未能取得成功。辛亥革命之后，中国尝试过君主立宪制、帝制复辟、议会制、多党制、总统制等各种形式，各种政治势力及其代表人物纷纷登场，都没能找到正确答案，中国依然是山河破碎、积贫积弱，列强依然在中国横行霸道、攫取利益，中国人民依然生活在苦难和屈辱之中。

事实证明，不触动旧的社会根基的自强运动，各种名目的改良主义，旧式农民战争，资产阶级革命派领导的民主主义革命，照搬西方政治制度模式的各种方案，都不能完成中华民族救亡图存和反帝反封建的历史任务，都不能让中国的政局和社会稳定下来，也都谈不上为中国实现国家富强、人民幸福提供制度保障。只有中国特色社会主义道路才是唯一正确的选择。

第三，辛亥革命的历史启示我们，实现中华民族伟大复兴，必须依靠中国人民自己的英勇奋斗。历史发展从来不是风平浪静的，而是充满曲折和艰辛的。正如毛泽东同志所说的："我们的先人以不屈不挠的斗争反对内外压迫者，从来没有停止过"，"中国人民的不屈不挠的努力必将稳步地达到自己的目的"。① 为此，面对1840年以来列强的侵略，勇于抗争的中国人不惧列强，从广州三元里抗英斗争拉开反抗列强的序幕，到太平军多次重创英、法侵略军和外国侵略者指挥的洋枪队"常胜军""常捷军"，还有台湾人民奋起反抗侵略者，以及中法战争期间香港造船工人罢工，拒绝修理受伤法舰，爱国商人罢市等等。诸多的抗争汇聚起磅礴的力量，彰显了中华民族不惧斗争、勇于抗争的精神。现在，中华民族已经迈入走向中华民族伟大复兴的新征程上，辛亥革命历史启示我们，

---

① 习近平. 在纪念辛亥革命110周年大会上的讲话［N］. 人民日报，2021-10-10（02）.

必须抓住历史机遇，增强忧患意识、始终居安思危，保持革命精神和革命斗志，勇于进行具有许多新的历史特点的伟大斗争，以敢于斗争、善于斗争的意志品质，坚决战胜任何有可能阻碍中华民族复兴进程的重大风险挑战，坚决维护国家主权、安全、发展利益。

第四，辛亥革命的历史启示我们，实现中华民族伟大复兴，中国人民和中华民族必须同舟共济，依靠团结战胜前进道路上一切风险挑战。孙中山先生说过："要恢复民族的地位，便先要恢复民族的精神。"① 近代以来，在列强的侵略打击下，民族陷入危亡的危机刺激中国人民逐渐实现民族意识的觉醒，从早期先进中国人的睁眼看世界，到中日甲午战争之后，中国人民的民族意识开始普遍地觉醒。是民族危机激发了中华民族的觉醒，让所有海内外中国人凝聚在一起，心聚在了一起、血流到了一起，共同书写了抵御外来侵略、推翻反动统治、建设人民国家、推进改革开放的英雄史诗。

第五，辛亥革命以来的历史启示我们，实现中华民族伟大复兴，不仅需要安定团结的国内环境，而且需要和平稳定的国际环境。孙中山先生曾经说过："中国如果强盛起来，我们不但是要恢复民族的地位，还要对于世界负一个大责任。"作为五千多年历史延绵不断的文明古国，中华民族始终屹立世界民族之林，也始终站在世界民族的前列。遗憾的是近代中国由于制度落后，逐渐陷入被列强入侵的境地。辛亥革命是近代先进国人为挽救民族危亡做出的一次制度探索，探索革命道路实现民族复兴的可能性。但是，由于近代中国的战争环境，资本主义在中国无法充分发展以及诸多因素的影响，证明资本主义道路在中国行不通。这也反面证明了一个团结稳定的国内环境以及和平稳定的国际环境的重要性，中华民族的血液中没有侵略他人、称王称霸的基因，中国人民不仅希望自己发展得好，也希望各国人民都能拥有幸福安宁的生活。②

（三）深入理解辛亥革命在中华民族伟大复兴征程中的作用

辛亥革命是中国人民和中国先进分子为实现民族独立、人民解放进行的一次伟大而艰辛的探索，在中华民族伟大复兴征程中发挥巨大的作用。今天，我们要深入理解辛亥革命在中华民族伟大复兴征程中的巨大作用，不断向中华民族伟大复兴的目标奋勇前进！

1. 辛亥革命为中国共产党诞生创造了历史条件

习近平总书记指出："实现中华民族伟大复兴，必须有领导中国人民前进的

① 习近平. 在纪念辛亥革命110周年大会上的讲话［N］. 人民日报，2021-10-10（02）.

② 习近平. 在纪念辛亥革命110周年大会上的讲话［N］. 人民日报，2021-10-10（02）.

坚强力量，这个坚强力量就是中国共产党。"① 而辛亥革命为中国共产党的诞生创造了各方面的条件。

辛亥革命推翻了清朝政府，撼动了反动统治的根基，结束了在中国延续几千年的封建君主专制制度。南京临时政府成立后，颁布《中华民国临时约法》，赋予人们集会、结社的权利，在法律意义上为政党的产生创造了宽松的政治环境和社会条件。民国初年，各种政党组织如雨后春笋般兴起，多达 300 余个，具有健全纲领或某一方面纲领者也多达 35 个。辛亥革命为民国初年包括中国共产党在内的许多政党的创立，准备了环境条件，同时也促进了马克思主义在中国的传播，为中国共产党诞生准备了思想条件。辛亥革命涤荡了封建文化残余，促进了人们思想解放，为新文化运动时期各种思潮的广泛涌入和传播创造了社会条件，从而打通了马克思主义在中国的传播渠道。辛亥革命为五四运动的发生，为马克思主义在中国的传播，直到为中国共产党的诞生准备了重要条件。辛亥革命锻炼了早期中国共产党人，为中国共产党诞生准备了人才力量。中国共产党的早期党员正是由受到辛亥革命影响的革命分子和青年知识分子组成的。据不完全统计，在中国共产党创立时期的最初几批党员中，具有直接或间接参加过辛亥革命运动经历的人数约占三分之一。其中，一则是辛亥革命的直接亲历者，比如陈独秀、朱德、董必武、吴玉章等人作为同盟会会员，直接领导或者参加了辛亥革命，在辛亥革命的实践淬炼和反思总结中走上了"以俄为师"的道路，成了马克思主义者；二则是辛亥革命的间接影响者，比如李大钊、蔡和森、何叔衡等人，通过大量涉猎进步书刊或者接受同盟会会员的精神启蒙，在辛亥革命的思想洗礼中民族意识、革命观念和理论信仰广泛觉醒，从民主主义者转变成了共产主义者。

2. 辛亥革命为中国早期现代化起到了推动作用

习近平总书记强调："实现中华民族伟大复兴，道路是最根本的问题。中国特色社会主义是实现中华民族伟大复兴的唯一正确道路。"② 中国特色社会主义不是从天上掉下来的，而是中华民族历尽千辛万苦探索出的实现中国社会主义现代化和创造人民美好生活的必由之路。

辛亥革命创立了中国近代史上第一个资产阶级共和国，推动了中国早期现代化的进程。辛亥革命为资本主义经济发展争取了短暂的"黄金时期"，南京临时政府成立之后，设立实业部、经济部，颁布有利于民族振兴的政策和措施，

---

① 习近平. 在纪念辛亥革命 110 周年大会上的讲话 [N]. 人民日报, 2021-10-10 (02).

② 习近平. 在纪念辛亥革命 110 周年大会上的讲话 [N]. 人民日报, 2021-10-10 (02).

极大地促进了民国时期资本主义经济的发展。1933 年中华民国第一次工业普查，由刘大钧领导经济统计所的调查者们直接从工厂经理那里收集统计资料。1937 年，刘大钧发表调查结果（除外资企业以外），记录了 2435 家中资工厂，总资本高达 4.06 亿余元，雇佣工人有 49 万余人。相比于清末民初中国经济的发展态势，总资本增加了约 3 倍，充分体现了民国初期资本主义经济现代化取得的瞩目成就。辛亥革命使中国的政体由封建君主制转向民主共和制，促进了人民民主意识高涨，推进了中国早期政治现代化。辛亥革命之后，南京临时政府颁布了《中华民国临时约法》，表明资产阶级民主共和制度正式在中国确立，使"敢有帝制自为者，天下共击之"的民主观念开始深入人心。这极大地提高了人民民主意识，表明中国社会迈出了从专制向民主转化的重要一步，为中国的政治现代化开创了一个新的阶段。另外，辛亥革命促进了社会风气的进一步开放，促进了人们思想解放。南京临时政府成立后，大力革除封建陋习，提倡社会新风。比如废除"跪拜礼"，废除"大人""老爷"等封建代称；废止奴婢，解放"贱民"；男子剪辫，女子放足；禁止种植和吸食鸦片；提倡科学、反对迷信等等。这些措施，使社会出现了生机勃勃之象，对改变社会风气产生了长远影响。虽然辛亥革命所探索的资本主义现代化道路最终以失败而告终，但为之后中国共产党走出一条与之相区别的社会主义现代化道路提供了历史教训，积累了历史经验。

3. 辛亥革命为中华民族共同体意识铸牢了基础

习近平总书记强调，"实现中华民族伟大复兴，中国人民和中华民族必须同舟共济，依靠团结战胜前进道路上一切风险挑战"①。完整的现代意义上的"中华民族"概念正是在辛亥革命时期锻造的，中华民族共同体意识也在辛亥革命时期逐渐凸显与强化。

辛亥革命之前，梁启超、杨度都在不同程度上使用过"中华民族"这一概念，但是"中华民族"多意指"大汉族"。辛亥革命之后，中华民国建立。"中华"与"民国"旨趣之自觉组合的词语形态，增强了国人对于"中华"一词的认同感，使得国人在考虑国家和民族整体利益时倾向于用"中华"的字样和符号。民国初年，各种以"中华"命名的组织和事物蓬勃兴起，如"中华书局""中华银行""中华革命党"等。此种用语习惯及运思导向，使得现代意义上的"中华民族"概念应运而生，并且逐渐流行传播。这一时期，国人之所以能够转换思维意识，将"中华民族"视为民族共同体，而非清末的"大汉族"代称，

---

① 习近平. 在纪念辛亥革命 110 周年大会上的讲话［N］. 人民日报，2021-10-10（02）.

实则源于孙中山的"五族共和"思想，即《中华民国临时大总统宣言书》中提出的，"国家之本，在于人民……合汉、满、蒙、回、藏诸地为一人——是曰民族之统一"。以及随后《临时约法》中进一步阐明，"中华民国人民一律平等，无种族、阶级、宗教之区别"①。这就在法律意义上确证了新建国家属于一个多民族国家，为现代意义上的"中华民族"概念的生成奠定了稳固的法理基础，同时增强了国人对于民族共同体的认同感与归属感。1919年，孙中山主动摒弃了"五族共和"的提法而正式代之以"中华民族"的概念，他提出，"我们国内何止五族呢？我的意见应该把我们中国所有各民族融合成一个中华民族"②。"民族熔炉"思想的提出，既凸显了孙中山国家—民族同构的建国主旨，也更加有力地整合了中华民族凝聚力，激发了人们追求民族团结、国家兴盛、社会进步的爱国主义情结。中国共产党也正是在爱国主义精神的激励下，以社会变革为己任，主动承担起了辛亥革命未完成的民族复兴伟业。

4. 辛亥革命为中华民族思想自觉提供了强大动力

习近平总书记指出："实现中华民族伟大复兴，必须依靠中国人民自己的英勇奋斗来实现。历史发展从来不是风平浪静的，而是充满曲折和艰辛的。"③ 奋斗是实现中华民族伟大复兴的精神底色。

辛亥革命之前，处于封建社会体制机制下的"臣民"恪守儒家"君君、臣臣、父父、子子"的规约而行动，他们长期被剥夺政治参与权利的事实使其对周围的社会环境和政治事务养成了一种麻木不仁的心理以及奴性的依赖状态。辛亥革命之后，南京临时政府颁布《中华民国临时约法》，规定"中华民国由中华人民组织之"④。它不仅确证了国人从"臣民"向"人民"身份的转变，而且赋予了人民国家主人的身份，这就使人民的心态发生了变革。人民在精神上从"被动"转为"主动"，提高了参与政治事务的积极性与主动性，思想的觉醒从其参与政治事务的态度中可见一斑。1915年，北京爆发了抵制"二十一条"的外交运动，80万人口的北京城，仅一次大规模的集会，人数就有30万；而在天津，连续几次大规模的集会，每次都在10万人以上，而当时天津总人口也不过70万人。可以说，辛亥革命之后，南京临时政府对人民民主权利的确认，为促进中华民族思想从"自在"转向"自觉"提供了启蒙条件。中国共产党也正是在中国人民和中华民族伟大的思想觉醒中应运而生。作为一个具有高度思想自

---

① 朱勇．中国法律史 [M]．北京：中国政法大学出版社，2021：327-328.

② 中山大学历史系孙中山研究室等．孙中山全集 [M]．北京：中华书局，1985：394.

③ 习近平．在纪念辛亥革命110周年大会上的讲话 [N]．人民日报，2021-10-10（02）.

④ 朱勇．中国法律史 [M]．北京：中国政法大学出版社，2021年：327—328.

觉的马克思主义政党，中国共产党一经成立，就把为中国人民谋幸福、为中华民族谋复兴确立为自己的初心和使命，并且矢志不渝地为之而奋斗。

5. 辛亥革命为推动亚洲其他国家地区民族解放运动的发展作出了巨大贡献

习近平总书记指出，"实现中华民族伟大复兴，不仅需要安定团结的国内环境，而且需要和平稳定的国际环境"①。18、19 世纪之交，欧美国家相继完成产业革命，近代资本殖民主义势力随之兴起，在"东方从属于西方"的时代背景下，中国以及其他亚洲国家成为被殖民入侵和任人宰割的对象。辛亥革命的发生，沉重打击了帝国主义殖民势力，有力地促进了中国以及其他亚洲国家民族解放运动。辛亥革命推翻了"洋人的朝廷"，在中华大地上建立起亚洲第一个共和制国家。辛亥革命是 20 世纪初亚洲民族解放运动的重要组成部分和"亚洲民族觉醒"的重要标志，对亚洲其他被压迫地区的民族解放运动产生了广泛而深刻的影响。20 世纪初亚洲的觉醒是世界革命风暴的新源泉，它与欧洲无产阶级夺取政权的斗争一起，揭开了世界革命的序幕。列宁曾经对以辛亥革命为主要标志的 20 世纪初期的亚洲觉醒评价道："亚洲的觉醒和欧洲先进无产阶级夺取政权的斗争的开始，标志着二十世纪初所开创的全世界历史的一个新阶段。"②

辛亥革命作为 20 世纪初期中国近代历史上最伟大的一场资产阶级民主革命，为实现中华民族伟大复兴做出了积极有益的探索。但是，由于民族资产阶级的软弱性和妥协性，在帝国主义和封建势力异常强大的半殖民地半封建的中国，资产阶级共和国方案终究行不通。旧民主主义革命失败的实践表明，中国革命亟须在新的领导力量下探索新出路。辛亥革命爆发十年之后，中国共产党成立。中国共产党继承发展了孙中山没有完成的民主革命任务，团结带领中国人民取得了新民主主义革命的胜利，建立了人民当家作主的中华人民共和国，完成了民族独立、人民解放的历史任务，开启了实现中华民族伟大复兴的新征程。今年是中国共产党成立 103 周年，中国共产党作为辛亥革命事业最坚定的支持者、孙中山先生遗志最忠实的继承者、中华民族伟大复兴最坚强的领导者，团结带领中国人民，历经百年的牺牲、奋斗、创造，奠定了实现中华民族伟大复兴更为完善的制度保证、更为坚实的物质基础、更为主动的精神力量。正如习近平总书记所说，"现在我们比历史上任何时期都更接近中华民族伟大复兴的目标，比历史上任何时期都更有信心、有能力实现这个目标"③。辛亥革命发挥

---

① 习近平. 在纪念辛亥革命 110 周年大会上的讲话［N］. 人民日报，2021-10-10（02）.
② 季正矩. 列宁传［M］. 成都：天地出版社，2021：227.
③ 习近平. 承前启后继往开来 朝着中华民族伟大复兴目标奋勇前进［N］. 人民日报，2012-11-30（01）.

的作用不可忽视。

三、专题小结

辛亥革命是中华民族伟大复兴征程上一座巍然屹立的里程碑。辛亥革命广泛传播了民主共和理念，使民主共和精神深入人心，撼动了反动统治秩序的根基，促进了中华民族思想解放。在这场革命中接受精神洗礼的中国人民和中国先进分子顺应时代进步潮流，继续苦苦探寻救国救民道路。孙中山先生疾呼"亟拯斯民于水火，切扶大厦之将倾"，率先呼喊出"振兴中华"的响亮口号，成为激励中国人民推翻封建专制政权的精神动力，也激励着一代代中国人为实现中华民族伟大复兴奋勇前进。辛亥革命所弘扬的振兴中华的爱国精神、不畏强权的革命精神、反对专制的民主精神、舍生忘我的牺牲精神、愈挫愈勇的奋斗精神、胸怀大局的协作精神等，都成为中华民族的宝贵精神财富。

辛亥革命的历史告诉我们，经过辛亥革命，民主共和的思想从此流传广远，人们对革命的要求也绵延不绝。接受过这场革命洗礼的中国先进分子和中国人民继续顽强探索中华民族复兴的道路。辛亥革命之后十年，中国共产党成立。中国共产党人继承和发展了孙中山的革命事业，并把它推进到了新的阶段。

四、推荐阅读

1. 杜亚泉. 辛亥革命史［M］. 北京：商务印书馆，2021.

2. 叶曙明. 重返辛亥现场［M］. 北京：商务印书馆，2011.

3. 霍启山. 港澳档案中的辛亥革命［M］. 北京：商务印书馆，2011.

4. 黄宇和. 历史侦探：从鸦片战争到辛亥革命［M］. 广州：广东人民出版社，2018.

5. 徐飞. 经纬度丛书·帝国的崩塌：从甲午海战到辛亥革命［M］. 杭州：浙江人民出版社，2022.

6. 王凤青. 张海鹏与辛亥革命史研究［J］. 广东社会科学，2024（01）：88—103.

专题五 "为中国人民谋幸福，为中华民族谋复兴"

——中国共产党的成立与影响

一、教学说明

（一）教学目标

1. 知识目标：掌握新文化运动的背景、内容及其影响，中国共产党成立的历史必然性及其重要意义；熟悉五四运动的必然性及其在中国近代史上的历史作用与意义，认识五四运动与中国共产党及中国革命运动的深刻关系；了解马克思主义在中国的传播及其影响。

2. 能力目标：通过对新文化运动、俄国十月革命、五四运动与中国先进分子选择马克思主义的原因的分析，培养学生联系历史背景分析历史事件影响的能力，进而提升对历史变迁中因果性的认识。

3. 价值目标：弘扬爱国、进步、民主、科学的五四精神，感悟中国先进分子的爱国情怀与追求真理的精神。

（二）教学重点与难点

重点：认清新文化运动的历史功绩与局限；领会中国的先进分子为什么选择马克思主义；认识中国共产党产生后，中国革命呈现出哪些新面貌。

难点：理解为什么说中国共产党的产生是中国社会发展和革命发展的客观要求，进而认识到坚持中国共产党的领导是中国人民正确的历史性选择；掌握国共第一次合作破裂的经验教训。

（三）教学方法

综合运用案例式、启发式和讨论式教学方法，辅以视频教学、网络平台互动等教学手段，并通过学期的学情分析，搜集相关教学案例、社会热点等教学素材，应用于教学。

（四）学时安排

2学时

（五）参考资料

1. 杨洁. 毛泽东文化建设思想的理论逻辑、实践指向与重要启示［J］. 中共太原市委党校学报，2024（01）：44—46.

2. 仝华. 充分运用《中国共产党重要文献汇编》资源厚植"中国近现代史纲要"课教学内容［J］. 思想教育研究，2024（01）：70—75.

3. 秦宏毅，刘云飞. 论中国共产党自我革命动力密码的形成与发展［J］. 长春工程学院学报（社会科学版），2023（04）：1—6.

4. 易冬冬. 新文化运动对礼教批判的美学省思［J］. 武汉科技大学学报（社会科学版），2023（06）：687—692.

5. 王强. 百年大党与大国青年［M］. 北京：学习出版社，2021.

二、教学内容

［导入］习近平总书记在纪念五四运动 100 周年大会上指出："五四运动，爆发于民族危难之际，是一场以先进青年知识分子为先锋、广大人民群众参加的彻底反帝反封建的伟大爱国革命运动，是一场中国人民为拯救民族危亡、捍卫民族尊严、凝聚民族力量而掀起的伟大社会革命运动，是一场传播新思想新文化新知识的伟大思想启蒙运动和新文化运动，以磅礴之力鼓动了中国人民和中华民族实现民族复兴的志向和信心。"① 但是，当历史的指针拨回到五四运动时，历史事实是辛亥革命失败后救国之路再一次陷入迷茫，资产阶级共和国的方案同样没有成功拯救中华民族。在这样的危难之际，先进的中国知识分子需要进行新的探索与思考：中华民族的出路在何处？什么样的思想才能救中国？下面由老师带领大家一起学习本专题。

（一）探寻真理的思想之变

辛亥革命推翻了封建君主的专制统治，但是思想文化领域的封建思想并没有清除。袁世凯为复辟帝制，在思想文化领域掀起尊孔读经、复古倒退的逆流。一些守旧文人、封建军阀、帝国主义者纷纷加入这场尊孔复古逆流。一时间，全国各地涌现大量尊孔复古组织，极大禁锢了人们的思想。要想探索中华民族的出路，必须与这场尊孔复古逆流进行对抗，进行思想启蒙、解除思想禁锢便成为时代的要求。

---

① 习近平. 在纪念五四运动 100 周年大会上的讲话［N］. 人民日报，2019-05-01（02）.

1. 打破封建束缚的文化清算——新文化运动的思想启蒙

经过革命洗礼的先进知识分子在思考中认定，辛亥革命的失败是因为缺乏彻底的反封建的思想革命，国民头脑中缺乏民主共和意识。要建立名副其实的共和国，必须从根本上改造国民性。

（1）新文化运动的兴起

近代以来，为挽救国家危亡，中国先进分子曾历尽千辛万苦，向西方国家寻找真理。但是，中国人学习西方的努力在实践中却一再碰壁。辛亥革命的失败和北洋军阀统治的建立，更使人们陷入深深的绝望、苦闷和彷徨中。

1912 年，袁世凯下令尊崇伦常，要全国人民恪守礼法。1913 年，他又发布《通令尊崇孔圣文》。随即，在思想文化领域掀起了一股尊孔复古的逆流。主张尊孔复古的人们利用社会上对辛亥革命后局势的失望情绪，诋毁共和制度，诽谤民主思想，要求定孔教为"国教"。

1915 年，57 岁的康有为创办《不忍》杂志，大肆宣扬尊孔思想，说是"若今不尊孔，则何从焉，将为逸居无教之民欤？暴戾恣睢，以快嗜欲，而近于禽兽乎，则非待烹灭绝种而何？"① 此时的孔子，在康有为的笔下已经成为封建势力的代表，尊孔思想已然成为人们头脑中的枷锁，暮气沉沉的中国急需一次思想的启蒙和洗礼。为此，一些先进的知识分子开始从辛亥革命的失败中总结经验，认为"欲图根本之救亡"，就需要从思想上改变中国的国民性，且辛亥革命失败的原因是没有彻底的革新封建思想，国民缺乏民主意识。由此他们决心发动一场思想解放运动，让国民从封建思想的枷锁中解放出来，从蒙昧的状态中脱离出来，由此呼唤了新文化运动的兴起。

另一方面，袁世凯为复辟帝制，在思想文化领域主张尊孔复儒，这使得历史发展呈现倒退的趋势。有志之士发起新文化运动，批判袁世凯发起的复辟逆流。

五四运动以前的新文化运动是资产阶级民主主义的新文化反对封建主义的旧文化的斗争。1915 年 9 月陈独秀在上海创办《青年》杂志（后改名《新青年》），标志着新文化运动的兴起。陈独秀、李大钊、鲁迅、胡适等人是新文化运动的主要领导人，《新青年》杂志和北京大学是新文化运动的主要阵地。

【史实梳理】前期《新青年》的主要文章

《新青年》杂志作为新文化运动的主要阵地，其发展历程大致可以分为三个

---

① 龚书铎．中国通史第十一卷 近代前编（1840—1919）：下册［M］．上海：上海人民出版社，1999：1442.

阶段，第一阶段是 1915 年创刊—1918 年；第二阶段为 1918 年 1 月—1920 年，逐渐成了宣传马克思主义的刊物；第三个阶段为 1920 年 9 月—1926 年终刊，《新青年》成了宣传中国共产党理论的重要刊物。第一阶段《新青年》杂志的作品主要从三个方面宣传"民主"与"科学"思想：介绍西方的先进思想、介绍西方的最新科学知识、介绍西方的文学作品。

第一，介绍西方的先进思想。如影响较大的《现代文明史》，向读者介绍了欧洲的重商政策、英国的政治自由学说、法国的启蒙思想。还如伯伦智理的《近世国家观念与古相异之概述》、美国国歌《亚美利加》、赫胥黎的《近世思想中之科学精神》、戴雪的《戴雪英国言论自由之权利论》等文章。

第二，介绍先进科学知识。《新青年》传播了达尔文的进化论、宗教文化的体系、牛顿的自然科学发现和物理学等知识。帮助人民了解自然科学，以此来冲击和改造封建的旧思想和旧礼教，广泛开启民智，为思想的解放做出了重要的知识铺垫。

第三，介绍西方的文学作品。陈独秀在介绍欧洲文艺思想变迁时说："世所称代表作者，或举俄罗斯之托尔斯泰，法兰西之左喇，挪威之易卜生，为世界三大文豪；或称易卜生及俄国屠尔格涅甫，美国之王尔德，比利时之梅特尔林克为近代四大代表作家。"所以，早期的《新青年》就连续刊载了王尔德的戏剧《意中人》（薛琪瑛译）、《弗罗连斯》（陈椵译）；易卜生的小说《娜拉》；屠格涅夫的《春潮》《初恋》；龚古尔兄弟的《基尔米里》以及俄国大作家托尔斯泰的诗歌等。

（2）新文化运动解放思想的主要内容

新文化运动以提倡民主科学，反对封建专制迷信；提倡新道德，反对旧道德；提倡新文学，反对旧文学为主要内容。其基本口号是民主和科学。民主，既是指资产阶级民主主义的制度，也是指资产阶级民主主义的思想。科学，则"有广狭二义：狭义是指自然科学，广义是指社会科学而言"①。

【史实梳理】新文化运动"民主""科学"思想的提出

在《青年杂志》创刊号上，陈独秀发表了《敬告青年》一文，提出了青年应自主、进步、进取、面向世界、有用实利、追求科学等六大主张。接着，他把这六大主张概括为"德先生"（Democracy，民主）和"赛先生"（Science，科学），"只有这两位先生可以救治中国政治上、道德上、学术上、思想上一切

----

① 王向明. 中国近现代史纲要同步辅导教程［M］. 北京：中国时代经济出版社，2012：51.

的黑暗"①。

新文化运动所提倡的民主，旨在培养国民的民主精神。陈独秀指出："现在袁世凯虽然死了，袁世凯所利用的倾向君主专制的旧思想，依然如故。"因此，"如今要巩固共和，非先将国民脑子里所有反对共和的旧思想，一一洗刷干净不可"。中国"欲图世界的生存，必弃数千年相传之官僚的、专制的个人政治，而易以自由的、自治的国民政治也"，不能寄希望于"善良政府，贤人政治"。②

新文化运动提倡的科学，旨在培养国民的科学精神，摒弃"无常识之思维""无理由之信仰"。陈独秀认为："吾人信仰，当以真实的合理的为标准。宗教上、政治上、道德上自古相传的虚荣、欺人、不合理的信仰，都算是偶像，都应该破坏！""近代欧洲之所以优越他族者，科学之兴，其功不在人权说下，若舟车之有两轮焉。"他大声疾呼，我国要生存于世界，"当以科学与人权并重"。

【知识拓展】 早期新文化运动对中国传统文化的批判

陈独秀在《孔子之道与现代生活》中说："封建时代之道德，礼教，生活，政治，所心营目注……于多数国民之幸福无与焉。"③ 胡适在《文学改良刍议》中也曾讲道："今日之中国，当造今日之文学，不必模仿唐、宋，亦不必模仿周、秦也。"④ 而鲁迅则更是在《狂人日记》中将传统道德伦理刺骨地形容为"吃人的礼教"。这些观念试图通过批判中国传统文化来塑造新文化，但是在一定程度上动摇了传统文化的地位，情感的激进容易陷入理性的缺乏，使得对待传统文化的情感发生偏移。

习近平总书记在主持十八届中央政治局第十三次集体学习时指出："要讲清楚中华优秀传统文化的历史渊源、发展脉络、基本走向，讲清楚中华文化的独特创造、价值理念、鲜明特色，增强文化自信和价值观自信。"⑤

【启发思考】 如何看待新文化运动非儒批孔的思想？

儒家文化和孔子思想是封建社会的正统思想，新文化运动中对于诸子的现

---

① 刘勇. 思想启蒙与《新青年》的文学立场［J］. 山东师范大学学报，2015（05）：1—8.

② 廖同真，莫凤妹. 陈独秀对国民"最后之觉悟"的唤醒——以陈独秀新文化运动前的活动为中心［J］. 安康学院学报，2023（06）：36—40.

③ 任建树，张统模，吴信忠. 陈独秀著作选：第1卷［M］. 上海：上海人民出版社，1993：235.

④ 胡适. 文学改良刍议［J］. 新青年，1917（02）：5.

⑤ 习近平. 习近平谈治国理政［M］. 北京：外文出版社，2014：164.

代精神进行了挖掘和探究，将儒家文化和孔子的形象进行了重构，提出了儒教的"专制"与"吃人"，使孔子的神圣地位在新文化运动的批判中逐渐崩塌。一方面，孔学作为封建社会的正统思想，与民主科学的资本主义式道路相矛盾，所以要想实现思想的解放和启蒙，需要对孔学中不利于现代社会发展的部分进行批判。另一方面，新文化运动的主要引领者并没有否定中国全部的传统文化。李大钊曾在文章中用狭隘的道路上行驶不同时代的交通工具比喻当时文化领域的复杂矛盾："新的嫌旧的妨阻，旧的嫌新的危险。照这样层级论，生活的内容不止是一种单纯的矛盾，简直是重重叠叠的矛盾。"① 他们对于儒家思想的论述为我们打开了观照中国现代思想文化史的全新窗户。

【启发思考】"文学革命"的具体内容是什么？代表作品有哪些？

"文学革命"主要是提倡白话文、反对文言文，提倡新文学、反对旧文学。

1917 年，胡适发表了《文学改良刍议》一文，主张文学改良应从八事入手，即须言之有物、不模仿古人、须讲求文法、不作无病之呻吟、务去滥调套语、不用典、不讲对仗、不避俗字俗语。

之后，陈独秀又进一步提出了"文学革命"的口号，号召"推倒雕琢的、阿谀的贵族文学，建设平易的、抒情的国民文学"；"推倒陈腐的、铺张的古典文学，建设新鲜的、立诚的写实文学"；"推倒迂晦的、艰涩的山林文学，建设明了的、通俗的社会文学"。

陈独秀提出要在文学形式上、内容上都进行一次革命。《新青年》自 4 卷 1 号（1918 年 1 月）起改用白话文，采用新式标点符号。鲁迅的《狂人日记》《孔乙己》《药》等作品都是革命内容与白话文形式相结合的优秀代表作。

北京大学是新文化运动的中心。1916 年蔡元培担任校长之后，采取"兼容并包"的方针，允许各种学派自由发展，并以他在学界和政界的声望，不断排除军阀对北京大学教学和学术活动的干扰，对新文化运动起了保护和支持的作用。

（3）五四以前的新文化运动的历史意义

首先，五四以前的新文化运动是反对封建主义的旧文化的斗争，动摇了传统封建思想的统治地位，在社会范围内掀起了空前的思想解放潮流。其次，新文化运动发挥了思想启蒙运动的作用，为马克思主义在中国的传播奠定了思想基础。最后，新文化运动通过宣传民主和科学思想，促进了我国自然科学和人文科学的发展。

---

① 陈独秀，李大钊．新青年精粹 2［M］．北京：中国画报出版社，2013：122.

【问题思考】新文化运动的代表人物对于西方资产阶级是何态度？

早期新文化运动的代表人物陈独秀、李大钊等对于儒家思想为代表的中国传统政治思想持批判否定态度，主张引进西方的先进文化来塑造人民的思想精神，因而此时的新文化运动是受到西方启蒙思想影响的具有资产阶级民主特征的斗争。但是随着第一次世界大战给西方思想界带来危机和学习西方的一再碰壁，使得后期新文化运动的代表人物逐渐对资产阶级的民主感到怀疑和失望，尤其是当列强在巴黎和会上提出要重新建立殖民地政策时，中国人民彻底认清了西方民主的虚伪性，因而知识分子的救国之道逐渐转向了西方文明的对立面。

（4）五四以前新文化运动的局限性

五四以前的新文化运动也存在着一些缺点：第一，未能为改造中国提供有效的思想武器。新文化运动倡导的资产阶级民主主义思想并不能为中国探索出路提供有效指导，因为历史早已证明资产阶级共和国方案在中国行不通。第二，未能普及到工农大众，无法实现"改造国民性"的目的。第三，他们使用的方法，倾向于资产阶级形式主义的方法，具有片面化和绝对化的缺陷。

事实上，由于第一次世界大战以极端的形式进一步暴露了资本主义制度固有的不可克服的矛盾，当时已有一些先进的知识分子对资方资产阶级民主主义产生了怀疑。这种对西方的怀疑预示了革命方向转向的必然性。后来，新文化运动的发展便分成了两个潮流：一些坚定信仰资产阶级民主主义的知识分子沿着资产阶级的道路继续走了下去；另一部分知识分子继承了新文化运动的民主和科学精神，将目光转向了马克思主义。

2. 战略视野的东方转向——十月革命的重要影响

当时的中国人对西方的怀疑只是说明了思想转向的必然性，为何先进知识分子会将目光转移至马克思主义呢？十月革命的爆发为中国先进知识分子提供了方向指引。1917 年，俄国爆发的十月革命是一个具有划时代意义的世界性历史事件，它给中国处于迷茫彷徨期的广大知识分子带来了曙光。正如毛泽东指出："帝国主义的侵略打破了中国人学西方的迷梦。很奇怪，为什么先生老是侵略学生呢？中国人向西方学得很不少，但是行不通，理想总是不能实现。多次奋斗，包括辛亥革命那样全国规模的运动都失败了。国家的情况一天天变坏，环境迫使人们活不下去，怀疑产生了、增大了、发展了。""中国人找到马克思主义，是经过俄国人介绍的。在十月革命以前，中国人不但不知道列宁、斯大林，也不知道马克思、恩格斯。十月革命一声炮响，给我们送来了马克思列宁主义。"① 十月革命爆发在中国学习西方屡遭失败的时刻，它给中国人民带来了新的解决方案，使中国先进知识分子看到了民族解放的希望。

【互动问题】十月革命的突出特征是什么？为什么对中国产生深远影响？

第一，十月革命发生在俄国，彼时的俄国受封建压迫严重且经济文化落后，这与中国的国情基本相同，所以对中国的知识分子具有强大的吸引力。中国先进知识分子分析后得出中国国情"皆与俄国相近"，因而中国"须有同类的精神，即使用革命的社会主义"。毛泽东也在了解十月革命的情况后激动地表示："我看俄国式的革命，是无可如何的山穷水尽诸路皆走不通了的一个变计"，"只此方法较之别的方法所含可能的性质为多"。

第二，十月革命主张在帝国主义之外寻求出路，喊出"颠覆世界的资本主义"和"颠覆世界的帝国主义"的口号，同时这带给了中国青年极大的震动。李大钊指出"这种声音在我们的耳鼓里，格外沉痛，格外严重，格外有意义"②。同时，1919年苏维埃俄国第一次对华宣言声明放弃沙俄在中国攫取的一切特权，这让中国人对于俄国和它的马克思主义充满了好感，《新青年》刊登的读者来信即提出，我们要由此跨进一步，去"研究俄国劳农政府的主义"，赞同它"所根据的真理"。

第三，十月革命给世界和中国提供了全新的革命思路和革命方法。在十月革命以后、五四运动前后的中国思想界，就产生了一批赞成俄国十月社会主义革命、具有初步共产主义思想的知识分子。社会主义开始在中国形成一股有相当影响的思想潮流。

1923年12月，北京大学投票选举世界第一伟人的民意测验：列宁在全部497票中得227票（占46%），高居榜首。而在世界享有盛誉的美国总统威尔逊仅仅51票。

【问题思考】十月革命对中国革命之路有何启示？

首先，十月革命印证了经济文化落后的国家也可以用社会主义思想指示自己走向解放之路。十月革命的爆发推动中国的先进分子把目光从西方转向东方，从资产阶级民主主义转向马克思主义和社会主义。

其次，十月革命诞生的社会主义新俄国号召反对帝国主义，并以新的平等的态度对待中国，有力地推动了社会主义思想在中国的传播。

---

① 毛泽东：毛泽东选集：第四卷 [M]. 北京：人民出版社，1991：1470—1471.

② 李大钊：李大钊选集 [M]. 北京：人民出版社，1959：104.

最后，十月革命中俄国工人、农民和士兵群众的广泛发动并由此赢得胜利的事实，给予中国的先进分子以新的革命方法的启示，推动他们去研究这个革命所遵循的主义。

3. 社会力量的全面觉醒——五四运动的发生发展

十月革命给黑暗中的中华民族带来希望的曙光，新文化运动掀起的思想解放潮流共同促进了新的社会力量不断积蓄壮大，而巴黎和会的失败直接暴露了帝国主义的狰狞面目，彻底打破了中国人民对帝国主义的幻想，群情激昂中一场爱国主义运动即将爆发。

（1）五四运动的历史背景

第一，新的社会力量在逐步成长、壮大。在1914—1918年世界大战期间，中国的资本主义经济得到了相当迅速的发展。中国资产阶级和工人阶级的力量也进一步成长起来。这样，五四运动就获得了比以往的革命斗争更加广泛的群众基础。

第二，新文化运动掀起的思想解放的潮流为五四运动储备了思想基础和群众条件。受到这个潮流影响的年轻一代的知识界，尤其是那些具有初步共产主义思想的知识分子，为五四运动准备了最初的群众队伍和骨干力量。

第三，十月革命为五四运动的爆发提供了一个新的思想和行动的范例。受俄国十月革命的影响，世界范围内的民族解放运动热情高涨，革命浪潮风起云涌。在此影响下，"异军特起，更有中华长城渤海之间，发生了'五四'运动"[1]。

第四，巴黎和会上中国外交的失败是五四运动爆发的导火索。在1919年1月召开的巴黎和会上，西方列强把持会议，预将德国在山东获得的特权转交给日本，而北洋政府竟准备在和约上签字。这一消息引发了全国各阶层民众的不满，成为五四运动爆发的直接原因。

【典型案例】人民群众开始由一盘散沙到创办社团

五四时期的社团多在章程开篇即亮明了自己的宗旨。新民学会宗旨为"改造中国与世界"，觉悟社宗旨为"求适应于'人'的生活——做学生方面的'思想改造'事业"，互助社宗旨为"群策群力自助助人"。少年中国学会的宗旨为"振作少年精神、研究真实学术、发展社会事业、转移末世风气"。国民杂志社宗旨为"增进国民人格""灌输国民新知识""研究学

---

① 中共中央文献研究室，中共湖南省委《毛泽东早期文稿》编辑组. 毛泽东早期文稿[M]. 长沙：湖南人民出版社，2008：356.

术""提倡国货"。其宗旨表明了创办社团组织的目标。虽然这些社团从形式上看并不算政党，但是却为后续建立一个统一的新式政党做好了铺垫。

(2) 五四运动的主要经过

五四运动根据人民群众的参与程度划分为两个阶段，第一个阶段是由英勇的学生群众走在斗争前列，他们提出"外争主权，内除国贼""废除二十一条"和"还我青岛"的口号；第二个阶段，从 6 月 5 日起，上海六七万工人为声援学生自动举行罢工，标志着中国工人阶级以独立的姿态登上了政治舞台。工人罢工推动了商人罢市、学生罢课。这时，运动突破了知识分子的狭小范围，成为有工人阶级、小资产阶级和资产阶级参加的全国范围的革命运动了。斗争的主力由学生转向了工人，运动的中心由北京转到了上海。"学生罢课半月，政府不惟不理，且对待日益严厉。乃商界罢市不及一日，而北京被捕之学生释；工界罢工不及五日，而曹、章、陆去。"① 迫于人民群众的压力，北洋政府不得不于 6 月 10 日释放被捕学生，并宣布罢免亲日派官僚曹汝霖、章宗祥、陆宗舆的职务。8 月 28 日，中国政府代表也没有出席巴黎和约的签字仪式，五四运动的直接斗争目标得到了实现。

【史实梳理】 五四运动的时间脉络

第一次世界大战结束后，1919 年 1 月，美、英、法、意、日等帝国主义国家在巴黎召开所谓"和平会议"。该会议实质上是一个帝国主义的分赃会议，其目的是重新分配殖民地和划分势力范围。当时仍有一些进步青年错误认识了"巴黎和会"的本质，对帝国主义抱有幻想，将其胜利说成是"公理战胜强权"。然而，帝国主义根本不理睬中国人民的正当要求，反而无理地在和约中规定把德国在山东的各种特权，全部让给日本，至于日本强加在中国人民头上的二十一条，又借口不在会议的讨论范围之内而置之不理。

5 月 1 日，北京大学的一些进步学生获悉和会拒绝中国人民要求的消息。当天，学生代表就在北大西斋饭厅召开紧急会议，决定 5 月 3 日在北大法科大礼堂举行全体学生临时大会。

5 月 3 日，中国外交失败的消息在报上发表，全国群情激昂，人们的悲愤再也不能抑止下去，一个声势浩大、规模壮阔的爱国运动终于爆发。晚上，北大法科大礼堂挤满了学生。这些学生听到演讲者讲述中国在和会上外交失败的情

① 刘明逵. 中国近代工人阶级和工人运动：第三册 [M]. 北京：中共中央党校出版社，2002：204.

形，都捶胸顿足，愤慨万分。5月4日下午1时，北京大学、高等师范（北京师大的前身）、工业专门学校、农业专门学校、朝阳大学、汇文大学等14个学校的学生3000多人纷纷来到了天安门广场。他们手拿各色各样的旗子、标语牌，上面写着"取消二十一条""还我青岛""宁肯玉碎，勿为瓦全"等字样，有的还绘着山东的地图和各种讽刺画。北洋政府派出大队军警，逮捕学生、市民32人。

由于社会各界对北洋政府的抗议和反对，军阀政府被迫在5月6日释放了逮捕的学生。

5月7日，北京、天津、上海、南京、武汉、长沙、广州、重庆等地学生都在这一天举行了大规模的集会和游行示威，运动在全国范围内迅速传播开来。

5月9日，军阀政府以为风潮已过，下令为卖国贼曹汝霖、章宗祥、陆宗舆辩护，并传讯被释放的学生，追究5月4日行动的主使人。当日，北京大学校长蔡元培因同情学生而辞职出走。

5月19日，北京各校学生同时宣告罢课，并向各省的省议会、教育会、工会、商会、农会、学校、报馆发出罢课宣言。要求严惩曹、章、陆三贼；取消诬蔑学生的反动命令。天津、上海、南京、杭州、重庆、南昌、武汉、长沙、厦门、济南、开封、太原等地学生，在北京各校学生罢课以后，先后宣告罢课，支持北京学生的斗争。

5月21日，日本驻华公使提交"紧急照会"，威胁军阀政府，要它加紧镇压学生运动。5月25日，教育部开会：限各校学生3日内复课，否则将予以严厉镇压。6月1日，军阀政府下令取缔学生的一切爱国行动。

反动政府的镇压激起了青年学生更大的义愤，斗争由此变得更加尖锐。6月3日，北京数以千计的学生涌向街道，开展大规模的宣传活动，被反动军警逮捕170多人。北大法科竟被当作临时监狱。学校附近驻扎着大批军警，戒备森严。6月4日继续逮捕，北大法科容纳不下，又将北大理科作为临时监狱。

6月5日，上海日商的内外棉第三、第四、第五纱厂、日华纱厂、上海纱厂和商务印书馆的工人全体罢工，参加罢工的有2万人以上。6月6日、7日和9日，上海的电车工人、船坞工人、清洁工人、轮船水手，也相继罢工。罢工工人总数前后约有六七万人之多。上海工人阶级的罢工风潮，迅速波及各地。京汉铁路长辛店工人，京奉铁路工人及九江工人都举行罢工和示威游行。

军阀政府不得不在6月9日和10日批准曹汝霖、章宗祥和陆宗舆三贼辞职。五四运动取得了初步的胜利。6月11日，北京大学教授陈独秀、高一涵等人到北京前门外闹市区散发《北京市民宣言》，表示如果政府不接受群众的要求，

"我等学生商人劳工军人等，惟有直接行动以图根本之改造"。陈独秀因此被捕。各地学生团体和社会知名人士纷纷发出通电，抗议军阀政府的这一暴行。

17 日，政府违背全国人民的意愿，企图在凡尔赛和约上签字。北京学联立即号召学生投入拒签和约的斗争。18 日，山东派出各界代表 80 多人进京请愿。北京、上海等地学生、工人纷纷响应。在巴黎的华工和中国留学生也强烈要求拒绝签约。

6 月 28 日在和约签字的当天，中国的留法学生和工人包围了中国代表的寓所，代表被迫拒绝在和约上签字。这个消息传遍全世界，帝国主义国家大为震动。至此，五四运动所提出的直接目标基本得以实现。

【案例呈现】 五四时期先进青年积极发动广大人民群众

五四运动初始时期知识分子由初具共产主义思想的知识分子、小资产阶级知识分子和资产阶级知识分子三个部分组成。从 6 月 3 日开始，运动打破了知识分子的范围成为全国范围内的群众性联合革命。其主要努力如下：

一是创办宣传阵地。五四时期的先进青年创办了《新青年》《每周评论》《湘江评论》等大量刊物，撰写发表大量文章；相关刊物成为传播新思想的主要阵地。他们到长辛店机车厂附近办了劳动补习学校，白天给工人的孩子上课，晚上给工人上课；劳动补习学校实际成了启发工人觉悟的培训学校。北京大学平民教育讲演团成员在北京城东南西北四城讲演所定期讲演，还深入到北京郊区和农村演讲，构建起一个个临时的宣讲阵地。

二是精选宣传内容。起初宣讲内容以政治常识为主。1919 年 6 月 1 日北京大学平民教育讲演团邀请周显政讲"为什么要爱国"，邀请田奇讲"民与国的关系"。[①] 五四运动之后，马克思主义开始在中国广泛传播，宣传内容逐渐转向以马克思主义理论为主。1920 年沈玄庐在工人通俗读物《劳动界》发表文章阐释剩余价值："为什么布、米、砖头、瓦片，会值钱呢？因为是人工做出来的。值价钱的不是东西底本身，是劳动者底工作。"[②] 由此可见，相关文章已经涉及马克思主义的理论基石。

三是创新宣传形式。长辛店劳动补习学校的教师给工人讲唯物史观，

---

① 张允候、殷叙彝、洪清祥、王云开．五四时期的社团：二［M］．上海：生活·读书·新知三联书店，1979：303、19、139、262、142—181、152、264．

② 沈玄庐．价值和公道［J］．劳动界，1920，09（27）：1．

不是空洞地念诵马克思主义词句，而是用工人熟悉的事物讲原理。教师拿一张白纸，让工人用指头戳，一戳就破；教师拿一大叠纸，又让工人用指头戳，指头戳痛了也没戳破。教师说："一张纸一戳就破，可是一叠纸用拳头打都打不破，我们工人也是一样，五人团结赛老虎，十人团结一条龙，百人团结像泰山，谁也搬不动，枪炮也没有办法。""团结"这个道理就牢牢地扎在了工人心底。①

【知识拓展】毛泽东回忆五四运动

当我回到长沙的时候，我比前时更直接参加了政治工作。五四运动以后，我把大部分的时间，专用在学生政治活动上。我是《湘江评论》的主笔。这是湖南学生办的报纸，对于华南学生运动有很大的影响。我在长沙帮助创办了文化书社——一种研究新文化和政治趋势的团体。这个书社，而且特别是新民学会，猛烈地反对那时候的湖南督军张敬尧——一个很坏的人。新民学会领导了一个学生总罢课，反对张敬尧，要求革去他的职。派遣代表到北京和西南鼓动反对他。因为那时候孙中山在西南已经很活动了。于是张敬尧就用查禁《湘江评论》来报复学生的反对。

这以后我跑到北京，代表新民学会在那里组织了一种反军阀运动。新民学会又把反张敬尧的斗争，扩大为普遍的反军阀的煽动。当时我担任一个通讯社社长，推动这个工作。这个运动在湖南得到了成功。张敬尧被谭延闿推倒了，长沙建立起一种新的局面。

——埃德加·斯诺．西行漫记［M］．香港：广角镜出版社，1975：104—105．

【问题思考】为什么说五四运动是新民主主义革命的开端？有何历史意义？

五四运动是在新的社会历史条件下发生的，它具有以辛亥革命为代表的旧民主主义革命所不具备的一些特点。主要是：第一，五四运动表现了反帝反封建的彻底性。是旧民主主义转向新民主主义的重要转折，追求真理的进步性。第二，五四运动是一次真正的群众运动。各行各业的民众联合起来的社会性变革，实现了群众参与的广泛性。第三，五四运动促进了马克思主义在中国的传

---

① 张治银、董大伟、王娟．酝酿和探索：五四运动与建党准备的历史考察［J］．中国青年社会科学，2023，42（03）：12—13．

播及其与中国工人运动的结合，具备了先进思想与实际相结合的实践性。

这样，五四运动就为 1921 年中国共产党的成立做了思想上和干部上的准备。因此，五四运动就成为中国革命由旧民主主义向新民主主义转变的转折点，成为中国新民主主义革命的开端。

五四运动的历史意义在于：首先推动了中国社会进步，促进了马克思主义在中国的传播，促进了马克思主义同中国工人运动的结合，为中国共产党的成立做了思想上干部上的准备，为新的革命力量、革命文化、革命斗争登上历史舞台创造了条件。其次，五四运动孕育了以爱国、进步、民主、科学为主要内容的伟大五四精神，其核心是爱国主义。最后，五四运动改变了以往只有觉悟的革命者而缺少觉醒的人民大众的斗争状况，实现了中国人民和中华民族自鸦片战争以来的第一次全面觉醒。

【拓展阅读】当今社会对五四精神的继承和发扬

五四运动以来的 100 年，是中国青年一代又一代接续奋斗、凯歌前行的 100 年，是中国青年用青春之我创造青春之中国、青春之民族的 100 年。

100 年来，中国青年满怀对祖国和人民的赤子之心，积极投身党领导的革命、建设、改革伟大事业，为人民战斗、为祖国献身、为幸福生活奋斗，把最美好的青春献给祖国和人民，谱写了一曲又一曲壮丽的青春之歌。

实践充分证明，中国青年是有远大理想抱负的青年！中国青年是有深厚家国情怀的青年！中国青年是有伟大创造力的青年！无论过去、现在还是未来，中国青年始终是实现中华民族伟大复兴的先锋力量！

——习近平．在纪念五四运动 100 周年大会上的讲话［N］．人民日报，2019-05-01（01）．

（二）打破黑暗的信仰曙光

十月革命之后，中国的知识分子中产生了一批赞同俄国革命之路的思想潮流，初步具备社会主义思想的传播基础。在李大钊率先举起马克思主义旗帜之后，马克思主义思想开始在中华民族的土地上广泛传播，成为打破黑暗的一道曙光。

1. 热忱的共产主义战士——早期马克思主义者队伍

中国先进分子在十月革命中看到了俄国与中国情况的相似性，看到了俄国人民群众的广泛联合最终取得胜利的事实，也看到了社会主义俄国号召反对帝国主义、以平等的姿态对待中国，推动了早期的知识分子对马克思主义的推崇。

（1）马克思主义在中国的最初传播

1899年2月，在《万国公报》第121期上，刊发了英国传教士李提摩太节译、蔡尔康撰文的译名为《大同学》的文章，最早提到了马克思，译为"马克德"。

1902年以后，梁启超、马君武都曾在他们的文章中介绍过马克思及其主张。

1899年《万国公报》第122期《大同学》中，第一次提到了恩格斯；第123期《大同学》中，第一次提到了《资本论》。

1902年《新民丛报》第18号上发表了梁启超的《进化论革命者颉德之学说》，对马克思的学说作了概略的介绍。而对马克思、恩格斯以及他们的学说介绍较详细的是朱执信。他在《民报》上发表了一些文章，其中如《德意志革命家小传》一文，介绍了马克思、恩格斯的生平，并评述了《共产党宣言》和《资本论》。

孙中山在1912年也曾称赞马克思学说，认为"麦氏（按即马克思）之资本公有，其学说得社会主义之真髓"。1917年6月1日，《新青年》第3卷第4号第一次提到了列宁。

1917年，俄国爆发了十月革命，这场革命和由它引起的世界革命高潮，对中国产生了前所未有的影响。十月革命后的第三天，即1917年11月10日，上海《民国日报》上即以《突如其来之俄国大政变》为题，报道了这一消息。接着，报刊上不断报道俄国革命的消息。由于消息大多来自帝国主义国家的通讯社，因此，中国报纸报道的情况是比较混乱的。很快俄国革命局势得到胜利发展，中国舆论逐渐明朗起来。1918年2月，《申报》登载了列宁领导的苏维埃政府宣布废除不平等条约的消息，中国人民热情欢迎并关注十月革命的胜利发展。

【问题思考】中国传播马克思主义的先驱者是谁？他有什么代表作？

在中国传播马克思主义的先驱者是李大钊。十月革命以后，他于1918年发表《法俄革命之比较观》《庶民的胜利》《Bolshevism的胜利》。1919年9月、11月，他写了《我的马克思主义观》一文，第一次系统地阐述了马克思主义的学说，明确地把马克思主义称为"世界改造原动的学说"，并且对马克思的唯物史观、剩余价值学说和阶级斗争理论作了比较系统的介绍。

【问题思考】马克思主义广泛传播的现实基础是什么？

在当时众多学说中，他们之所以选择马克思主义作为自己的思想武器，是因为它作为一种把革命精神和科学思想有机地结合在一起的世界观和社会革命论，比之其他任何一种学说都更加具有说服力，更符合中国救亡革命斗争的需要。

除了俄国十月革命这个外部条件外，马克思主义还符合中国的革命实际，当时的中国具有了适应马克思主义的经济基础阶级基础和思想条件。"马克思列宁主义来到中国之所以发生这样大的作用，是因为中国的社会条件有了这种需要，是因为同中国人民革命的实践发生了联系，是因为被中国人民所掌握了。"① 五四运动以后，社会主义思潮在中国蓬勃兴起，马克思主义理论开始在进步知识界中得到传播。

（2）早期马克思主义者的队伍构成

中国早期信仰马克思主义的知识分子主要有三种类型：

一是五四以前的新文化运动的精神领袖，代表人物是李大钊和陈独秀。1920年9月，陈独秀发表《谈政治》一文，表明他已经成为信仰马克思主义的一员。

二是五四爱国运动的左翼骨干，其代表人物为毛泽东，还包括杨匏安、蔡和森、周恩来、瞿秋白、邓中夏、何孟雄、恽代英等，也先后成了马克思主义者。

三是一部分原中国同盟会会员、辛亥革命时期的活动家，其代表人物为董必武。中国早期马克思主义者的队伍，主要是由以上三种人组成的，其中李大钊、陈独秀属于先驱者和擎旗人，毛泽东等五四运动的左翼骨干则是其主体部分。

【典型案例】毛泽东选择马克思主义的心路历程

我第二次到北京时，我读了许多关于苏联的事情，同时热烈地寻找当时中国所能见到的一点共产主义书籍。三本书特别深印在我的脑子里，并且建立了我对于马克思主义的信仰，我一旦接受它是历史的正确解释后，此后丝毫没有动摇过，这几本书是：《共产党宣言》，这是第一本以中文印的马克思主义书籍，考茨基的《阶级斗争》和柯卡普的《社会主义史》。1920年夏，我在理论上和某种程度的行动上，变成马克思主义者，并且自此以后，我自认为是一个马克思主义者了。

——何显明. 超越与回归：毛泽东的心路历程［M］. 上海：学林出版社，2002：58—70.

2. 执笔为剑，以墨为锋——对马克思理论的翻译与研究

《新青年》于1920年第8卷开始正式成为中国上海小组的机关刊物，其撰稿人和书社都发生了变化。从第8卷起还增设了"俄罗斯研究"的专栏，开始

---

① 毛泽东. 毛泽东选集：第四卷［M］. 北京：人民出版社，1991：151.

向人民系统介绍俄罗斯的社会、经济、教育等制度，了解苏俄的工人运动情况，共刊登了33篇文章，极大地促进了马克思主义在中国的早期传播。同时，《民国日报》的副刊《觉悟》也转变为宣传马克思主义的阵地，作为当时影响最大的"三大副刊"之一，它对于马克思主义的传播是十分有力的。自1919年"李达的《什么叫社会主义》《社会主义的目的》两文"到五卅运动为止，《觉悟》从未间断对社会主义和马克思主义的介绍和宣传。此外，该刊还登载了诸多介绍苏俄各种制度的文章，如俄国的《婚姻律》《文化政策》《劳动法典》《经济组织》等；以及俄罗斯进步文章，如屠格涅夫、高尔基、托尔斯泰以及爱罗先柯等人的作品。① 同时，该刊大力支持妇女解放运动和工人运动，"引导青年深入农村"，关注"农民问题"。② 1920年李达任主编的秘密宣传刊物《共产党》创办，由上海小组成员任主要撰稿人。在陈独秀为该刊写的发刊词中，明确宣称："经济的改造"在"人类改造"中占据"主要地位"。我们要以阶级战争为手段，打倒一切资产阶级，从他们手中夺取政权，并以劳动者专政的制度，建设劳动者的国家，使资产阶级永不发生。"一切生产工具归生产劳动者所有，一切政权归劳动者执掌，这是我们的信条。"③

【史实梳理】《新青年》的俄罗斯专栏文章

表1　《新青年》第8卷介绍苏俄文章列表

刊号（印行日期）	作者/译者	篇名
第1号 （1920年9月1日）	陈独秀撰	俄国精神
	汉俊译	俄罗斯同业组合运动
	汉俊译	我在新俄罗斯的生活
	张慰慈译	俄罗斯苏维埃政府
第2号 （1920年10月1日）	郑振铎译	文学与现在的俄罗斯
	李少穆译	哥儿基在莫斯科万国大会演说
	汉俊译	苏维埃共和国底产妇和婴儿及科学家
	中俄通信社	关于苏维埃俄罗斯的一个报告
	杨明斋译	苏维埃平民教育

① 朱顺佐．邵力子［M］．石家庄：花山文艺出版社，1997：123—124.
② 朱顺佐．邵力子［M］．石家庄：花山文艺出版社，1997：134—138.
③ 陈独秀：陈独秀文章选编：中［M］．上海：生活·读书·新知三联出版社，1984：50—51.

续表

刊号（印行日期）	作者/译者	篇名
第 3 号 （1920 年 11 月 1 日）	震瀛译	我们要从那里做起？
	杨明斋译	俄国职工联合会发达史
	震瀛译	全俄职工联合大会
	震瀛译	劳农协社
	震瀛译	俄罗斯的我观
	震瀛译	列宁 最可恶的和最可爱的
	震瀛译	克鲁巴特金说"停战罢"
第 5 号 （1921 年 1 月 1 日）	震瀛译	俄国与女子（6 篇）
	陈望道译	劳农俄国底劳动联合
	震瀛译	俄国底社会教育
	周佛海撰	劳农俄国底农业制度
第 6 号 （1921 年 4 月 1 日）	李达译	俄国农民阶级斗争史
	李达译	劳农俄国底结婚制度
	震瀛译	俄罗斯
	震瀛译	列宁与俄国进步

——洪美玲.《新青年》的《俄罗斯研究》专栏与马克思主义在中国的早期传播［J］. 前沿，2022，（01）：96—103.

【启发思考】早期传播马克思主义的思想运动具有什么特点？

（1）重视从理论层面把握马克思主义的理论体系和革命立场，坚决地与第二国际的社会民主主义划清界限。这表明中国的马克思主义思想运动从一开始就找到了正确的马克思主义原则和方向。

斯诺曾提出："在这样一个国家里，10 到 12 岁的童工，在晚上时常被关起来，睡在他白天操作的机器之下的破布堆里；人们不必要有锐利的观察力，便可以明白：为什么《共产党宣言》会被这个国家的人民奉为圣经。此外，中国人所遇到的西方民主，只是在其担任了外国警察的角色，及保护以暴力夺取中国的权利与利益这几方面。因此，人们也无需仔细研究，便可以明白：为什么中国人立即可以完全接受马克思对西方民主的伪善所作的藐视性抨击。"①

（2）注重从中国的实际情况出发，学习、运用马克思主义的理论。中国的先进分子一旦学得马克思主义，就主张运用它去研究和解决中国面临的实际问题，实现了将马克思主义与中国实际相结合的正确方向，尽管当时还并未明确这一方针命题。

（3）提出了知识分子应当同劳动群众相结合的思想。李大钊主张知识分子"向农村去""到民间去"。正是在他的指引下，北京大学的邓中夏等知识分子开始到工人中进行活动，它预示着先进的知识分子需要遵循的新方向和应当走的新道路。

3. 工人力量的开掘——对马克思主义的宣传与实践

随着马克思主义在中国的传播和扩大，先进知识分子在理论宣传的基础上从中国的实际出发，探索中国工人运动的规律和特性，通过加强马克思主义的宣传与实践，进一步开掘中国工人的力量。

（1）马克思主义理论思想的实践性

【知识拓展】马克思主义的实践性

马克思主义是实践的理论，指引着人民改造世界的行动。马克思说，"全部社会生活在本质上是实践的"，"哲学家们只是用不同的方式解释世界，问题在于改变世界"。实践的观点、生活的观点是马克思主义认识论的基本观点，实践性是马克思主义理论区别于其他理论的显著特征。马克思主义不是书斋里的学问，而是为了改变人民历史命运而创立的，是在人民求解放的实践中形成的，也是在人民求解放的实践中丰富和发展的，为人民认识世界、改造世界提供了强大精神力量。

——习近平. 在纪念马克思诞辰 200 周年大会上的讲话 ［N］. 人民日报，2018-05-05（02）.

（2）马克思主义与中国工人运动的实践相结合

为能在工人群众中有效开展工作，一些先进知识分子走到工人中去。1920年11月，共产党早期组织领导的第一个工会——上海机器工会成立，相继成立一批工会，工会开始发动工人开展罢工斗争，工人的觉悟程度和组织程度在斗

---

① 李琳. 真理的力量：《共产党宣言》与中国共产党的创建 ［J］. 复旦学报（社会科学版），2022，64（06）：1—12.

争中进一步提高。

【案例呈现】邓中夏创办劳动补习学校

当时的工人大多出身贫困，没有接受教育的机会，为了向工人宣传马克思主义，必须先提高工人的文化水平，向工人开展普及文化知识的宣传教育工作，进而促进他们阶级意识与觉悟的启蒙与提高，因此邓中夏提出："教育就是唤起民众的最好办法"，开办了面向工人的学校。①

邓中夏通过开办学校向工人进行宣传教育，将工人集中起来在共同的空间里进行学习，工人的文化水平得到了提高，阶级和政治觉悟得到了启迪和教育，为向工人灌输与宣传马克思主义提供了有利条件，同时增进了工人之间更紧密的联系，不断推动着工人团结一致地开展有组织、有章程的革命斗争。

邓中夏参与创办的学校

学校名称	创办时间
长辛店劳动补习学校	1921 年 1 月
上海各平民学校	1924 年
宣传学校、劳动学院	1925 年、1926 年

——杨军. 论邓中夏对早期工人运动的调查研究 [J]. 北京市工会干部学院学报，2024，39（03）：50-62.

【典型案例】上海机器工会的成立过程

上海市机电工会的前身上海机器工会，是中国共产党早期组织领导组建的第一个工会，是中国近代第一个以马克思主义为指导思想而建立的工会组织。上海机器工会的诞生，是 20 世纪 20 年代中国工人运动史上的一件大事，标志着中国工人运动发展到一个新的历史阶段。

1920 年 8 月，中国共产党发起组在上海法租界渔阳里 2 号陈独秀寓所成立，随后又建立了上海社会主义青年团。为了推进马克思主义与工人运动相结合，提高工人阶级的政治觉悟和马列主义水平，中国共产党上海发起组创办了工人刊物《劳动界》。

---

① 杨军. 邓中夏思想研究 [M]. 长春：吉林大学出版社，2009：70.

经过两个多月的积极准备，上海机器工会于 1920 年 11 月 21 日下午 2 时，在白克路（今凤阳路）207 号上海公学正式召开成立大会。机器工会从发起至召开成立大会的两个多月里，会员从 80 人发展至 370 余人。

——袁胜洲. 上海机器工会的成立经过、影响及启示［J］. 中国工人，2023（08）.

（3）马克思主义是中华民族伟大复兴的历史选择

习近平总书记在庆祝中国共产党成立 100 周年大会上指出："中国共产党为什么能，中国特色社会主义为什么好，归根到底是因为马克思主义行！"① 受到马克思主义思想的指引，中国人的历史主动精神逐渐被激发，悠久的华夏文明重新被点亮，沉睡的"东方雄狮"被唤醒。

【互动交流】为什么说马克思主义是中华民族复兴之路的历史选择？

从理论层面出发，李大钊、陈独秀、李达等人对马克思主义的理论体系进行了深入的研究和整理，如马克思的唯物史观、剩余价值学说、阶级斗争和无产阶级专政理论等，为中国革命提供了理论思想指导。如唯物史观帮助中国先进知识分子发掘了解决实际矛盾的主体力量——工人阶级；找到了实现胜利的正确路径——阶级斗争。剩余价值学说揭示了人类社会发展的必然趋势是共产主义，这与中国传统文化中"大同"社会的理想形态相呼应，为马克思主义在中国的传播提供了厚实的文化土壤。除此之外，社会主义的构想与中国传统思想中的"天下为公""人人安居乐业"追求相契合，随着封建制度的瓦解和资本主义的扩张，中国人民的社会理想逐步转向马克思主义的社会主义理想。

从实践层面出发，马克思主义倡导无产阶级发动阶级斗争来实现革命胜利，实现更加自由、平等和有尊严的社会主义社会，这也为中华民族救亡图存的道路提供了实践引导。同时，苏俄的革命之路也为中国共产党的创立、国家的独立、民族的振兴提供了实际借鉴，在实践层面将中华民族伟大复兴从构想变为现实。

（三）开天辟地的红色力量

马克思主义在中国的实践和发展证明了中国走社会主义方向的可行性，由此先进的马克思主义知识分子们认识到，要用马克思主义改造中国，就必须建立一个无产阶级政党，使其充当革命的组织者和领导者，更好地探索民族的生

---

① 习近平. 在庆祝中国共产党成立 100 周年大会上的讲话［N］. 人民日报，2021－07－02（02）.

存与复兴之路。

1. 民族复兴的伟大起点——中国共产党的成立

习近平总书记在庆祝中国共产党成立 100 周年大会上庄严宣告，100 年前，中国共产党的先驱们创建了中国共产党，形成了坚持真理、坚守理想，践行初心、担当使命，不怕牺牲、英勇斗争，对党忠诚、不负人民的伟大建党精神，这是中国共产党的精神之源，对近代中国历史产生巨大鼓舞作用。

（1）中国共产党的早期组织

毛泽东指出："既要革命，就要有一个政党。"[1] 随着中国工人阶级开始作为独立的政治力量登上历史舞台和马克思主义在中国逐步传播，建立一个以马克思主义理论为指导的工人阶级政党的任务被提上了日程。

【案例呈现】"南陈北李，相约建党"

1920 年 2 月，为躲避反动军阀政府的迫害，陈独秀在李大钊的护送下，坐一辆骡车秘密从北京到李大钊的老家河北乐亭。在途中，他们共商建党大计，留下了"南陈北李，相约建党"的佳话。

1920 年 3 月，李大钊发起成立北京大学马克思学说研究会。1920 年 5 月，陈独秀在上海组织了马克思主义研究会。1920 年 6 月，陈独秀与李汉俊、俞秀松、施存统等人开会商议，决定建立共产党组织，初步定名为社会共产党，还起草了一个简单的党纲。关于党的名称，陈独秀征求李大钊的意见后，定名为"共产党"。

——王树人. 毛泽东与"南陈北李"的交往 [J]. 党史博采（上），2021（06）：10—14.

【知识拓展】1920 年 4 月，俄共（布）远东局派维经斯基来华

维经斯基（1893—1953），俄罗斯人，俄共（布）党员，生于俄国维切布斯克州。1915 年，维经斯基加入了美国社会党，对马克思的《资本论》有深入的钻研。1918 年，维经斯基得知十月革命已经在俄国取得胜利，并建立了苏维埃政权。这个迟到的消息令他倍受鼓舞。同年，他从美国回到俄罗斯，先在海参崴（现称：符拉迪沃斯托克）落脚，随后立即与海参崴

---

[1] 解理文. 学习关于领袖、政党、政权、阶级、群众相互关系的学说 [M]. 杭州：浙江人民出版社，2019：1.

的俄共（布）组织取得联系，顺利加入了俄共（布），成为俄罗斯建立苏维埃政权不久的俄共（布）党员。

1920 年 4 月初，为与中国革命者建立经常的联系，在取得共产国际同意后，俄共（布）远东局海参崴分局外事处决定向中国派出一个以维经斯基为组长的布尔什维克党员小组，即"维经斯基小组"，公开身份是俄国通讯社记者。维经斯基由此成为 1920 年在北京和上海与中国共产主义者直接联系的第一个俄共（布）党员。

《中国共产党历史（第一卷）》中所评论："维经斯基在了解到中国工人阶级的情况和马克思主义在中国传播的情况后，认为中国已经具备建立共产党的条件，并对李大钊和陈独秀的建党工作给予了帮助。"

——中共中央党史研究室．中国共产党历史：第一卷：上册［M］．北京：中共党史出版社，2002.

【问题思考】中国工人阶级政党早期的组织是什么？有哪些人参与其中？

中国工人阶级政党早期的组织是共产主义小组，最早在中国工人阶级最密集的中心城市上海建立，参加者有陈独秀、李汉俊、李达等。1920 年 5 月，陈独秀发起组织马克思主义研究会，探讨社会主义学说和中国社会改造问题。8月，共产党早期组织在上海《新青年》编辑部成立，陈独秀任书记。11 月，共产党早期组织拟定《中国共产党宣言》。之后李大钊、张国焘等在北京成立共产主义小组。董必武、陈潭秋、包惠僧等在武汉，毛泽东、何叔衡等在长沙，王烬美、邓恩铭等在济南，谭平山、谭植棠等在广州，都成立了共产主义小组。在日本、法国留学的中国先进分子，也成立了共产主义组织。

【互动思考】中国共产党早期组织的活动有哪些方面？

中国共产党早期组织成立以后，着重进行了以下几方面的工作：

第一，研究和宣传马克思主义。共产主义小组成员起初通过马克思和恩格斯的著作来学习马克思主义，同时也开始了解列宁的著作。他们在《新青年》杂志（此时成了上海小组的机关刊物）、《共产党》月刊等刊物上发表文章，宣传马克思主义和俄国革命的经验。1920 年 8 月，陈望道翻译的《共产党宣言》第一个中文全译本公开出版。

第二，到工人中去进行宣传和组织工作。各地共产主义小组创办了一批专门供工人阅读的马克思主义启蒙教育的刊物。如上海有《劳动界》、北京有《劳动音》和《工人月刊》等，还创办了各种形式的工人学校。

第三，关于建党问题的讨论和实际组织工作。蔡和森说："一个革命的政党在革命高潮中完全不能领导，可见他快要死亡了，故此次运动中的一般新领袖对于国民党均不满意，而有利于新的政党产生，中国革命需要组织各派力量以反对帝国主义而引导革命的党了。"①

在共产党早期组织领导下，1920 年 8 月，社会主义青年团在上海成立。其后，北京、天津、武汉、长沙等地也成立了团组织。各地团组织通过引导青年学习马克思主义，参加实际斗争，为党造就了一批后备力量。

（2）中国共产党第一次全国代表大会

中国共产党第一次全国代表大会于 1921 年 7 月 23 日在上海召开。参加大会的有 12 名代表。他们是：李达、李汉俊（上海），张国焘、刘仁静（北京），毛泽东、何叔衡（长沙），董必武、陈潭秋（武汉），王尽美、邓恩铭（济南），陈公博（广州），周佛海（日本东京）。包惠僧受陈独秀派遣，出席了会议，出席会议的还有共产国际代表马林和尼科尔斯基，大会确定党的名称为"中国共产党"。

【知识拓展】 中国共产党第一个纲领内容

一、本党定名为"中国共产党"。

二、本党纲领如下：

（1）革命军队必须与无产阶级一起推翻资本家阶级的政权，必须支援工人阶级，直到社会的阶级区分消除为止；

（2）承认无产阶级专政，直到阶级斗争结束，即直到消灭社会的阶级区分；

（3）消灭资本家私有制，没收机器、土地、厂房和半成品等生产资料，归社会公有；

（4）联合第三国际。

三、本党承认苏维埃管理制度，把工农劳动者和士兵组织起来，并承认党的根本政治目的是实行社会革命；中国共产党彻底断绝同黄色知识分子阶层及其他类似党派的一切联系。

四、凡承认本党纲领和政策，并愿成为忠实党员的人，经党员一人介绍，不分性别、国籍，均可接收为党员，成为我们的同志。但在加入我们队伍之前，必须与企图反对本党纲领的党派和集团断绝一切联系。

五、接收新党员的手续如下：候补党员必须接受其所在地的委员会的

---

① 蔡和森.百部红色经典 改造中国与世界［M］.北京：北京联合出版公司，2021：143.

考察，考察期限至少为两个月。考察期满后，经多数党员同意，始得被接收入党。如该地区设有执行委员会，应经执行委员会批准。

六、在党处于秘密状态时，党的重要主张和党员身份应保守秘密。

七、凡有党员五人以上的地方，应成立委员会。

八、委员会的成员经当地委员会书记介绍，可转到另一个地方的委员会。

九、凡是党员不超过十人的地方委员会，应设书记一人；超过十人的应设财务委员、组织委员和宣传委员各一人；超过三十人的，应从委员会的委员中选出一个执行委员会。执行委员会的章程另订

十、工人、农民、士兵和学生的地方组织中党员人数多时，可派他们到其他地区去工作，但是一定要受地方执行委员会的严格监督。

十一、遗漏

十二、地方委员会的财务、活动和政策，应受中央执行委员会的监督。

十三、委员会的党员人数超过五百，或同一地方设有五个委员会时，应由全国代表会议委派十人组成执行委员会。如上述要求不能实现，应成立临时中央执行委员会。关于执行委员会的工作和组织细则另订。

十四、党员除非迫于法律，不经党的特许，不得担任政府官员或国会议员。士兵、警察和职员不受此限（这一条在一九二二年第二次代表大会上曾引起激烈争论）。

十五、本纲领须经全国代表大会三分之二代表同意，始得修改。

【史实梳理】中共一大闭幕会议被迫转移到嘉兴南湖召开

7月30日晚，第六次会议开始不久，会场突然闯进一名不速之客，自称"走错了地方"。代表们在马林的建议下，立即中止会议迅速离去，只留下李汉俊和陈公博。十几分钟后，一群法国巡捕蜂拥而至，入室搜查。没发现可疑之处，他们威胁一番就撤走了。

当年，望志路106号不仅是李书城、李汉俊兄弟的寓所，还是新时代丛书社通讯处。该社由李大钊、陈独秀、李达、李汉俊、沈雁冰、陈望道等15人于1921年6月发起成立。同年6月24日，上海《民国日报》的《觉悟》副刊曾登载《新时代丛书社编辑缘起》，谈到该社出版宗旨是"增进国人普通知识"，编辑内容"包括文艺、科学、哲学、社会问题及其他日常生活所不可缺少之知识"。

法国巡捕搜查时，李汉俊从容自若地以《新时代丛书》为由与之周旋。巡捕走后，包惠僧即返回李家，李汉俊对他说："他们问我开什么会，我说是北京

大学的几个教授在这里谈天，顺便谈谈编写现代丛书的问题，并不是什么开会。"因此，巡捕们搜查得很马虎，"写字台抽屉内有一份中国共产党党纲草案没有来得及收检，他们竟没有发现"。

由于会议不能再在原址举行，代表们会集到渔阳里2号李达的寓所，商量会址转移问题。李达夫人王会悟提出，她在嘉兴读过书，熟悉地理环境。嘉兴的南湖四面环水，湖畔一片芦苇，可用画舫游湖作掩护。万一发生意外，还可分散到她同学家里。代表们同意了该方案。

8月3日早上，代表们从上海北站乘坐7点35分的快车，于上午10点13分到达嘉兴。随后，王会悟把大家领到张家弄鸳湖旅馆落脚。稍加休息后，她又领着代表们坐摆渡船到湖心岛，再由小拖梢船接上预雇的开会游船。王会悟坐在船头放哨，并让船娘把船停在离烟雨楼东南方向200米左右僻静的水域。上午11点左右，中共一大最后一次会议在游船上召开。此时，天空下起小雨，游客稀少，条件十分有利。会议通过了《中国共产党第一个纲领》。明确"革命军队必须与无产阶级一起推翻资本家阶级的政权"，"承认无产阶级专政，直到阶级斗争结束"，"消灭资本家私有制"以及联合第三国际。会议还通过了党的第一个决议——《关于当前实际工作的决议》，确定了党成立后的中心任务是组织工人阶级，领导工人运动。经过无记名投票，选举产生了以陈独秀为书记的中央局，党的第一个中央机关由此产生。下午6点多，会议完成了全部议程，胜利闭幕。

（3）中国共产党成立的历史特点和意义

中国共产党一经诞生，就把为中国人民谋幸福、为中华民族谋复兴确立为自己的初心使命。一百年来，中国共产党团结带领中国人民进行的一切奋斗、一切牺牲、一切创造，归结起来就是一个主题：实现中华民族伟大复兴。

——习近平.在庆祝中国共产党成立100周年大会上的讲话［N］.人民日报，2021-07-02（02）.

【问题思考】中国共产党的性质、初心和使命是什么？

中国共产党第一个纲领，明确"革命军队必须与无产阶级一起推翻资本家阶级的政权"，"承认无产阶级专政，直到阶级斗争结束"，"消灭资本家私有制"以及联合第三国际。

中国共产党作为中国最先进的阶级——工人阶级的政党，不仅代表着工人阶级的利益，而且代表着整个中华民族和中国最广大人民的利益。

它从一开始就坚持以马克思主义为行动指南，把为中国人民谋幸福、为中华民族谋复兴确立为自己的初心使命。

可以说，中国共产党成立于俄国十月革命取得胜利，第二国际社会民主主义思潮、修正主义遭到破产之后。它是在半殖民地半封建中国的工人运动的基础上产生的。它成立后，立即投入了紧张的轰轰烈烈的革命斗争，中国共产党始终保持这种实践性的品格。

【互动问题】为什么说中国共产党的成立是"开天辟地的大事变"？

中国共产党的成立深刻改变了近代以来中华民族发展的方向和进程。中国共产党不仅代表着中国工人阶级的利益，而且代表着整个中华民族的利益。中国共产党一经成立，就旗帜鲜明地将社会主义和共产主义作为自己的奋斗目标，坚持用革命的手段来实现这个目标。这为中国人民和中华民族发展指明了正确方向，使中华民族迎来了从站起来、富起来到强起来的伟大飞跃。

中国共产党的成立深刻改变了中国人民和中华民族的前途和命运。近代以来，中国人民发起的一系列反帝反封建斗争之所以屡遭失败，最重要的原因就是没有先进的坚强的政党作为领导核心。而中国共产党的成立，从根本上改变了这种局面，给饱受侵略欺凌、灾难深重的中国人民带来了光明和希望。从此，中国人民谋求民族独立、人民解放和国家富强、人民幸福的斗争就有了主心骨，中华民族从此凝聚起实现民族复兴的强大力量。

中国共产党的成立深刻改变了世界发展的趋势和格局。中国共产党领导的中国革命在国际共产主义运动中占有重要地位。中国革命的胜利，是继俄国十月革命之后国际共产主义运动史上的又一次伟大胜利，极大鼓舞了世界被压迫民族和被压迫人民争取解放的斗争，使世界范围内的政治力量对比发生了有利于国际共产主义运动的根本变化。自此之后，世界上许多被压迫国家和民族获得独立和解放，并兴起社会主义运动高潮。

2. 思想纲领是革命之基——中国革命的理论支撑

毛泽东曾在《矛盾论》中指出："由于无产阶级的领导，根本地改变了革命的面貌，引出了阶级关系的新调度，农民革命的大发动，反帝国主义和反封建主义的革命彻底性，由民主革命转变到社会主义革命的可能性，等等。所有这些，都是在资产阶级领导革命时期不可能出现的。"[①] 中国革命面临着迫切的问题是需要有完整的革命纲领提供斗争的目标，为革命指明方法和道路，厘清革

---

① 毛泽东. 毛泽东选集：第一卷［M］. 北京：人民出版社，1991：315.

命中的真正对象和可以团结的朋友，为中国革命提供强有力的理论支撑。

（1）制定反帝反封建的民主革命纲领

1922 年 7 月召开的中国共产党第二次全国代表大会通过对中国社会经济政治状况的分析，科学地阐明了中国社会的半殖民地半封建性质。据此，大会制定了反帝反封建的民主革命纲领。

最高纲领：实现社会主义、共产主义；最低纲领：消除内乱，打倒军阀，推翻国际帝国主义的压迫，统一中国为真正的民主共和国。

这样完整地提出反帝反封建的革命纲领，在有政党以来的历史中还是第一次，为中国革命指明了方向，为中国人民指明了斗争的目标。党成立后开始采取资产阶级、小资产阶级的政党和政治派别没有采取过、也不可能采取的革命方法，即群众路线的方法。

【问题思考】为什么说党的一切活动都离不开"群众"？

在中共成立以前，中国出现过很多长期英勇顽强地反对外国侵略和封建统治者压迫的斗争，之所以成效甚少，根本原因是没有认清革命的对象，不能团结真正的朋友以攻击真正的敌人。中共二大即指出："党的一切活动都必须要深入到广大群众里面去"，都"必须是不离开群众的"。

（2）发动工农群众开展革命斗争

在群众思想的指导下，中国共产党最初便将思路放在最广大的人民群众上，其中最具有代表性的便是工人阶级和农民阶级。

从 1922 年 1 月香港海员罢工到 1923 年 2 月京汉铁路工人罢工，中国工人阶级掀起了第一个罢工斗争的高潮。在 13 个月的时间里，全国发生了包括安源路矿工人罢工、开滦五矿工人罢工等在内的大小罢工 100 余次。

在集中力量领导工人运动的同时，中国共产党也开始从事发动农民的工作。1921 年 9 月，经过共产党人的努力，浙江萧山县衙前村成立了中国第一个农民协会。1922 年 6 月，彭湃来到家乡广东海丰县的赤山约，成立了农会。次年元旦，召开海丰全县农民代表大会，海丰总农会宣告成立，全县范围的农民运动轰轰烈烈地开展起来了。

【案例呈现】彭湃舍己为人的奉献精神

彭湃 1924 年加入中国共产党。他是日本早稻田大学政治经济科留学生，在日本留学期间，接受了社会主义思想，曾参加中国留学生爱国运动。1921 年归国后，他在广州加入社会主义青年团，后又在家乡海丰创办社会主义研究社和劳动者同情会，传播马克思主义。他一生为农民利益奋斗，为革命事业无私奉献一切。

　　彭湃出生于海丰县有名的大地主家庭，从小生活条件优越，家产丰厚。作为少爷的他本可以过优裕的生活，但是他对这些毫不留恋，极度不满地主鱼肉百姓、官僚霸道横行的社会现象。为了开展好农民运动，他毅然脱下白西装，换上破旧的农民装，把自家的土地分给农民，深入到贫苦的农民群众之中，组织和发动农民开展革命。

　　对彭湃在农民运动中所作的历史贡献，中共早期领导人瞿秋白高度评价"彭湃同志是中国农民运动第一个战士"，毛泽东则称赞彭湃是"农民运动大王"。

　　——宋宇轩．彭湃：中国共产党的农民运动领袖［J］．神州学人，2024（08）：30—33．

【案例呈现】《唤起工农千百万》生动展现毛泽东开创安源革命运动

　　1921 年秋冬和次年 5 月，毛泽东先后三次到江西安源进行调查研究，点燃安源革命火种，巡视和指导安源革命发展，制定适合安源革命斗争发展的策略方针。1922 年 9 月，毛泽东第四次来到安源，实地考察安源路矿能否发动罢工斗争。其间，毛泽东主持召开了安源党支部会议，讨论了当前的形势和对策，经全面考察安源实际情况和客观估量阶级力量对比后，认为组织安源路矿工人进行罢工斗争的条件已成熟，决定立即组织安源路矿两局工人罢工。他指示安源党组织，在罢工斗争中必须依靠工人群众的坚固团结和顽强斗志，有勇有谋地领导工人坚持斗争，夺取胜利，并从安源的具体情况出发，提出"哀而动人"的罢工斗争策略。毛泽东号召广大共产党员站在罢工斗争的前列，领导工人进行义无反顾的罢工斗争。会后，中共安源地方支部依据毛泽东的策略，提出"从前是牛马，现在要做人"的罢工口号。

　　1922 年 9 月 14 日，震惊中外的安源路矿工人大罢工爆发，一万三千余名工人高举罢工旗帜，"罢工，罢工""从前是牛马，现在要做人"的罢工口号响彻了整个安源山。经过五天的罢工斗争，安源路矿工人俱乐部与安源路矿两局签订了《十三条协议》，并以"未伤一人，未败一事"取得了中国共产党领导的第一次全国工运高潮中"绝无而仅有"的成功范例。

　　2018 年 11 月 23 日，习近平总书记在纪念刘少奇同志诞辰 120 周年座谈会上高度评价："1922 年春天，刘少奇同志根据党的指示回国，参与领导闻名全国的安源路矿工人大罢工，这是中国共产党第一次独立领导并取得完全胜利的工人斗争,提高了党组织在工人群众中的威信。他组织领导的安源路矿工人俱乐部和汉冶萍总工会是当时全国最大的产业工会组织,成为激励全国工人运动的一面旗帜,刘少奇同志也因此成为我国著名工人运动领袖和主要领导人之一。"

——刘小花. 唤起工农千百万［N］. 中国文物报,2022-03-22(03).

3. 第一次国共合作与大革命——中国革命的实践探索

中国共产党人通过二七惨案认识到中国的革命力量在对抗帝国主义和封建势力时的弱小和局限,由此认识到结成最广泛的统一战线的重要性。孙中山在革命屡次受挫中也看到了中国共产党巨大的革命潜力和力量,由此拉开了实践探索第一次国共合作的序幕。

（1）建立革命统一战线的客观原因

从国内大背景来看,第一次世界大战结束后,帝国主义势力又卷土重来,国内各派军阀之间的纷争也进一步扩大,社会矛盾日益加深,人民生活更趋恶化,"打倒列强,除军阀"已成为全国人民的强烈愿望。

从国民党的立场来看,以民族资产阶级为主体的国民党是内部松散的政治联盟,长期脱离群众使得国民党的统治效果较差,因此孙中山作为国民党的领导认识到了这一特性,主张与共产党进行合作。

从中国共产党的立场来看,从工农群众罢工频频遭到血腥镇压开始,中国共产党便认识到如果单凭自己一个阶级的力量,是不能取得胜利的。而要胜利,他们就必须在各种不同的情形下团结一切可能的革命的阶级和阶层,组织革命的统一战线。

【史实梳理】国共合作的时间脉络

中共二大提出"联合全国一切革命党派,联合资产阶级民主派,组织民主的联合战线"。1923年6月,中共三大正式决定全体共产党员以个人名义加入国民党,同孙中山领导的国民党建立统一战线。

1924年1月,国民党一大在广州召开,大会通过的宣言对三民主义作出了新的解释:在民族主义中突出了反帝的内容,强调对外实行中华民族的独立,同时主张国内各民族一律平等;在民权主义中强调了民主权利应"为一般平民所共有",不应为"少数人所得而私";把民生主义概括为"平均地权"和"节制资本"两大原则(后来又提出了"耕者有其田"的主张),并提出要改善工农的生活状况。

【知识拓展】《中国国民党北伐宣言》摘录

本党敢郑重向全国民众宣言曰：中国人民一切困苦之总原因，在帝国主义者之侵略，及其工具卖国军阀之暴虐；中国人民之唯一的需要，在建设一人民的统一政府。而过去数年间之经验，已证明帝国主义者及卖国军阀实为和平统一之障碍，为革命势力之仇敌。故帝国主义者及卖国军阀之势力不被推翻，则不但统一政府之建设永无希望，而中华民国唯一希望所系之革命根据地，且有被帝国主义者及卖国军阀联合进攻之虞。本党为实现中国人民之唯一的需要——统一政府之建设，为巩固国民革命根据地，不能不出师以剿除卖国军阀之势力。本党为民请命，为国除奸，成败利钝，在所不顾，任何牺牲，在所不惜。本党惟知遵守总理所昭示之方略，尽本党应尽之天职；宗旨一定，死生以之。愿全国民众平日同情于本党之主义及政纲者，更移其平日同情之心，进而同情于本党之出师，赞助本党之出师，参加本党之作战，则军阀势力之推倒，将愈加迅速，统一政府之建设，将愈有保障，而国民革命之成功，亦愈将不远矣。①

【互动思考】新三民主义与中共的民主革命纲领有何异同？

新三民主义的政纲同中共在民主革命阶段的纲领基本一致，目标都是反帝反封建，追求民主共和，因而成为国共合作的政治基础。但是中国共产党的民主革命纲领更具有人民性、追求革命的彻底性，因而目标更加远大崇高，是以民族复兴为最终目的。

【知识拓展】统一战线思想源于列宁的新思想

《提纲初稿》是列宁1920年为了共产国际第二次代表大会草拟的文件，是共产国际第一个关于民主和殖民地被压迫民族革命的纲领性文件。列宁在1920年7—8月间召开的共产国际第二次代表大会上提出了民族和殖民地国家革命理论，即民族民主革命的理论。由于在马克思、恩格斯时代，这个问题还没有提上日程，因此这是列宁的一个开创性思想，列宁自谦为"提纲初稿"。列宁指出，"一战"和十月革命后，"民族与殖民地问题已经成为世界无产阶级革命的一部分，各国共产党必须帮助落后国家中反对地主、大土地占有制，反对各种封建主义现象或封建残余的农民运动，竭力

---

① 杨吉兴. 国民革命军出师北伐宣言发表时间考［J］. 历史教学，1992（11）：51—52.

使农民运动具有最大的革命性"。①

【案例呈现】统一战线确立的曲折过程

关于中共是否应成为共产国际的一个支部，陈独秀认为，中共处于幼年期，一切工作尚未开展，似无必要戴上第三国际的帽子，中国的革命有中国的国情。不久陈独秀等人被捕，在张太雷、马林的帮助下得以保释，陈、马的关系有了缓和。后马林在张太雷陪同下，南下两广，继续为国共合作努力。从反对到接受国共合作，陈独秀的主动进击与无奈退守主要表现在三个方面：

其一是给维经斯基去信。维经斯基是共产国际远东局的书记，陈以为他能向共产国际转达他反对与国民党合作的意见。其二是中共二大上，他主动作出让步，接受马林的建议，加入共产国际，中共成为共产国际一个支部，不再坚持中共一大的立场。陈独秀的主动示弱是以退为进，想换取马林的让步，即放弃国共合作、中共党员以个人身份加入国民党的建议。其三是西湖会议上陈独秀作了反对马林建议的最后努力。

在张国焘、蔡和森作反对马林建议的发言后，作为中央局书记的陈独秀"也反对马林的主张，而且发言甚多"②，他"强调国民党主要是一个资产阶级政党，不能因为国民党内包容一些非资产阶级分子，就不承认它的资产阶级基本性质"，"一个共产党员加入国民党后，会引起许多复杂而不易解决的问题，其结果将有害于革命势力的团结。但如果这是共产国际不可改变的决定，我们应当服从"，表现出服从组织原则但又"申述我们不赞同的意见"那并不放弃原有立场软中带硬的姿态。

当马林说"这是共产国际已经决定的政策"后，陈独秀则表示"只能有条件地服从"，"只有孙先生取消宣誓服从他等原有的入党办法，并根据民主主义的原则改组国民党，中国共产党党员才能加入进去"，"否则，即使是共产国际的命令，他也要反对"。③

---

① 中共中央党史研究室．中国共产党历史第一卷（1921—1949）：上册 [M]．北京：中共党史出版社，2002：97.

② 中共中央党史研究室．中国共产党历史第一卷（1921—1949）：上册 [M]．北京：中共党史出版社，2002：97.

③ 李颖．陈独秀与共产国际 [M]．上海：上海人民出版社，2005：66.

【问题思考】革命统一战线的建立有哪些历史贡献？

国民革命联合战线的建立实现了国共合作，解决了革命力量的问题，推动了大革命和北伐战争的开展，作出了五个方面的巨大历史贡献。

一是促进了中国共产党的发展壮大。1923年6月党的三大召开时只有党员420人，1925年1月党的四大召开时党员发展到994人，到1927年4月党的五大召开时党员已经发展到57967人。[①]

二是团结整合了有利于革命的力量。国共合作使得国民党"开始成为工人、农民、城市小资产阶级和民族资产阶级的民主革命联盟"[②]。

三是为大革命提供了组织和军事保障。中国共产党深入社会基层和军事战斗最前线，帮助国民党建立了地方组织，创办了黄埔军校。

四是为军人提供了精神支撑。中国共产党在军队中进行的政治工作，"使北伐军的许多指战员有着明确的革命目标和不怕牺牲、英勇作战的革命精神"[③]。

五是促使越来越多的革命力量投入大革命的具体实践之中。中国共产党领导下工农运动的恢复、发展和高涨及学生运动、妇女运动的兴起，使北伐军所到之处，都能得到广大工人、农民和其他革命群众的支援，有力地推动了大革命的开展。

（2）大革命的兴起

国共合作的形成，加快了中国革命前进的步伐。1924年，工人运动开始复兴，农民运动也有了初步开展。国共合作创办了黄埔陆军军官学校，为未来的革命战争准备了军事力量的骨干。1925年，以五卅运动为起点，掀起了全国范围的大革命风暴。

【案例呈现】黄埔军校的筹备创办

1921年12月23日，共产国际代表马林（荷兰人）在共产国际远东书记处中国科书记张太雷（1927年12月12日领导广州起义时在战斗中牺牲）的陪同下，从莫斯科来到广西桂林，与孙中山（时任中华民国非常大总统）见面，并向孙中山提出"创办军官学校，建立革命军"的建议。1922年4月，孙中山在广州与苏俄的全权代表达林会见。达林向孙中山介绍了苏俄红军的一些情况。8月，苏俄特命全权大使越飞来到上海与孙中山会谈，详谈了建立军官学校，组织革命武装的问题。

1924年1月20日，中国国民党在广州召开了第一次全国代表大会。大会决定创办军官学校，并定名为"中国国民党陆军军官学校"。共产党员李大钊和毛泽东等参加了这次代表大会。李大钊当选为国民党中央执行委员会委员，毛泽东当选为候补中央执行委员。1月24日，孙中山下令成立陆军军官学校筹备委员会，并委任蒋介石为筹备委员会委员长。1月28日，孙中山选定广州东郊黄埔长洲岛上原水师学堂和陆军小学旧址为陆军军官学校校址。"黄埔军校"从此得名。

——王刚. 黄埔军校在大陆的变迁［J］. 党史博采（上），2020（04）：61—62.

（3）北伐战争的胜利进展

1926年7月，以推翻北洋军阀统治为目的的北伐战争开始。北伐军在工农群众的支援下，在不到半年的时间里，基本上摧毁了北洋军阀吴佩孚、孙传芳的主力，革命势力发展到了长江流域和黄河流域的大部分地区。随着北伐的胜利进军，中国形成了历史上空前广大的人民解放运动。以湖南为中心，广大农村掀起了大革命的风暴。国民政府进行了收回汉口、九江的英租界的斗争。工人运动迅速高涨，上海工人举行了三次武装起义。帝国主义、封建主义的统治从根本上发生了动摇。

【问题思考】 第一次国共合作有什么积极作用？

毛泽东指出："中国的革命，自1924年开始，就由国共两党的情况起着决定作用。由于两党在一定纲领上的合作，发动了1924年到1927年的革命。孙中山先生致力于国民革命凡四十年还未能完成的革命事业，在仅仅二三年之内获得了巨大的成就，这就是广东革命根据地的创立和北伐战争的胜利。这就是两党结成了统一战线的结果。"①

首先，标志着我国开始探索马克思主义中国化的途径，初步提出了新民主主义革命的基本思想；

其次，使中国共产党人开始懂得进行土地革命和掌握革命武装的重要性；

最后，使得中国人民的觉悟程度和组织程度有了明显的提高，中国共产党开始掌握了一部分革命武装。

---

① 毛泽东. 毛泽东选集：第二卷［M］. 北京：人民出版社，1991：364.

4. 国共合作的全面破裂——大革命的经验教训

（1）大革命的失败

北洋军阀势力的迅速崩溃，使帝国主义列强感到震惊。它们在中国集结兵力、制造事端，企图以武力相威胁，阻挡中国革命前进的步伐；同时开始把蒋介石看作国民党内的"稳健派"，进行拉拢。1927年，蒋介石在上海发动"四一二"政变，此次反革命政变成为大革命从高潮走向失败的转折点。7月15日，汪精卫在武汉发动"七一五"政变，标志着国共合作全面破裂，大革命最终失败。

【典型案例】"四一二"政变与"七一五"政变

1927年4月12日，蒋介石在上海发动反革命政变，收缴工人纠察队的武器，疯狂捕杀工人和共产党员。到4月15日，上海工人300多人被杀，500多人被捕，5000多人失踪。这就是震惊中外的四一二反革命政变。以蒋介石为首的国民党右派从民族资产阶级右翼转变为大地主、大资产阶级的代表。在此前后，广东、江苏、浙江等省相继发生反革命大屠杀。奉系军阀也在北京捕杀共产党员。李大钊、陈延年、赵世炎、汪寿华、萧楚女、熊雄等先后英勇牺牲。18日，蒋介石在南京另立反革命的"国民政府"，同保持国共合作的武汉国民政府相对抗。

四一二政变后，以汪精卫为首的武汉国民政府日趋反动。1927年7月15日，武汉国民党中央执行委员会正式决定"分共"，大批屠杀共产党员和革命群众。汪精卫集团的反革命政变，表明第一次国共合作最后破裂，孙中山的三大政策被国民党完全抛弃。政变表明，南京国民政府和武汉国民政府在反共问题上已没有分歧。

继蒋介石之后，原本表面上支持"联俄容共"的汪精卫也举起了反共的屠刀，悍然发动"七一五"政变。这场政变上承"四一二"政变，下启"宁汉合流"，并引发"八一"南昌起义，揭开了中国共产党武装斗争的序幕，是现代史上的一件大事。

——吕瑞林. 从"四一二"政变到"七一五"政变——联共（布）党内关于中国问题的争论与结局［J］. 中共天津市委党校学报，2014（03）：69—76.

（2）大革命失败的原因

从客观方面来讲，是由于反革命力量的强大，是由于资产阶级发生严重动摇，是由于蒋介石集团、汪精卫集团先后被帝国主义势力和地主阶级、买办资产阶级伸出的千百只手拉进反革命营垒里去了。

从主观方面来说，是由于中国共产党的中央领导机关在大革命的后期犯了以陈独秀为代表的右倾机会主义的错误，放弃了对于农民群众、城市小资产阶级和中等资产阶级的领导权，尤其是武装力量的领导权，使那次革命遭到了失败。当时的中国共产党还处在幼年时期。它没有经验，缺乏深刻的革命认识，还不善于将马克思列宁主义的理论和中国革命的实践相结合。所以，右倾机会主义在大革命后期才在中共中央领导机关中占据了统治地位。

【问题思考】中国共产党对大革命作出了怎样的贡献

毛泽东曾说："中国共产党人在大革命时期对中国革命的基本问题作出了卓有成效的探索。必须承认的是，这些设想是中国共产党人努力运用马克思主义来解决中国实际问题的宝贵成果，对于后来的新民主主义革命理论的形成，具有重大的意义。"①

第一，中国共产党提出了大革命的基本口号——反帝反封建。

第二，大革命是在以国共合作为基础的统一战线的基础上进行的，而中国共产党是国共合作的倡导者和统一战线的组织者。

第三，大革命是在工农群众的支持下取得胜利的，而中国共产党是工农群众的发动者和组织者。

第四，共产党人不仅推动了国民革命军的建立，而且在军队中进行了卓有成效的政治工作，提高了军队的战斗力。

第五，共产党员在战斗中起着先锋和表率作用。

（3）大革命失败的经验教训

首先，中国的民主革命必须建立包括工人、农民、小资产阶级和民族资产阶级的广泛的革命统一战线。在统一战线中必须坚持无产阶级的领导权，对资产阶级实行又联合又斗争的政策。

其次，在中国民主革命中，无产阶级领导权的中心问题是农民问题。无产阶级必须发动广大农民群众，满足农民的土地要求，建立巩固的工农联盟，才能保证革命的胜利。

再次，中国革命的主要斗争形式是武装斗争，主要组织形式是军队，无产阶级要实现对革命的领导，必须建立和掌握革命的武装。中国共产党如果没有一支自己掌握的军队，革命便不能取得胜利。

---

① 黄修荣．中国共产党八十年知识问答［M］．北京：中共中央党校出版社，2001：16．

最后，领导中国革命的中国共产党必须不断加强思想上、政治上和组织上的建设，善于把马克思主义普遍原理与中国革命具体实践相结合，制定和实行正确的政治路线和组织路线，这是革命胜利的根本保证。

三、专题小结

辛亥革命失败后，中国人民在尊孔复古的逆流中再次被迫戴上沉重的思想枷锁。在进行思想启蒙、解除思想束缚的时代呼唤中，中国先进分子开启了新文化运动的实践，客观上为之后中国先进分子选择马克思主义创造了思想条件。在十月革命给我国送来马克思主义后，中国先进分子开始把目光从资产阶级民主主义转向社会主义，经过反复比较走上了马克思主义道路。在十月革命的启发下，面对巴黎和会的外交失败，中国人民展开了彻底反帝反封建的五四运动，促进了马克思主义同中国工人运动的结合，为中国共产党的成立做了思想上干部上的准备。在此背景下成立的中国共产党，一经成立就把为中国人民谋幸福、为中华民族谋复兴确立为自己的初心使命。在中国共产党的领导下，中国革命展现了全新面貌，中国人民从此有了坚强的领导核心与明确的斗争目标。为了与帝国主义、封建主义做斗争，中国共产党联合中国国民党开展了以国共合作为基础的国民革命。这场轰轰烈烈的大革命虽以失败告终，但为中国共产党积累了宝贵的经验教训，为把革命推向新的阶段——土地革命战争阶段准备了必要的条件，也将中国共产党践行"为中国人民谋幸福，为中华民族谋复兴"的初心使命推向了下一阶段。

四、推荐阅读

1. 习近平. 习近平谈治国理政 ［M］. 北京：外文出版社，2014.

2. 任建树、张统模、吴信忠. 陈独秀著作选：第 1 卷 ［M］. 上海：上海人民出版社，1993.

3. 胡适. 文学改良刍议 ［J］. 新青年，1917，2（05）.

4. 中共中央党史研究室. 中国共产党历史：第一卷 ［M］. 北京：中共党史出版社，2002.

5. 毛泽东. 毛泽东选集：第四卷 ［M］. 北京：人民出版社，1991.

专题六　"走自己的路，是党的全部理论和实践的立足点"

——中国共产党对革命新道路的探索与开辟

一、教学说明

（一）教学目标

1. 知识目标：掌握中国革命新道路开辟的背景、过程，中国革命经历的挫折及其克服；熟悉中国革命新道路的内容及意义，遵义会议、长征精神的内容和意义；了解中国革命新道路开辟的实践和理论创新，中国共产党自我革命精神及其意义。

2. 能力目标：认清中国共产党是中国革命的真正领导力量，培养从历史现象中总结出历史规律、正确评价历史的能力。

3. 价值目标：增强热爱中国共产党的情怀，增强对党的长征精神、自我革命精神的认同。

（二）教学重点与难点

重点：认清国民党政权的阶级性质、内外政策及其统治下的社会政治经济状况；领会把马克思主义普遍原理同中国革命具体实践相结合的极端重要性，认识中国共产党如何总结历史经验。

难点：理解中国共产党探索中国革命新道路的艰难历程，进而认识到坚持中国共产党的领导是中国人民正确的历史性选择；懂得把马克思主义基本原理与中国革命具体实际相结合的极端重要性。

（三）教学方法

综合运用案例式、启发式和讨论式教学方法，辅以视频教学、网络平台互动等教学手段，并通过学期的学情分析，搜集相关教学案例、社会热点等教学素材，应用于教学。

（四）学时安排

2 学时

（五）参考资料

1. 吴笛，袁博，冯倩. 长征［M］. 上海：上海人民出版社，2017.

2. 宁夏回族自治区档案馆. 红军长征在宁夏［M］. 银川：宁夏人民出版社，2016.

3. 况子峻. 土地革命战争初期党团关系研究——以青年团在军队内组织形态为线索［J］. 赣南师范大学学报，2024，45（01）：26—34.

4. 王友富，余颖杰. 长征时期中国共产党在民族地区的土地政策演变［J］. 农业考古，2023，（06）：131—138.

5. 郭凯. 20 世纪初期鄂豫皖地区土地革命成因的社会学分析［J］. 中州大学学报，40（06）：55—60.

二、教学内容

［导入］为了实现中华民族伟大复兴，中国共产党团结带领中国人民，浴血奋战、百折不挠，创造了新民主主义革命的伟大成就。我们经过北伐战争、土地革命战争、抗日战争、解放战争，以武装的革命反对武装的反革命，推翻帝国主义、封建主义、官僚资本主义三座大山，建立了人民当家作主的中华人民共和国，实现了民族独立、人民解放。①

（一）绝地逢生的革命之路

大革命失败后，政权落到国民党手中，国民政府继续北伐。1928 年 6 月，国民革命军进驻北京、天津，目的是消灭奉系军阀张作霖。日军炸死张作霖后，其子张学良改易旗帜，国民党实现了表面上的统一，实行一党专政的军事独裁统治，中国革命进入极端白色恐怖期。

1. 革命陷入低潮——国民党在全国建立统治

国共合作破裂后，为了实现"合作清党""统一党务"，南京和武汉两个"国民政府"经过一段时间的争斗，最终达成一致，实现了宁汉合流。1928 年 2 月，国民党宣布南京国民政府改组，任命蒋介石为国民政府主席，并决定加强中央集权，武汉国民政府不复存在。嗣后，国民党继续北伐，于 6 月进驻北京、天津。奉系军阀张作霖被日本人炸死后，其子张学良宣布"遵守三民主义，服

---

① 习近平. 在庆祝中国共产党成立 100 周年大会上的讲话［N］. 人民日报，2021-7-2（02）.

从国民政府，改易旗帜"①。就这样，国民党在全国范围内建立了统治。当时，代替北洋政府统治全中国的，是国民党控制的"中华民国国民政府"。控制南京国民政府的国民党，已经不再是工人、农民、城市小资产阶级和民族资产阶级的革命联盟，而是变成了一个由代表大地主、大资产阶级利益的反动集团所控制的一党专政和军事专政的政党。

（1）国民党政权的统治特征

第一，维护帝国主义的利益。

至抗战前夕，在重工业方面，外国资本就控制了煤产量的 55.2%，新法采煤量的 77.4%，冶铁工业的 95%，石油工业的 99%，发电量的 77.1%。在中国的现代工业和运输业中，外国资本占到了 71.6%，外国银行资产也要比华商银行多 1/3。

【史实梳理】国民党对三·二四惨案的处理

1927 年 3 月 24 日，英美军舰在长江上炮轰南京，造成中方数十人死亡，数百人受伤，无数房屋被毁。这是北伐战争时期，帝国主义干涉中国革命的罪行之一。

事件发生后，当时任国民革命军总司令的蒋介石派特使到南京，和列强的领事馆疏通，并表示歉意。武汉国民政府提出由国际调查委员会调查南京事件元凶，若出于国民革命军之过失，则对侵害外国侨民的行为进行道歉。此外照会还允诺保护外国人生命财产，并提议取消不平等条约。

国民政府成立以后，就背弃了孙中山的反帝、联俄的主张，对外实行亲帝、反苏的外交政策。对于英、美军队炮轰南京的事件，对于"济南惨案"，南京政府均顺从这些国家的无理要求，作出妥协退让，并保证继续维护他们在中国的特权。以此相对照，南京政府却于 1927 年 12 月派兵围攻苏联驻广州领事馆，枪杀副领事等十几人，同时驱赶苏联驻中国其他城市的领事。1929 年 5 月，南京政府指使东北地方当局派军警包围并搜查苏联驻哈尔滨的领事馆，逮捕和监禁苏联领事和有关人员。1929 年 7 月，东北地方当局在南京政府授意和支持下，破坏 1924 年中苏共管中东铁路的协定，以武力强行接管铁路，解除苏方人员的职务，引起中苏之间的冲突。

第二，维护地主阶级的利益，维护封建土地所有制，使得广大农民生活在水深火热中，阻碍社会发展的生产力。

---

① 毕万闻. 张学良文集：一 ［M］. 北京：新华出版社，1992：150.

【案例呈现】1928 年 10 月，国民党中央常务委员会通过《中国国民党训政纲领》

1928 年 10 月 3 日，国民党中央常委会通过了一个"以党治国"为核心内容的《训政纲领》。

《训政纲领》确立了训政时期国民党"以党治国，以党训政"的施政方针，共 6 条。规定在训政时期由中国国民党全国代表大会代表国民大会领导国民行使政权。在其闭会期间，则由国民党中央执行委员会行使政权。国民政府从属于国民党中央机关。在国民党与人民的关系上，体现了"训政保姆论"的精神，即国民党是人民的政治保姆，训练幼稚的国民行使政权。

《训政纲领》确认国民党为训政者，把国民党全国代表大会及中央执行委员会规定为国家权力机关，把中央政治会议变为政府的直接领导机关，从而建立了国民党一党专政的政治制度。

——秦英君. 蒋介石政治思想论 [J]. 史学月刊，1990（04）：64—69.

第三，军事方面实行一党专政的独裁政治，具体表现在四个方面：

其一，建立了庞大的军队，还大力加强地方反动武装。广大人民被置于国民党武装的严密控制和监视之下。

【案例呈现】国民党统治时期全国军额和武装数量

蒋介石集团采取各种措施，大力推行法西斯主义，强化国民党的反动国家机器，加强对人民的统治和镇压。国民党的军队是国民党反动统治的支柱。国民党恢复军事委员会，蒋介石任军事委员会的委员长。1932 年 6 月，国民党正规军共 48 个军（一军 6 万~8 万士兵），称中央军。并且通过聘请外国军事顾问、开办军官训练团、补充和加强武器装备等办法，来加强这支武装。

除了正规军之外，国民党政府还建立和加强了反革命的地方武装——保安队，一县从几百到几千人不等。

——金之夏. 国民党战时民众工作失败的历史考察——以国民政府军事委员会政治部为视角 [J]. 近代史研究，2023（01）：132—145，161.

其二，建立了庞大的全国性的特务系统。如隶属于国民党中央组织部的调查统计局（"中统"）和隶属于国民党军事委员会的调查统计局（"军统"）。

【史实梳理】国民党建立的庞大特务系统

蒋介石为了镇压革命运动与加强对内部的控制，监视反对派和异己力量，建立了庞大的特务机构。蒋介石把省市党部负责人权利交给陈果夫，他组织了一个团体，取名"中央俱乐部"，这就是 CC 系的由来。1929 年国民党第三次全国代表大会之后，陈果夫的弟弟陈立夫当上了国民党中执会秘书长。从此，国民党内有所谓"蒋家天下陈家党"的说法，在陈果夫控制的国民党中央组织部有一个"党务调查科"。后来扩大机构改称"党务调查处"。"调查科"或"调查处"专门从事特务活动。其活动扩大到各省、市党政机关、文教部门、经济机构。

国民党的另一特务系统是"军统"。"九一八事变"后，抗日民主运动的浪潮使蒋介石感到惶惶不安。为了稳固他的独裁统治，他指使贺衷寒、戴笠、康泽等人，打着复兴民族的旗号，于 1932 年 3 月，成立了中华民族复兴社，以蒋介石为社长。复兴社设有特务处（以戴笠为处长）和别动队（以康泽为头子），专门从事特务活动。这个特务系统后来隶属于军事委员会，称作"军事委员会调查统计局"，侦查、绑架、审讯、暗杀、残害革命分子是他们的专门职业。

蒋介石把特务组织扩展到一切军事、政治、经济、文化系统中去，从中央到地方，在全国造成一种特务恐怖统治。很多无辜的干部、军官被杀害。国民党还通过各种渠道把特务打入共产党，潜入革命根据地，进行种种罪恶活动，还把罪恶之手伸向周恩来、毛泽东等，只是没有得逞。

其三，大力推行保甲制度。广大人民被完全禁锢在了保甲制度之内。

【案例呈现】国民党推行保甲制度的措施

国民党不断强化它的反革命国家机构，从中央到地方形成严密的反革命统治网。1931 年 5 月，国民党召集所谓"国民会议"，制定《训政时期约法》，确立了国民党蒋介石的"正统"地位，把国民党一党专政和蒋介石个人独裁的政治制度固定了下来。以后，国民党又多次修改《国民政府组织法》，不断强化国民党的一党专政和扩大蒋介石个人的权力。1932 年 8月，国民党颁布了《鄂豫皖三省剿匪总司令部施行保甲训令》，开始在接近革命根据地的地区建立保甲组织，1934 年把这一法西斯制度推行到全国各地。国民党政府把一县划为若干区，限期编组保甲。保甲之编组，以户为单位，十户为甲，设甲长，十甲为保，设保长。保甲组织依照所谓"管、教、养、卫"的法西斯原则进行活动。所谓"管"，即清查户口，稽查出入境的居民，监视居民言行，强制实行"连坐法"，各户之间相互监督，一户"犯罪"，株连各户，强行订立《保甲规约》，在规约中强制广大人民承担各种义务。所谓"教"，是进行反革命宣传和法西斯的"党化"教育，灌输反动思想，欺骗、麻痹人民。所谓"养"，即摊派各种苛捐杂税，进行公开的敲诈勒索。所谓"卫"，即组织反革命武装（民团），分区分期实行集训，搜查、缉捕革命者，镇压人民。组织保甲内青壮年组成壮丁队修筑碉堡、公路等。甲长、保长多是豪绅地主及其爪牙，他们在国民党反动政府的庇护下，私设公堂，鱼肉人民，勒索盘剥，无恶不作，给人民造成无穷的痛苦。总之，国民党各级政府上自中央，下至基层，形成一整套法西斯的统治工具。

——赵丽娜.民国时期湖北保甲制度研究（1927—1937）［D］.武汉：武汉大学，2005.

其四，为了控制舆论，剥夺人民的言论和出版自由，国民党更厉行文化专制主义。

【典型案例】国民党查禁大量进步书刊，监禁迫害进步作家

1928 年，国民党当局颁布《著作权法》，规定出版物如有违反"党义"或其他"经法律规定禁止发行者"，由内政部拒绝注册；1929 年国民党中央宣传部公布《宣传品审查条例》，同年还颁布了《查禁反动刊物令》等查禁书刊的法令。1930 年先后颁布了《新闻法》和《出版法》，规定书刊在创刊前必须申请登记，批准后方可出版，《出版法》还规定涉及"党义"的图书须交中央宣传部审查。1934 年 2 月国民党中央宣传部突然发文，一举查禁上海出版的 149 种文艺图书，震动了上海书业界。

胡也频（1903 年 5 月—1931 年 2 月），原名胡崇轩，福建福州人；左联五烈士之一，也是龙华二十四烈士之一。早年读过私塾，当过学徒，后被家人送到天津大沽口海军学校学习机器制造。1924 年与女作家丁玲结婚，1928 年到上海主编《红与黑》杂志，1929 年与沈从文合编《红黑》月刊和《人间》月刊。1930 年加入"左联"，被选为执行委员。1931 年 1 月 17 日被国民党逮捕，1931 年 2 月 8 日在上海龙华被杀害。

——张何东.胡也频书信辑考［J］.鲁迅研究月刊，2018（07）：59—65，67.

【典型案例】以"四大家族"为首的官僚资本在国内形成垄断

1927 年蒋介石发动"四一二"政变后，在南京建立了代表大地主大资产阶级利益的国民党政权，形成了以蒋介石、宋子文、孔祥熙和陈果夫、陈立夫四大家族为代表的资本集团。这个资本集团通过政治特权，利用强制掠夺的手段，建立了一个以他们为中心的官僚资本集团。他们控制了国家政权，利用政权力量，通过发行公债、征收苛捐杂税、商业投机等方式，建立起了金融垄断，进而控制和吞并了私人资本主义工业，形成了相当规模的官僚资本。

四大家族官僚资本的特点是，它与外国帝国主义、本国地主阶级和旧式富农密切结合，具有浓厚的买办性和封建性。他们对外出卖国家民族利益，依附于帝国主义；对内则通过赋税、统制专卖和通货膨胀等手段对人民实行超经济的劫掠。在抗日战争前，四大家族垄断了国民经济的一些主要部门，初步形成了官僚资本集团。抗战期间，以四大家族为主体的官办工业在资本、动力、产量方面的发展速度和总量都超过了民营工业。

——吴晨．新记《大公报》对四大家族官僚资本的文本呈现及批判尺度（1937—1944）［D］．安徽大学，2014．

【问题思考】 国民党统治时期中国的社会和革命性质是什么？

中国仍是一个处在帝国主义和封建主义统治之下的半殖民地半封建社会，社会性质并没有变化；中国革命的对象依然是帝国主义和封建主义，由此可知主要矛盾同样没有变化；中国革命的性质也依然是反帝反封建的资产阶级民主革命。中国仍然迫切需要一个反帝反封建的资产阶级民主革命。中国人民受到国民党新军阀更为残暴的统治，因此，要争得民族独立和人民解放，实现国家复兴的历史任务，就必须同国民党反动统治作坚决的斗争。

（2）中国革命的艰难环境

1927 年大革命失败后，国民党取代北洋军阀建立了全国范围的统治，国内政治局势发生了急剧的变化，从 1927 年 3 月到 1928 年上半年，被杀害的共产党员和革命群众达 31 万多人，其中共产党员 26000 多人。民族资产阶级暂时离开了革命阵营，中国革命转入低潮。

【典型案例】"砍头不要紧，只要主义真"的夏明翰

1920 年秋，经过五四运动洗礼的夏明翰来到长沙，结识了毛泽东。1921 年冬，经毛泽东、何叔衡介绍，夏明翰加入中国共产党。入党后，夏明翰在长沙从事工人运动，参与领导了人力车工人罢工斗争。1924 年，夏明翰担任中共湖南省委委员，负责农委工作。他十分注意培养农运干部，保送革命青年到广州农民运动讲习所学习，为湖南农民运动培养了大批骨干。1926年2月，夏明翰被党调往武汉工作，担任全国农民协会秘书长，兼任毛泽东和中央农民运动讲习所秘书。在"四一二"反革命政变和长沙马日事变后的严重白色恐怖中，1927年6月，夏明翰受党派遣回湖南任省委委员兼组织部部长。同年7月大革命失败后，夏明翰参与发动秋收起义。10月，湖南省委派他兼任平（江）浏（阳）特委书记，领导发动了平江农民暴动。1928年初，夏明翰任中共湖北省委常委，协助省委书记郭亮参与省委领导工作。由于叛徒出卖，同年3月18日被敌人逮捕。3月20日清晨，他被敌人押送到汉口余记里刑场。当敌执行官问他还有什么话要说时，他大声说："有，给我拿纸笔来！"遂写下了那首大义凛然的就义诗："砍头不要紧，只要主义真。杀了夏明翰，还有后来人！"英勇就义，年仅28岁。

——吴楚婴．毛泽东与夏明翰［J］．党史博采（上），2022（06）：24—27.

【典型案例】追求真理，向往进步的周文雍和陈铁军

周文雍和陈铁军都是共产党员，他们为了革命假扮夫妻，又为了革命献出生命。在生命的最后一刻，他们在刑场上拍了一张结婚照，举行了最简短、最悲壮的婚礼。国民党反动派在广州发动"四一五"反革命大屠杀，时任中共广州市委组织部部长兼工委书记的周文雍也在被通缉名单之列。党组织根据形势的变化，命令周文雍与陈铁军假扮夫妻，建立一个秘密的"新家"。周文雍在陈铁军的协助下，很快恢复了广州党和工会领导机关。就在周文雍刚刚打开广州工作局面的时候，由于叛徒告密，他和陈铁军于1928年1月27日同时被捕，这一天正好是农历正月初五，本应该合家欢庆的日子，他们却被打入敌人的死牢。先是重金高官的利诱，再是惨无人道的酷刑，丝毫都没有动摇他们的革命意志。周文雍在狱中写下了著名的绝笔诗："头可断，肢可折，革命精神不可灭。壮士头颅为党落，好汉身躯为群裂。"刑前，敌人让他们提出最后的要求，周文雍说要和妻子合影。就这样，敌人把摄影师带到监狱中，为两人拍下了狱中结婚照。照片中的两个年轻人紧密依偎，透露着爱情的甜蜜与温存；神情从容，显露出革命的坚定与无畏。2月6日，他们在红花岗英勇就义。此时，周文雍年仅23岁，陈铁军年仅24岁。他们在刑场上举行了一场鲜血染就的婚礼，谱写了一曲共产党人的爱情之歌。

——孙迪，闫笑岩．周文雍、陈铁军：刑场上的婚礼［J］．党建，2021（08）：68—69.

【问题思考】在国内的严峻形势下，中国共产党受到了怎样的打击？又该何去何从？

大革命失败后，在国民党的统治下，中国社会的半殖民地半封建性质虽然没有改变，但是国内政治局势却发生了急剧的变化。从1927年3月到1928年上半年，被杀害的共产党员和革命群众达31万多人，其中共产党员26000多人。民族资产阶级暂时离开了革命阵营，中国革命转入低潮。

反革命力量大大超过了党所领导的革命力量，中国共产党面临着被敌人瓦解和消灭的严重危险。面对这种险恶的环境，敢不敢革命？怎么革命？这两个根本性的问题摆在了中国共产党面前。然而，此时的中国共产党还处于幼年阶段，政治上还不够成熟，对中国的社会性质和中国革命的性质、动力、前途等重大问题还认识得不够深刻，在党的内部仍然存在着分歧和争论。缺少正确思想和理论的指导，中国革命陷入了迷茫之中。

2. 不畏艰险的武装反抗——土地革命战争的兴起

在革命的危急关头，中国共产党坚守"为中国人民谋幸福，为中华民族谋复兴"的初心使命，对革命道路进行了艰辛的探索，逐渐开展了武装反抗国民党反动统治的斗争，中国革命迈进土地革命战争新阶段。

【史实梳理】八七会议的召开

1927年7月中旬，中共中央临时政治局常委会决定三件大事：一是将党所掌握和影响的部队向南昌集中，准备起义；二是组织湘、鄂、赣、粤四省的农民，在秋收季节举行暴动；三是召开集中会议，讨论和决定新时期的方针和政策。在革命的危急关头，1927年8月7日，中共中央在汉口秘密召开紧急会议（即八七会议），彻底清算了大革命后期陈独秀的右倾机会主义错误，确定了土地革命和武装反抗国民党的总方针，并选出了以瞿秋白为书记的中央临时政治局，整顿并改编自己的队伍，在纠正错误的基础上寻找新的道路。

毛泽东在会上着重阐述了党必须依靠农民和掌握枪杆子的思想，强调党"以后要非常注意军事，须知政权是由枪杆子中取得的"。会议还提出了"整顿改编自己的队伍，纠正过去严重的错误，而找着新的道路"的任务。八七会议开始了从大革命失败到土地革命战争兴起的历史性转折。

【问题思考】武装反抗国民党反动派的三次起义分别是什么？有何历史意义？

南昌起义：1927年8月1日，以周恩来为书记的前敌委员会及贺龙、叶挺、朱德、刘伯承等人领导举行南昌起义，打响了武装反抗国民党的第一枪。这是中国共产党独立领导革命战争、创建人民军队和武装夺取政权的开端。

秋收起义：1927年9月9日，毛泽东领导的湘赣边界秋收起义爆发，公开打出了"工农革命军"的旗帜，9月29日，毛泽东率领湘赣边秋收起义部队到达江西永新县三湾村，领导了举世闻名的"三湾改编"。在三湾改编中，中国共产党确立了"把支部建在连上"的制度，改变了起义军中旧军队的习气和不良作风，从政治上、组织上保证了党对军队的绝对领导。三湾改编成为我党建设无产阶级领导的新型人民军队的重要开端。10月7日，秋收起义部队抵达江西省宁冈县茅坪，开始了创建井冈山农村革命根据地的斗争。

广州起义：1927年12月11日，中共广东省委书记张太雷和叶挺、叶剑英等领导了广州起义，对国民党屠杀政策发动了又一次英勇反击，成立广州市苏维埃政府，发布《广州苏维埃宣言》《告民众书》以及有关的法令。但是由于敌我力量差距较大，起义第三天即宣布失败。

从1927年大革命失败到1928年初，中国共产党还先后在海陆丰、琼崖、鄂豫边、赣西南、赣东北、湘南、湘鄂西、闽西、陕西等地区领导了近百次武装起义。其中以上述三大武装起义最为著名。这个时期中国共产党从惨痛教训中认识军队的重要性，自此，中国革命进入了创造红军的新时期，即土地革命战争时期。

南昌起义、秋收起义和广州起义，标志着中国革命进入了创造红军的新时期，开启了中国革命新纪元。中国革命由此发展到了一个新的阶段，即土地革命战争时期。中国共产党同国民党打仗完全是被迫的，它为了坚持反帝反封建的事业而领导人民进行土地革命战争，是必要的、正义的、进步的。

【史实梳理】毛泽东在江西三湾村领导了著名的"三湾改编"

1927年9月29日，毛泽东率领的秋收起义部队到达江西吉安永新县三湾村。原有5000多人的部队仅剩下不足1000人，组织很不健全，思想也相当混乱。为了巩固这支新生的革命军队，毛泽东在到达三湾村的当天晚上，就在当地的杂货铺里，召开了中共前敌委员会，决定对起义部队进行整顿和改编。

三湾改编有三项主要内容：一是整编部队，把原来的工农革命军第1军第1师缩编为1个团；二是党组织建立在连上，连设立党代表制度，排设党小组，班有党员；三是团、营、连三级设立士兵委员会，实行官兵平等，经济公开。

三湾改编之前，已经诞生达六年之久的中国共产党还未拥有一支独立的军事武装。虽然整合和影响了一些国民党军队，并在军队中建立了党的组织，但党组织都是设在团一级，很难形成对部队的绝对领导。三湾改编对团结广大士兵群众、瓦解敌军起到了巨大作用，同时也丰富了我党早期的统一战线思想。

三湾改编是中国共产党建设新型人民军队最早的一次成功探索和实践，它创造性地确立了"党指挥枪""支部建在连上""官兵平等"等人民军队建军原则，确立了党对军队的绝对领导，在人民军队的建军史上具有无比重要的意义。

3. 另辟蹊径的革命探索——农村包围城市、武装夺取政权

（1）对中国革命新道路的探索

通过对之前历史经验的总结，中国革命必须以农村为工作重点，到农村去发动农民，进行土地革命，开展武装斗争，建设根据地，这是 1927 年以后中国革命发展的客观规律所要求的。因此，中国共产党逐步开辟了农村包围城市、武装夺取政权的革命新道路探索，积蓄与锻炼了革命力量，引导中国革命走向复兴并逐步赢得胜利。

农村包围城市、武装夺取政权，这条道路是马克思主义与中国实际相结合的产物，同时也是中国革命长期发展的经验所得。在中国革命新道路的开辟中，毛泽东作出了卓越贡献，提出了农村包围城市、武装夺取政权的思想。从 1928 年 10 月到 1930 年 5 月，毛泽东相继写了《中国的红色政权为什么能够存在?》《井冈山的斗争》《星星之火，可以燎原》《反对本本主义》等文章，为方针提供了理论指引。

【典型案例】毛泽东起草《古田会议决议》

1929 年 12 月下旬，在天寒地冻之中，120 多位红 4 军代表聚集在古田镇，举行中国共产党红军第四军第九次代表大会，即"古田会议"。

两天时间里，会议先听取了毛泽东、朱德、陈毅的报告，并展开热烈讨论。大会改选了红四军前委，遵照中央的指示，选出了以毛泽东为书记，朱德、陈毅、林彪、罗荣桓、谭震林等 11 人为委员，杨岳彬等 3 人为候补委员的红四军新的前敌委员会。大会通过了毛泽东起草的《中国共产党红军第四军第九次代表大会决议案》，即著名的《古田会议决议》。古田会议解决了党和军队建设的根本原则问题。

《古田会议决议》初步回答了党在农村进行革命战争的环境中如何将以农民为主要成分的革命军队建设成为无产阶级领导的新型人民军队的问题，是人民军队建设的纲领性文件。这个决议还回答了在党员以农民为主要成分的情况下，如何从加强党的思想建设着手，保持党的无产阶级先锋队性质的问题，也是党的建设的纲领性文件。这个决议的第一部分以《关于纠正党内的错误思想》为题，收入《毛泽东选集》第一卷；决议全文收入《毛泽东文集》第一卷。

——夏雨，吴东峰. 谭政协助毛泽东起草《古田会议决议》[J]. 党史博览，2022（01）：33.

【案例呈现】中共中央的"九月来信"对革命转向的指导意义

"九月来信"是我党早期在周恩来主持下起草的一份重要文件,它对红军和党的建设产生了重要影响。

1928年党的六大,周恩来当选为政治局常委,任秘书长兼中央组织部部长,分工负责军事工作,成为中央工作的实际主持者。

1929年,在反"围剿"的革命斗争中,朱德与毛泽东由于对建军原则、建军思想、根据地建设等分歧,导致了红四军内部出现了问题。于是,中共中央派了留苏学生刘安恭等人5月到红军工作。刘安恭将苏联党内斗争那套做法搬来,将争论公开化,并将领导人分派,说朱德拥护中央指示,毛泽东自创体系不服从中央指示,加深了意见分歧。

1929年9月,中共中央发出给红四军前委的指示信(即"九月来信")。"九月来信"详细地分析军阀混战的政治形势,总结红四军及各地红军的斗争经验,说明了红军在中国革命中的重要地位和作用,强调"先有农村红军,后有城市政权,这是中国革命的特征,这是中国经济基础的产物"。指示信明确规定红军的基本任务是:"一,发动群众斗争,实行土地革命,建立苏维埃政权;二,实行游击战争,武装农民,并扩大本身组织;三,扩大游击区域及政治影响于全国。"指示信分析红军党内的状况,着重指出:"只有加强无产阶级意识的领导,才可以使之减少农民意识";对于红军中的种种错误观念,"前委应坚决以斗争的态度来肃清之"。关于红军中党的工作,指示信强调应将"党的一切权力集中于前委指导机关","不能机械地引用'家长制'这个名词来削弱指导机关的权力,来作极端民主化的掩护";同时,"前委对日常行政事务不要去管理,应交由行政机关去办"。中共中央的这封指示信,对红四军党内的争论问题作出明确的结论,对红四军领导人有所批评,但是强调了团结,要红四军前委和全体干部战士维护朱德、毛泽东的领导,提高指导机关的威信,并明确指出毛泽东"应仍为前委书记"。

——黄建英.·"九月来信"与古田会议[J].共产党员,2021(24):50—51.

【典型案例】毛泽东文章中的工农武装割据思想

早在1928年10月和11月,毛泽东就写了《中国的红色政权为什么能够存在？》和《井冈山的斗争》两篇文章，明确地指出"以农业为主要经济的中国革命，以军事发展暴动，是一种特征"；同时还科学地阐述了共产党领导的土地革命、武装斗争与根据地建设这三者之间的辩证统一关系，强调"'工农武装割据'的思想，是共产党和割据地方的工农群众必须具备的一个重要思想"，从而为农村包围城市理论的创立奠定了初步的基础。1930 年他写的《星星之火，可以燎原》，实际上确立了"以乡村为中心"的观念，初步形成了农村包围城市、夺取全国胜利的革命道路理论。农村包围城市、武装夺取政权理论的提出，标志着中国化的马克思主义即毛泽东思想的初步形成。

农村包围城市、武装夺取政权道路的实践探索与理论创新是相互交织的，毛泽东在率领开展井冈山革命根据地建设的过程中，工农武装割据的星星之火被点燃，并在后续燃起了呈燎原之势的革命火焰。中国共产党沿着农村包围城市、武装夺取政权的这条新道路，开展了轰轰烈烈的革命实践，使中国人民看到了光明和希望。

——陈传万，许兴华. 论毛泽东的文章思想 [J]. 阜阳师范学院学报（社会科学版），2004（05）：42—44.

【典型案例】 农村革命根据地的创立

毛泽东率领起义军到井冈山后，全力进行边界党、军队和政权的建设。1927 年 11 月，成立湘赣边界第一个红色政权——茶陵县工农兵政府。1928 年 2 月中旬，打败江西国民党军队对井冈山地区的进攻。至此，井冈山根据地初步建立，边界地区党的组织也逐步建立起来。

1928 年 4 月下旬，朱德、陈毅率领南昌起义保留下来的部队和湘南起义农军陆续转移到井冈山地区，与毛泽东领导的部队会师，成立工农革命军第四军（后改称"工农红军第四军"），朱德任军长，毛泽东任党代表和军委书记。从此，他们领导的军队被称为"朱毛红军"，井冈山根据地得以发展壮大。

1928 年 6 月在苏联举行的中国共产党第六次全国代表大会，在继续把城市工作的复兴视为革命高潮到来的决定条件的同时，肯定了农村根据地和红军是决定革命新高潮的更大的发展基础和重要力量；确定以争取群众作为党的首要任务，把"左"倾作为主要危险来反对。这是党的工作方针的一次重要转变。1929 年 9 月，中共中央给红四军前委的指示信指出：先有农村红军，后有城市政权，这是中国革命的特征，也是中国经济基础的产物。

到 1930 年初，中国共产党在全国建立了大小十几块农村根据地，红军发展到 7 万人，连同地方武装共约 10 万人。重要的根据地有赣南闽西（中央）、湘鄂西、鄂豫皖、闽浙赣、湘鄂赣、湘赣、广西的左右江、广东的东江和琼崖等。红军游击战争实际上已经成为中国革命的主要形式，农村根据地成为积蓄和锻炼革命力量的主要战略阵地。在土地革命战争中，毛泽东、朱德领导的红军第一方面军和中央革命根据地起了最重要的作用。

——周昱成．"农村革命根据地"创立的三重维度［J］．法制与社会，2019，（13）：240—242．

【互动问答】在中国革命新道路的开辟中，毛泽东的重要作用和主要贡献是什么？

第一，在革命实践上，毛泽东不仅率先集中精力投身革命战争，而且自觉地把武装斗争的攻击方向首先指向了农村。

第二，在理论上系统阐明了武装斗争的极端重要性和农村应当成为党的工作中心的思想，奠定了工农武装割据的思想基础。

2016 年 2 月，习近平总书记视察井冈山时发表重要讲话，他深情指出：井冈山是中国革命的摇篮，井冈山道路是马克思主义中国化的经典之作，井冈山时期留给我们最为宝贵的财富，就是跨越时空的井冈山精神。

【问题思考】"农村包围城市，武装夺取政权"思想的卓越贡献是什么？

农村包围城市、武装夺取政权的理论，是对 1927 年大革命失败后中国共产党领导的红军和根据地斗争经验的科学概括。它是在以毛泽东为主要代表的中国共产党人同当时党内盛行的把马克思主义教条化、把共产国际决议和苏联经验神圣化的错误倾向做坚决斗争的基础上逐步形成的。1930 年 5 月，毛泽东在《反对本本主义》一文中，总结这方面的经验，阐明了坚持辩证唯物主义的思想路线即坚持理论与实际相结合的原则的极端重要性，首次明确地反对教条主义，提出了"没有调查，没有发言权"和"中国革命斗争的胜利要靠中国同志了解中国情况"的重要思想，阐述了作为毛泽东思想活的灵魂的实事求是、群众路线、独立自主的基本思想，基本形成了明确的马克思主义的思想路线，为农村包围城市的中国革命新道路奠定了理论依据，彰显了毛泽东开辟新道路、创造新理论的革命首创精神。

（2）反"围剿"作战与土地革命

从 1930 年 10 月起，蒋介石集中重兵，向南方各根据地的红军发动大规模的

"围剿"。从 1930 年 10 月到 1931 年 7 月，红一方面军在毛泽东、朱德等指挥下，贯彻积极防御的方针，实行"诱敌深入""避敌主力、打其虚弱"等一整套行之有效的战术，连续粉碎了国民党军队的三次"围剿"。鄂豫皖、湘鄂西等根据地的反"围剿"战争也取得重大胜利。

【史实梳理】红军的四次反"围剿"

	国军人数	红军人数	时间	消灭国军人数
第一次	10 万	4 万	1930.1—1931.1	1.3 万
第二次	20 万	3 万	1931.2—1931.5	3 万
第三次	30 万	3 万	1931.7—1931.9	3 万
第四次	40 万	7 万	1932.1—1933.3	歼敌 3 个师，俘敌 1 万余人

游击战争"十六字诀"：敌进我退，敌驻我扰，敌疲我打，敌退我追。

【案例呈现】土地革命时期土地法的制定与修改

开展土地革命，就是要消灭封建地主的土地私有制，实行农民的土地私有制，使广大农民在政治上得到翻身，农村生产力得到解放和发展。1928 年 12 月，毛泽东在井冈山主持制定了中国共产党历史上第一个土地法（《井冈山土地法》），以立法的形式，首次肯定了广大农民以革命的手段获得土地的权利。由于缺乏经验，这个土地法关于没收一切土地归苏维埃政府所有、禁止土地买卖等方面的规定，并不适合中国农村的实际，因而是错误的。1929 年 4 月，毛泽东在赣南发布第二个土地法（《兴国土地法》），将"没收一切土地"改为"没收一切公共土地及地主阶级的土地"。这是一个原则性的改正，保护了中农的利益使之不受侵犯。1931 年 2 月，毛泽东进一步总结根据地土地革命的经验，要求各地各级工农民主政府发布公告，明确规定已经分得的田归农民个人私有，可以自主租借买卖，别人不得侵犯；生产的产品，除向政府缴纳土地税外，均归农民个人私有，任凭自由买卖。这就确立了废除地主的土地私有制、实现农民的土地私有制的目标和任务。

——叶陈祥．革命根据地土地法制研究［D］．哈尔滨：黑龙江大学，2023.

【问题思考】土地革命时期土地的分配方法和意义是什么？

毛泽东和邓子恢等一起制定了土地革命中的阶级路线和土地分配方法：坚定地依靠贫农、雇农，联合中农，限制富农，保护中小工商业者，消灭地主阶级；以乡为单位，按人口平分土地，在原耕地的基础上，实行抽多补少、抽肥补瘦。至此，中国共产党就在中国历史上第一个制定了可以付诸实施的比较完整的土地革命纲领和路线。

在大革命失败白色恐怖笼罩的严峻形势下，中国革命之所以能够得到坚持和发展，根本的原因，就在于中国共产党紧紧地依靠了农民，领导农民进行了土地制度的革命。

【问题思考】中国革命新道路"新"在哪里？

第一，中国革命新道路理论的核心内涵就是"农村包围城市，武装夺取政权"。其中，土地革命是内容，武装斗争是形式，根据地建设是依托，党的建设是保障。

第二，中国革命新道路是对"城市包围农村"国际共产主义运动经验的创新，是一条"农村包围城市，武装夺取政权"的道路。

第三，中国革命新道路是对大革命失败教训的总结，是一条中国共产党领导独立、开展土地革命、武装斗争、根据地建设的道路

第四，中国革命新道路是对探索初期"以城市为中心"方针的纠正，是"以农村为中心"的工作方针。

第五，中国革命新道路是马克思主义理论与中国实际相结合的产物，是对马克思革命理论的发展。

（二）中国共产党内外交困的革命处境

土地革命战争的发展并不是一帆风顺的。打响武装反抗国民党反动统治的第一枪后，中国共产党面临的是内外交困的革命处境，在挫折与困境中探索革命新出路是中国共产党的主要目标。

1. 荆棘丛生——土地革命战争的发展及挫折

红一方面军第一、二、三次反"围剿"作战的胜利，使赣南、闽西根据地连成一片，形成中央革命根据地。与此同时，鄂豫皖、湘鄂西、湘赣、湘鄂赣等根据地也都得到了发展。

1931 年 11 月，中华苏维埃第一次全国代表大会在江西省瑞金县叶坪村举行。大会通过了《中华苏维埃共和国宪法大纲》以及土地法令、劳动法等法律文件；成立了中华苏维埃共和国临时中央政府，毛泽东当选为中央执行委员会主席。

中华苏维埃共和国是中国历史上第一个全国性的工农民主政权，是中国共产党在局部地区执政的重要尝试，实行各级工农兵代表大会制度。

（1）农村革命根据地的建设

①政治建设

1931 年 11 月，中华苏维埃共和国中央执行委员会正式制定了《中华苏维埃共和国的选举细则》，根据规定，享有选举权的主体包括：一切不剥削他人的劳动人民，在中华苏维埃共和国海陆空军中服役的人。不具备享有选举权和被选举权的包括：剥削他人劳动的人，靠土地、资本的盈利为生而自己不劳动的人，商人、资本家及其代理人、中间人和买办，各宗教的教师、牧师、道士、地理阴阳先生及一切以传教为职业的人等。

②经济建设

面对蒋介石国民党政府的经济封锁，中国共产党通过深入群众、实地调研总结并且颁布了有助于农业、工商业、商业等方面经济建设的具体措施。

【案例呈现】国民党政府的经济封锁政策

蒋介石国民党政府在对苏区不断进行军事"围剿"的同时，还对苏区进行经济封锁。1933 年 5 月，蒋介石在南昌行营颁布了封锁苏区的办法，规定在经常有红军和共产党活动的地区，以及邻近地区，各县设立"封锁管理所"，对苏区实行"物质封锁""交通封锁""邮电封锁"。物质封锁规定，凡军用品和日用品（如油、盐、米、粮、种子及燃料等）严禁向苏区输入。苏区生产的货物绝对禁止输出。取缔苏区周围的商贩，设立公卖会，居民购买日用品须由各保长统计本保实存人口，每月所需数量按月或按旬代为购买发给之，杜绝向苏区输入物资的可能。并规定凡和苏区"通消息者""私相买卖者""偷运货物图重利者"，"应予枪毙"。甚至，对于封锁职责奉行不力者"也要枪毙"。特别对食盐的销售运输更是严加控制和监督，一律禁止自由买卖，实行公卖办法，购买食盐需持购买凭单，每人每月食盐限制到四钱至五钱。国民党的军事和经济封锁使苏区的经济受到很大破坏，红军的给养和群众生活遇到很大困难。

党内"左"倾机会主义的领导人，把革命战争同经济建设完全对立起来，认为在战争的环境下没有进行建设的可能，谁讲经济建设，就骂谁为右倾。同时他们推行许多过左的经济政策，如消灭资产阶级的劳动政策和税收政策，地主不分田、富农分坏田的土地政策等。他们片面强调政府和军队的需要，不顾人民的实际需要，只管增加政府的财政收入，不注意发展生产，这种情况给苏区革命的发展带来了损害。

——应晓燕. 封锁与反封锁［D］. 南昌：南昌大学，2019.

【史实梳理】中国共产党经济建设的举措

毛泽东深入群众，深入实际，亲自到农村调研，总结经验。写了《长冈乡调查》和《才溪乡调查》。1933年8月，毛泽东在江西南部十七县经济建设工作会议上作了《必须注意经济工作》的演说。1934年1月，在中华苏维埃第二次全国代表大会上作了《我们的经济政策》和《关心群众生活，注意工作方法》的报告和总结。这些调查和报告，阐明了根据地经济建设的方针、政策和办法。毛泽东指出："革命战争是当前的中心任务"，为着革命战争的胜利，需要进行经济方面的建设工作。不进行经济建设，革命战争的物质条件就不能有保障，人民在长期的战争中就会感觉疲惫。为此，毛泽东提出"必须注意经济工作"。他指出：我们的经济政策的原则，是进行一切可能的和必须的经济方面的建设，集中经济力量供给战争，同时极力改良民众的生活，巩固工农在经济方面的联合，保证无产阶级对于农民的领导。争取国营经济对私人经济的领导，造成将来发展到社会主义的前提。经济建设的中心是发展农业生产，发展工业生产，发展对外贸易和发展合作社。而农业生产是经济建设工作的第一位。

毛泽东还指出，苏区的国民经济，是由国营经济、合作性经济和私人经济三方面组成的。党的政策是尽可能地发展国营经济，并争取国营经济对私人经济的领导，同时大规模发展合作经济。对不超出政府法律范围的私人经济应予以提倡和鼓励，反对消灭资产阶级的"左"倾错误政策。为了进行革命战争，毛泽东强调必须"关心群众生活，注意工作方法"。他指出："组织革命战争，改良群众生活，这是我们的两大任务。"① 只要我们关心群众生活，注意工作方法，就能在革命政府的周围团结起千百万群众，来发展我们的革命。

由于苏区迫切的客观需要，由于各级苏维埃政府和广大人民群众的努力，中央苏区的农工商业都有发展。

③财政建设

苏维埃政府是用战胜敌人和发展国民经济的方法来增加财政收入，以支援革命战争。在财政支出方面，厉行节约，反对贪污浪费。为了改变反动派遗留下来金融方面的混乱，苏区陆续成立了若干银行。封建性和买办性的经济基础被消灭了，私人资本主义经济受到了限制，国营经济和合作社经济日益发展，国营经济和合作社经济取得了领导地位。新的生产关系的建立，促进了社会生产力的发展，提高了劳动生产率，使工人和农民的生活有了改善，有力地支援了革命战争。

---

① 毛泽东.毛泽东选集：第1卷[M].北京：人民出版社，1991：139.

④文化教育

苏维埃政权为了动员民众加入伟大的革命战争，为了解除反动统治阶级加在工农群众精神上的桎梏，在进行经济建设的同时，进行了文化教育方面的建设，创造新的革命的文化和教育。苏维埃政府文化教育的总方针："在于以共产主义的精神来教育广大的劳苦民众，在于使文化教育为革命战争与阶级斗争服务，在于使教育与劳动联系起来，在于使广大中国民众都成为享受文明幸福的人。"文化建设的中心任务：厉行全部的义务教育，发展广泛的社会教育，努力扫除文盲，造就大批领导斗争的干部。

【知识拓展】苏维埃政府为工农群众建立学校和识字班

为了发展广泛的社会教育，扫除文盲，苏区普遍地开办夜校、识字组和俱乐部，其中夜校是主要形式。据 1933 年的统计，在中央苏区的江西、福建、广东 3 个省的 2900 多个乡中，共有夜校 6400 多所，学生 94500 多人。识字组的组织，更是普遍。

共产党和苏维埃政府大力开展干部教育，培养各方面的干部。干部教育有在职学习和离职进校学习两种。主要是学习马列主义、政治形势、政府法令、党的路线策略、群众工作、社会调查等。1933 年 9 月，毛泽东在瑞金沙洲坝创办了苏维埃大学，担任校长。此外还有马克思共产主义大学、中央红军大学、女子大学、中央列宁师范学校、高尔基戏剧学校、无线电卫生等技术学校、红军步兵特科学校，培养领导干部、专业技术人员等。

——范静. 中央苏区教育的基本特点与历史经验 [J]. 教育学术月刊，2022（12）：17—23.

⑤廉政建设

1933 年 12 月，中央执行委员会发布惩治贪污浪费行为的训令，严肃查处腐败案件；1934 年，建立审计监督制度，在规范财政财务收支、查处贪污浪费、促进廉政建设方面发挥了重要作用。

苏维埃政府成为中国历史上从未有过的真正廉洁的政府。根据地成为新民主主义共和国的雏形，它使身陷苦难深渊的中国人民看到了光明和希望。

【典型案例】苏维埃政府的廉政和司法建设

1933 年 12 月 15 日，中央执行委员会下发了由主席毛泽东、副主席项英签发的《关于惩治贪污浪费行为》的第 26 号训令。这也是中国共产党成立以来，我党颁布的第一个反腐法令。训令的颁布，对腐败分子产生了巨大的威慑作用，也使苏区的反腐败斗争有法可依。"凡苏维埃机关、国营企业以及公共团体的工作人员，利用自己地位贪污公款以图私利，款额在500元以上者处以死刑；500元以下者，以款额多少分别处以5年以下的监禁和半年以下的强迫劳动。同时，还要没收其本人全部或一部分家产，并追回赃款。凡挪用公款为私人营利者，以贪污论罚如上。因玩忽职务而浪费公款，致使国家受到损失的，依其浪费程度处以警告、撤职以至1个月以上3年以下的监禁。"

根据这一训令，一些贪污犯被判处死刑，苏维埃大会工程所主任左祥云，在任职期间勾结反动分子，贪污公款246.7元，并盗窃机密，私偷公章，企图叛逃；于都县军事部长刘仕祥贪污公款200余元，并挪用公款做生意，向总供给部报假账。这两个罪犯经公审后均被判处死刑。一个厨师买了头猪没有付钱，把猪杀了，这个厨师犯了侵犯他人财产罪被处死。

在政策和法令的威慑下，一些犯有贪污罪行的人纷纷投案自首。在萍乡、上饶等地，出现了父亲检举儿子、妻子动员丈夫去政府坦白的事例。当时17个中央级的群众团体共检举出从厅长到科员43人，查出贪污款项计大洋2053元，棉花270斤，金戒指4枚。这次中央政府各部共处理了64人。各地也同时开展了检举、审查贪污浪费的运动，1934年3月，人民委员会提出在4个月内节省80万元的指标，结果节省的资金交到金库的即达600万元。

通过反腐败斗争的洗礼，中央苏区的广大干部党员都自觉地把自己置身于人民的监督之下，艰苦朴素、廉洁奉公、任劳任怨、公而忘私的精神，在中央苏区干部、党员中蔚然成风。

——毛泽东、项英、张国焘．中央执行委员会第二十六号训令——关于惩治贪污浪费行为［J］．江西社会科学，1981（1）：89.

（2）土地革命战争的严重挫折

①中国共产党内的"左"倾之风

大革命失败后，在纠正陈独秀右倾机会主义错误的同时，由于对中国政局的复杂性和中国革命的长期性缺乏认识，中国共产党内开始滋长了一种"左"的急躁情绪。

【问题思考】党内"左"倾错误的主要表现是什么？

党内"左"倾错误的主要表现：

在革命性质和统一战线问题上，混淆民主革命与社会主义革命的界限，将反帝反封建与反资产阶级并列，将民族资产阶级视为中国革命最危险的敌人，一味排斥和打击中间势力。

在革命道路问题上，继续坚持以城市为中心，武装夺取政权。

在土地革命问题上，提出坚决打击富农和"地主不分田，富农分坏田"的主张。

在军事斗争问题上，实行进攻中的冒险主义、防御中的保守主义、退却中的逃跑主义。

在党内斗争和组织问题上，推行宗派主义和"残酷斗争，无情打击"的方针。

【典型案例】三次"左"倾错误的具体表现

第一次，瞿秋白的"左"倾盲动主义。

1927年大革命失败后，在共产党内，由于对国民党屠杀政策的仇恨和对陈独秀投降主义的愤怒，左倾冒险情绪很快发展起来。这种情绪在八七会议时已经开始。1921年7月，在瞿秋白的主持下，中共中央召开临时政治局扩大会议，瞿秋白、苏兆征、李维汉被选为常委，"左"倾盲动主义第一次在党中央领导机关取得统治地位。

瞿秋白写了一篇文章，题目是《中国革命是什么样的革命》，提出一个结论，革命是在不断高涨。全国各地党组织，都在不顾当地的主客观条件，都要求起来暴动，谁不暴动谁就是机会主义，而且认为党的任务就是最后在全国实现总暴动。

瞿秋白的"左"倾盲动主义在实际工作中招致了许多损失，因此，1928年初在许多地方已经停止执行。2月，共产国际批评了瞿秋白的错误，指出那种"认为中国革命是不断革命的意见，是不对的"。4月30日，中共中央发出通告，检讨了"玩弄暴动""烧杀主义"等错误，瞿秋白"左"倾盲动主义基本上结束。

第二次，李立三的"左"倾冒险主义。

1928年6月，中共第六次全国代表大会在苏联莫斯科秘密召开。大会清算了陈独秀的右倾投降主义路线，同时批判了瞿秋白的"左"倾盲动主义错误，明确了当时中国革命的性质仍然是资产阶级民主革命，提出了党在民主革命阶段的十大政治纲领。中共六大以后名义上总书记是向忠发，实际主持中央工作的是李立三。

李立三主持召开的中共中央政治局会议通过了李立三起草的《新的革

命高潮与一省或几省的首先胜利》的决议，使以冒险主义为特征的"左"倾错误再次统治了中央领导机关。同瞿秋白的左倾盲动主义一样，李立三"左"倾冒险主义也在中国革命形势、性质和基本政策等问题上做了错误分析和规定。

他认为新的军阀混战，有极大的可能转变成为全国革命的胜利与军阀统治的最后死亡。他不承认革命需要主观组织力量的充分准备，认为当时就已经具备了可以在全国举行武装起义的条件。他否认中国革命发展的不平衡性，认为"中国经济政治的根本危机，在全国任何一处都是同样继续尖锐化，没有丝毫根本的差别"。他也不承认世界革命发展的不平衡，认为中国革命的总爆发必将引起世界革命的总爆发。此外，李立三不承认革命的长期性，认为民主革命的彻底胜利与推翻资产阶级的统治不可分离，并为此制定了没收民族资产阶级企业、消灭富农和集体农庄等"左"倾政策。

李立三的"左"倾错误及其造成的严重危害，引起共产党内许多干部和群众的不满与反对。1930 年 9 月 24 日，在瞿秋白、周恩来的主持下，中国共产党在上海召开六届三中全会。会议指出李立三的错误，停止组织全国总起义和集中红军攻打中心城市的冒险计划，决定恢复党团工会的独立组织和经常性工作。会议改选了中央政治局，向忠发、瞿秋白、周恩来三人为政治局常务委员。这样，就在中共中央领导机关结束了李立三"左"倾冒险主义的统治。

第三次，王明"左"倾教条主义。

1930 年 9 月召开的中共六届三中全会，结束了李立三"左"倾机会主义在党中央的统治。但是全会和全会以后对李立三的错误并没有从思想上加以清算。因此，八七会议以来在党内一直存在的"左"倾思想和"左"倾政策，未能得到纠正。从 1931 年 1 月开始又形成了以王明为代表的"左"倾机会主义对党的第三次统治。

1930 年，王明等人陆续从苏联回国。王明因反对《新的革命高潮与一省或几省的首先胜利》的决议，受到处分。六届三中全会以后，王明打着"执行国际路线"，反对立三路线、反对调和主义的旗帜，在共产国际代表米夫的支持下，起来反对三中全会及其后的中央。九十月间王明写成《两条路线——拥护国际路线，反对立三路线》：提出了一系列比李立三的冒险主义还要"左"的错误观点。这个小册子在他们夺取党的最高权力的过程中起了纲领作用。中共"左"倾继续发展，王明路线使"左"倾路线达到顶点。

1931年9月，王明去莫斯科任中共驻共产国际代表，他的亲信秦邦宪（博古）担任临时中央总负责人。1931年3月18日，苏区中央局传达了共产国际的"十月来信"。4月中旬，由任弼时、王稼祥、顾作霖组成的上海代表团来到中央苏区，传达六届四中全会的精神。

两次会议使王明的"左"倾路线影响中央苏区，毛泽东正确路线被否定。

第三次"左"倾错误的一个高峰是1934年1月的六届五中全会。它的政治决议案是这样写的：在军事上提出要形成百万钢铁红军，大量扩军，御敌于国门之外，跟人家打阵地战；在土地问题上，实行地主不分田，富农分坏田；在统一战线方面，又提出中间派是最危险的敌人。用这样一整套的政策，又打着国际路线的旗号，统治了四年之久，使整个根据地几乎全盘失败，最后逼着红军走上长征的路。

——王艳.中共党内反倾向斗争正确方针研究（1921—1945）[D].长春理工大学，2024.

【互动问题】党内连续发生"左"倾错误的原因是什么？

在20世纪30年代前期、中期，中国共产党内屡次出现严重的"左"倾错误的原因，除了八七会议以后党内一直存在着的浓厚的"左"倾情绪始终没有得到认真的清理，共产国际对中国共产党内部事务的错误干预和瞎指挥以外，主要的原因在于，全党的马克思主义理论准备不足，理论素养不高，实践经验也很缺乏，不善于把马克思列宁主义和中国实际全面地、正确地结合起来。

首先，八七会议以后党内一直存在着的浓厚的"左"倾情绪始终没有得到认真的清理。由于对国民党屠杀政策的仇恨和对陈独秀机会主义的愤怒而加强起来的小资产阶级革命急性病，也反映到党内，使党内的"左"倾情绪也很快地发展起来了。这种"左"倾情绪在党中央的紧急会议（八七会议）上已经开端。

其次，共产国际对中国共产党内部事务的错误干预和瞎指挥。除了在理论与政策上的错误干预之外，还在组织上派来罗米那兹和李德等人，对中国革命战争瞎指挥。这种不了解中国革命具体的指挥致使革命方向与策略产生了偏差，造成党内"左"倾错误频频出现。

再次，党的决策不科学。半殖民地半封建中国社会的阶级状况，决定了中国共产党的党员中农民和小资产阶级出身的占大多数，使党处在小资产阶级思想的包围之中。

最后，中国共产党还处在幼年，全党的马克思主义理论准备不足，理论素养不高，实践经验也很缺乏，"对于中国的历史状况和社会状况、中国革命的特点、中国革命的规律不了解，对于马克思列宁主义的理论和中国革命的实践没有统一的理解"①。

②党外的国民党围剿

当王明"左"倾机会主义错误在中央苏区和其他革命根据地得到大力贯彻的时候，蒋介石正在加紧准备发动第五次军事"围剿"。1933年6月，蒋介石再次召开所谓"剿匪会议"，进一步贯彻"三分军事，七分政治"的反动方针。同年6月，蒋介石派宋子文去美国，签订了5000万美元的贷款协定，加强了进行反革命内战的经济力量。他还聘请德、意、美等国军事顾问，在江西庐山设立军官训练团，研究新的战法。这次"围剿"开始以前，敌人总结了过去失败的教训，采取了堡垒政策。这种办法就是构筑碉堡，齐头并进，务其星罗棋布。进得一步即守一步，不为防线而为铁板式之平面，逐渐前进，缩小"匪区"。经过这些充分准备之后，蒋介石于1933年9月，调集100万军队，200架飞机，向革命根据地发动了空前规模的第五次"围剿"。蒋介石采取"步步为营，节节进剿"的方针，以50万兵力进攻中央苏区。在苏区周围筑起了3000多个碉堡，企图紧缩苏区，消耗红军有生力量，最后寻找红军主力决战，达到消灭红军的目的。

2. 峰回路转——遵义会议与革命的转折

在王明"左"倾教条主义的领导下，中央红军第五次反"围剿"失败。1934年10月中旬，中共中央机关与中央红军被迫撤离根据地，开始实行战略转移——长征。尽管中央为长征做足了准备，但是实施战略转移的时机是仓促间决定的。长征初期仍是推行"左"倾路线的领导人李德、博古进行指挥。在战略转移的过程中，李德、博古等人又犯了退却中的逃跑主义错误。湘江战役致使我们兵力损失过半。严酷的事实使广大共产党员与红军指战员对"左"倾错误领导产生了怀疑与不满。一些曾经支持过"左"倾错误的中央领导人逐渐转变态度，开始支持毛泽东的正确主张。

【史实梳理】湘江战役

湘江战役是红军长征途中的一场硬仗，也是关系中央红军生死存亡的关键一战。中央红军开始长征后，原来推行"左"倾错误的中央领导人，在实行这次突围和战略转移的时候，又犯了退却中的逃跑主义错误，并且把战略转移变成搬家式的行动，随军带上印刷机器、军工机器等笨重的器材。全军8.6万多

---

① 毛泽东. 毛泽东选集：第二卷 [M]. 北京：人民出版社，1991：610.

人在山中羊肠小道上行进，拥挤不堪，常常是一夜只过一个山坳。

国民党"追剿"军达 16 个师、77 个团，布置了 4 道封锁线，由粤军、湘军、桂军分别堵截。但是，各路敌军之间存在着复杂的矛盾，对防堵追击红军的态度并不一样。在中央红军转移前夕，中革军委主席朱德于 9 月底致信广东军阀陈济棠，表示愿就停止内战、恢复贸易、代购军火和建立抗日反蒋统一战线与之进行秘密谈判。10 月 5 日，中共中央、中革军委派遣潘健行（潘汉年）、何长工为代表，同陈济棠的代表在江西寻乌进行会谈，达成协议。在中央红军突破敌军第一道封锁线进入广东境内时，陈济棠部基本上没有堵截。接着红军比较顺利地通过第二道封锁线。

在红军突破第三道封锁线，挺进到广西湘江地域时，蒋介石已经调集 25 个师数十万大军，分 5 路前堵后追，企图消灭红军于湘江之侧。面对敌人重兵紧逼，军事指挥李德一筹莫展，只是命令部队硬攻硬打。11 月 25 日，中革军委决定红军从广西全州、兴安间强渡湘江。这是国民党军队的第四道封锁线。

湘江战役是中央红军长征以来最惨烈的一战。渡过湘江后，中央红军从长征出发时的 8.6 万多人锐减到 3 万多人。但红军以疲惫之师，苦战 5 昼夜，终于突破敌军重兵设防的第四道防线，粉碎了蒋介石围歼中央红军于湘江以东的企图。经此一役，充分暴露了"左"倾路线的错误决策给红军带来的严重恶果，为纠正错误提供了机会。在事实面前，部队明显地产生怀疑不满和要求改换领导的情绪。一些曾经支持过"左"倾错误的领导人，也在严酷事实的教育下，逐渐改变了态度。①

【问题互动】遵义会议的主要内容是什么？有何历史意义？

1935 年 1 月 15—17 日，中共中央政治局在遵义召开会议。遵义会议改组了中央领导机构，增选毛泽东为中共中央政治局常务委员。并决定取消"三人团"，仍由中革军委主要负责人朱德、周恩来指挥军事，周恩来为下最后决心的负责者。

遵义会议在中国共产党的历史上具有至关重要的意义。遵义会议开始确立了以毛泽东为代表的马克思主义的正确路线在中共中央的领导地位，从而在极其危急的情况下挽救了中国共产党、挽救了中国工农红军、挽救了中国革命，成为中国共产党历史上一个生死攸关的转折点；遵义会议还标志着中国共产党在政治上从幼年达到了成熟。

3. 柳暗花明——红军长征的胜利

遵义会议后，在毛泽东等的领导下，中央红军采取灵活机动的战略战术，

---

① 薛庆超. 红军长征回忆录精选 [M]. 北京：人民出版社，2019：112.

四渡赤水河、巧渡金沙江、抢渡大渡河，翻越人迹罕至的夹金山，摆脱了数十万国民党军的围追堵截，赢得了战争的主动权。1935年6月中央红军抵达四川懋功（今小金）地区，同红四方面军会师。之后，中共中央又同红四方面军领导人张国焘分裂中央、分裂红军的严重错误进行了坚决的斗争。10月19日，中共中央率陕甘支队到达陕北吴起镇，同陕北红军会合，有了新的落脚点和战略基地。至此，中央红军的二万五千里长征胜利结束。1936年10月，红二、四方面军先后同红一方面军在甘肃会宁、静宁将台堡（今属宁夏回族自治区）会师，标志着三大主力红军的长征胜利结束。

【案例呈现】红军四渡赤水河的巧妙战术

一渡赤水：摆脱被动。1935年1月27日，中央红军各部陆续到达黔北土城地区。28日下午，川敌向红五军团阵地发起轮番进攻。在前沿指挥作战的毛泽东得到情报，敌军不是原来估计的4个团，而是6个团。他紧急召集政治局主要领导开会，提出红军必须立即停止战斗，撤出战场。中央红军除留下少数部队继续阻击川军外，其余各路纵队迅速轻装，从土城渡过赤水河西进，以打乱敌人尾随计划，变被动为主动。

二渡赤水：遵义大捷。中央红军渡过赤水河，分左右两路，进入川南古蔺、叙永县境，准备从宜宾上游渡过长江北进。1935年2月1日，红一军团二师奉命向叙永县城发起攻击。4日，在叙永县城久攻不下和川军增援部队不断到达的情况下，毛泽东和中革军委作出新决定：放弃在叙永一带北进的计划，向云南东北部转移。7日，毛泽东命令各部迅速脱离川敌，向川滇边的扎西（今威信）地区集中，改在川滇黔三省交界的地区机动作战。19日，红军在太平渡、二郎滩渡口二渡赤水河，全部进入贵州，返回黔北地区。

三渡赤水：引敌西进。1935年3月14日，红军主力移师仁怀县东南20多公里的鲁班场，进攻据守在那里的中央军周浑元纵队。战斗中敌十三师4个团由三元洞急速增援，一下子改变了战场形势。毛泽东沉着果断，立即决定退出战斗，指挥部队于当晚撤离了鲁班场地区，并在敌人的援军之间快速穿插，直接攻向茅台镇。3月16日，红军几乎一枪未发就拿下了茅台镇。17日，红军主力全部渡过赤水河。

四渡赤水：跳出重围渡过赤水河后，毛泽东命令部队停止前进，只令红一军团派出一个团伪装成红军主力的样子，从古蔺向西而行，沿途拉开距离、展开红旗、散发传单，故意做出要北渡长江的姿态，迷惑敌人。在21日晚一夜之间，从太平渡、二郎滩等渡口四渡赤水河。然后调头南下，穿插行进在数十万敌军的缝隙之中。3月底，红军从梯子岩等渡口南渡乌江。

在这场战斗中，红军战士们化被动为主动，犹如一条灵巧的赤水河流域中的游鱼，迅速地在敌人的包围圈中穿梭，让敌人无法捉摸。他们展现出了英勇无畏的精神风貌，坚定地迈向胜利的彼岸。

——王新生．党史视域下的中央红军四渡赤水 ［J］．中国浦东干部学院学报，2021，15（06）：107—116.

【问题思考】红军长征胜利的历史意义是什么？

中国工农红军的长征是一部伟大的革命英雄主义的史诗。它向全中国和全世界宣告，中国共产党及其领导的人民军队，是一支不可战胜的力量。

第一，中国共产党领导的中国工农红军长征的胜利，是中国革命转危为安的关键。

第二，伟大的红军长征，开创了中国革命的新局面。长征的胜利，完成了红军军事上的战略转移与政治上向抗日民族战争的战略转变、长征前进的大方向与抗日前进阵地的建立相结合的任务，实现了由国内革命战争向抗日民族战争的战略转变，为党和红军的发展创造了条件，开创了中国革命的新局面。

第三，伟大的红军长征，培育了中国共产党和中国人民军队的革命精神。共产党员和红军将士在长征中所表现出来的长征精神，就是把全国人民和中华民族的根本利益看得高于一切，坚定革命的理想和信念，坚信正义事业必然胜利的精神；就是为了救国救民，不怕任何艰难险阻，不惜付出一切牺牲的精神；就是坚持独立自主、实事求是，一切从实际出发的精神；就是顾全大局、严守纪律、紧密团结的精神；就是紧紧依靠人民群众，同人民群众生死相依、患难与共、艰苦奋斗的精神。长征精神，是中国共产党人和人民军队革命风范的生动反映，是中华民族自强不息的民族品格的集中展示，是以爱国主义为核心的民族精神的最高体现。

【问题互动】长征精神在中华民族伟大复兴的道路上发挥了怎样的作用？

习近平同志说："我们党领导红军，以非凡的智慧和大无畏的英雄气概，战胜千难万险，付出巨大牺牲，胜利完成震撼世界、彪炳史册的长征，宣告了国民党反动派消灭中国共产党和红军的图谋彻底失败，宣告了中国共产党和红军肩负着民族希望胜利实现了北上抗日的战略转移，实现了中国共产党和中国革命事业从挫折走向胜利的伟大转折，开启了中国共产党为实现民族独立、人民解放而斗争的新的伟大进军。这一惊天动地的革命壮举，是中国共产党和红军谱写的壮丽史诗，是中华民族伟大复兴历史进程中的巍峨丰碑。"①

【知识拓展】土地革命时期中国共产党的策略转变和理论建设——为全民族抗战做好准备

在全国抗日救亡运动高涨之际，中国共产党及时提出了抗日民族统一战线的新政策。1935 年 8 月 1 日，发表《为抗日救国告全国同胞书》（即"八一宣言"），呼吁全国各党派、各界同胞、各军队摒弃前嫌，停止内战，集中一切国力，为抗日救国的神圣事业而奋斗。12 月，中共中央在陕北瓦窑堡召开政治局扩大会议，瓦窑堡会议首先阐明建立抗日民族统一战线的可能性。毛泽东指出："目前时局的基本特点，就是日本帝国主义要变中国为它的殖民地"，中华民族面临着亡国灭种的严重威胁。对此，一切阶级和政治势力都应做出回答。中国的工人、农民、小资产阶级是要抗日的；民族资产阶级的政治态度是可能变化的；地主买办阶级在斗争矛头指向日本帝国主义时，英美的走狗有可能遵照其主子叱声的轻重，同日本帝国主义及其走狗暗斗以至明争的。其次，批判了"左"倾关门主义错误，强调共产党在抗日民族统一战线中的领导作用。为了实行抗日民族统一战线，必须肃清党内长期存在的狭隘的关门主义。关门主义的错误在于不相信许多中间阶层有参加抗日的作用。最后，规定了建立广泛的抗日民族统一战线的具体政策。决定将"人民共和国"口号代替"工农共和国"。会议提出了在抗日的条件下与民族资产阶级重建统一战线的新政策，批评了党内长期存在的"左"倾冒险主义、关门主义的错误倾向。中国共产党在新的历史时期即将到来时掌握了政治上的主动权。

1936 年 5 月，在共产党人的积极参与下，宋庆龄、沈钧儒、邹韬奋、陶行知、章乃器等爱国民主人士发起成立全国各界救国联合会。中国共产党对驻扎在西北地区的以张学良为首的东北军和以杨虎城为首的国民党第十七路军的统一战线工作取得突破性进展。

1936 年 5 月，中共中央发布《停战议和一致抗日通电》，放弃了"反蒋抗日"的口号，第一次公开把蒋介石作为联合的对象。9 月 1 日，中共中央发出党内指示，明确提出党的总方针是"逼蒋抗日"。

1936 年 12 月，毛泽东写了《中国革命战争的战略问题》这部著作，总

---

① 习近平. 在纪念红军长征胜利 80 周年大会上的讲话［N］. 人民日报，2016-10-22（02）.

结土地革命战争中党内在军事问题上的大争论，系统地说明了有关中国革命战争战略方面的诸问题。

1937 年夏，毛泽东在延安抗日军政大学讲授《实践论》《矛盾论》，从马克思主义认识论的高度，总结中国共产党的历史经验，揭露和批评党内的主观主义尤其是教条主义错误，深入论证马克思列宁主义基本原理同中国具体实际相结合的原则，科学地阐明了党的马克思主义的思想路线。

以毛泽东为主要代表的中共中央所进行的理论工作，对党的政治路线、军事路线和思想路线进行了拨乱反正，从思想上、理论上武装了中国共产党人，使他们满怀信心地去迎接即将到来的伟大的抗日民族解放战争。

——靳晓霞，薛超凡．中国共产党敢于斗争、善于斗争的经验及启示——基于新民主主义革命时期的历史考察［J］．中共青岛市委党校．青岛行政学院学报，2024（03）：5—10.

三、专题小结

大革命失败后，中国社会依然是一个半殖民地半封建社会，在国民党统治下，中国人民依然挣扎在水深火热之中，民族独立、人民解放的历史任务依旧没有完成。为此，中国共产党义无反顾地肩负起领导中国人民开展反抗国民党反动统治的武装斗争，以毛泽东为主要代表的中国共产党人经过艰辛探索，找到了一条适合中国国情的农村包围城市、武装夺取政权的革命新道路。在领导中国革命的过程中，党内出现三次"左"倾错误。遵义会议纠正了"左"倾错误，实现了中国革命的历史性转折，确立了以毛泽东为主要代表的马克思主义正确路线在党中央的领导地位，保证了红军长征的胜利，开创了中国革命的新局面。土地革命战争的历史告诉我们，走自己的路，是党的全部理论和实践的立足点。中国共产党在革命实践与理论探索中，逐步创新了适合中国国情的革命理论与革命道路，为实现中华民族伟大复兴指明了前进的方向。

四、推荐阅读

1. 毛泽东．反对本本主义［M］．北京：民族出版社，1964.

2. 习近平．在纪念红军长征胜利 80 周年大会上的讲话［N］．人民日报，2016-10-22（02）.

3. 习近平．在庆祝中国人民解放军建军 90 周年大会上的讲话［N］．人民日报，2017-08-02（02）.

专题七 "开启了古老中国凤凰涅槃，浴火重生的新征程"

——全民族抗战的进行与伟大胜利

一、教学说明

（一）教学目标

1. 知识目标：掌握近代日本侵略中国的历程和犯下的滔天罪行；熟悉近代中国抗击日本侵略的斗争脉络、全民族抗战伟大胜利的意义和影响；了解近代中国抗战的方针和政策变化。

2. 能力目标：通过对近代抗日战争的学习，了解全民族抗战的特点，掌握抗日战争历史阶段的转变及原因，培养正确分析和评价历史问题的能力，增强个人研究历史的能力。

3. 价值目标：通过课程教学激发大学生爱国热情，牢固树立大学生的爱国情怀，增强为国家实现中华民族伟大复兴而献身的主动精神。

（二）教学重点与难点

重点：认识近代日本侵略给中华民族带来的深重灾难和全民族抗击日本侵略的历程。

难点：理解中国共产党是中华民族抗日战争的中流砥柱，明确抗日战争胜利的原因及意义。

（三）教学方法

综合运用案例式、启发式和讨论式教学方法，辅以视频教学、网络平台互动等教学手段，并通过学期的学情分析，搜集相关教学案例、社会热点等教学素材，应用于教学。

（四）学时安排

2 学时

（五）参考资料

1. 李祺，梁大伟. 中共中央机关报抗日民族统一战线宣传：研究述评与展望［J］. 浙江理工大学学报（社会科学版），2024（01）：39—46.

2. 吴千石. 延边地区抗日武装斗争基地研究［M］. 厦门：厦门大学出版社，2016.

3. 刘金田. 中国的抗日战争［M］. 上海：上海人民出版社，2016.

5. 郝平，周亚，李常宝. 中国抗日战争全景录［M］. 太原：山西人民出版社，2015.

6. 张瑞德，齐春风，刘维开等. 抗日战争与战时体制［M］. 南京：南京大学出版社，2015.

二、教学内容

［导入］习近平总书记在纪念中国人民抗日战争暨世界反法西斯战争胜利75周年座谈会上发表重要讲话："75年前的今天，中国人民同世界人民一道，以顽强的意志和英勇的斗争，彻底打败了法西斯主义，取得了正义战胜邪恶、光明战胜黑暗、进步战胜反动的伟大胜利。75年前的今天，中国人民经过14年不屈不挠的浴血奋战，打败了穷凶极恶的日本军国主义侵略者，取得了中国人民抗日战争的伟大胜利！这是近代以来中国人民反抗外敌入侵持续时间最长、规模最大、牺牲最多的民族解放斗争，也是第一次取得完全胜利的民族解放斗争。这个伟大胜利，是中华民族从近代以来陷入深重危机走向伟大复兴的历史转折点、也是世界反法西斯战争胜利的重要组成部分，是中国人民的胜利、也是世界人民的胜利。中国人民抗日战争的伟大胜利，将永远铭刻在中华民族史册上！永远铭刻在人类正义事业史册上！"① 近代的日本是如何侵略中国的？伟大的革命先烈又是如何反抗并获得胜利的？我们一起进入本专题的学习。

（一）日本野蛮侵略下的深重灾难

1937年7月，日本发动全面侵华战争，给中国人民带来无尽的苦难。据1991年中国政府公布的《白皮书》披露：日军侵华期间，中国军民伤亡3500万人，遭受实际经济损失6000多亿美元，其中直接损失1000亿美元，间接损失5000亿美元。当时国民党政府公布，全国有11.4亿亩耕地，损失6亿亩；2300万头耕牛，损失800万头。日本通过侵华战争，掠夺我国钢铁3350万吨，煤

---

① 习近平. 在纪念中国人民抗日战争暨世界反法西斯战争胜利75周年座谈会上的讲话［N］. 人民日报，2020-09-04（02）.

5.86 亿吨，粮食 5.4 亿吨，木材 1 亿立方米。那么，日本为何会做出如此野蛮的掠夺行径，又为何将掠夺目光放至中国呢？

1. 军国主义的文化土壤——日本侵略思想的根源

从地理因素来看，日本具有扩张性。日本是位于东亚的狭长岛国，由数千个岛屿组成，众列岛呈弧形，国土被海完全包围，领土面积狭小。日本地处四个板块的交界处，因此地震和火山活动十分频繁，自然灾害频发，且地形以山地、丘陵为主，农业活动受到极大限制，因此日本国土内的农业等资源欠缺、交通不便导致了经济等发展受限，进而为扩张、掠夺性的文化背景产生了铺垫。

从文化背景来看，日本军国主义思想渊源深厚。包括神道教的统治、日本佛教的战争帮凶、日本儒学助推军国主义扩张、武士道思想的文化根源、社会达尔文主义的西方理论支撑。

【典型案例】 日本的神道思想与外侵意识

以二战结束时间为止，神道教经历过原始神道——皇室神道——学派神道——国家神道的四个阶段。从皇室神道开始，神道教以天皇的崇拜为中心，并且一直密切联系着国家的政治，逐步深化发展成为日本民族思想的象征和国家文化的灵魂，从深层次影响着日本的政治、经济和文化的发展。日本神道思想内容集中体现于被作为神道经典的《古事记》《日本书纪》等古籍中。该书主要记载的是关于日本肇国等内容的神话，这些神话被作为国家正史的性质对待而获得神圣化、正统化。

除了《古事记》《日本书纪》经典，历史上日本统治阶级为了政治目的，亦编造了其他神话，如《汗美须乍到神统》《秘府录》《倭传》等文献中的记载，其神话内容也成为神道思想的一部分，而这几本文献中宣扬了天皇祖先"伟大的侵略事迹"，而正因为如此，天皇祖先被尊为最高、最大的神，被认为是太阳神化身。所以，太阳神就成了天皇家族的祖神和守护神，而历代天皇则成了太阳神的子孙和化身。进而，日本成了"太阳的故乡"，被认为是受到神灵保护的神国。显而易见，这些神话不但表达了强烈的扩张欲望，征服和统治世界的梦想，并以此强调了天皇的伟大，宣扬了天皇崇拜和神国思想。

——唐小立. 近代日本神道思想研究的几种基本形态 [J]. 世界宗教文化，2023（01）：56—62.

从思想认知来看，日本呈现群体性自卑。"耻感文化"导致了日本军国主义阴魂不散。"耻感文化"是相对于"罪感文化"而言的。美国人类学家鲁思·本尼迪克特夫人的《菊与刀》一书中把日本文化与西方文化加以比较，她认为与西方的"罪感文化"不同，日本文化是一种典型的"耻感文化"。在"罪感文化"社会中，是依靠人内心的罪恶感约束人的行为的，人如果违背了那个"绝对的道德标准"就会感到是有罪的。"耻感文化"则注重外界对自己的评价，自身缺乏发自内心的道德约束，因而行为很容易陷入盲目过激的地步。"耻感文化"使日本外交很大程度上是对外部世界行为的被动反应，同时也使日本外交很少考虑道德问题，具有很重的功利主义色彩。

从武士道的传统意识形态看，武士通过征战杀伐而获利，武士道描述的，自然是战争中的法则。以下就是对武士道的具体分析。第一，武士道宣扬"忠诚"。"忠"是武士道的首要德目，是武家社会的价值核心。第二，武士道崇尚战争。武家社会以武为本，武力是武士安身立命的工具，所以，武士道强调"武勇"为合格武士的基本条件。

从经济因素来看，日本明治维新后，虽然走上资本主义道路，但存在的资本原始积累少，农业落后，严重的军事化色彩等都极大制约了日本的发展水平，国内矛盾尖锐。经济的落后与资本主义的原始扩张冲动混杂在一起，形成日本强烈的扩张意识。

【典型案例】日本对伪蒙疆地区资源的掠夺

日本侵华时期，伪蒙疆地区由于丰富的畜产和矿产资源，对于日本维护殖民统治、维持和扩大侵略战争具有非常重要的价值。特别是煤炭、铁矿石和皮毛，不仅是用于民用生产的原料，而且被视为极其重要的战略资源。日本在战前就对该地区觊觎已久并着手调查，占领后扶植伪政权实行殖民统治，开始了对资源的全面调查、开发与掠夺。满铁、日本政府的相关部门及一些大的会社、伪蒙疆政府派出各种调查组织，实行了大规模的调查活动，整理出许多统计资料。①

为了使掠夺行为合法化，日伪制定了相关的法律法规，把这种掠夺活动纳入了日伪在伪蒙疆地区实行的经济统制体制之中。日本为了加快掠夺，在当地成立了一些大型的特殊会社，不断增加投资，扩大生产和增加产量。晋北的大同煤矿、察南的龙烟铁矿、内蒙古锡林郭勒盟的皮毛马匹，成为

---

① 张孟伟.侵华时期日本对伪蒙疆地区资源的掠夺——以矿产和畜产资源为主［D］.内蒙古大学硕士论文，2022：10—11.

日伪掠夺矿产、畜产资源的重要对象。随着对华侵略战争的扩大和太平洋战争的爆发，日本对战争物资的需求急剧增加，伪蒙疆地区成为重要的"以战养战"基地，对战略物资更是巧取豪夺。日本对伪蒙疆地区矿产和畜产资源的掠夺，是日本侵华战争中经济侵略的一个组成部分。

——张盟伟．侵华时期日本对伪蒙疆地区资源的掠夺［D］．呼和浩特：内蒙古大学，2022.

2. 日本对中国犯下的滔天罪行

（1）局部侵华

日本侵华战争是一场蓄谋已久的侵略。早在清朝末年，它就通过发动甲午战争和 1904—1905 年在中国东北进行的日俄战争等侵略扩张行动，迫使清政府订立不平等条约，侵占中国台湾，并把中国东北的南部地区强行划为自己的势力范围。日本在中国东北设立殖民机构，如关东都督府、南满洲铁道株式会社（简称满铁）、驻奉天总领事馆等，建立关东军，对东北进行全面的政治、军事控制和经济掠夺。

1927 年，日本首相田中义一主持召开"东方会议"，制定《基于对华根本方针的当前政策纲领》，提出要把"满蒙"从中国本土彻底分割出去，并决心为之诉诸武力。日本军国主义势力主张，"惟欲征服支那，必先征服满蒙；如欲征服世界，必先征服支那"。日本明治维新以来对外扩张的"大陆政策"进一步发展和具体化。

1929 年 10 月，由美国开始的经济危机席卷整个资本主义世界。为了摆脱危机，日本军国主义者决心实施其既定的侵华政策。

1931 年 9 月 18 日，日本关东军发动了九一八事变，标志着日本变中国为其独占殖民地的局部侵华由此开始。1932 年 2 月，中国东北全境沦陷。1935 年，日本在华北制造一系列事端，向中国政府提出使华北政权"特殊化"的要求，致使中国政府在河北、察哈尔两省的主权大部丧失。接着，日方又策动华北五省（河北、察哈尔、绥远、山西、山东）、两市（北平、天津）"防共自治运动"，制造傀儡政权，这就是华北事变。

日本是亚洲的帝国主义强国，它对中国的侵略蓄谋已久，并经过精心策划、周密准备。当时的中国政府将国民党军的主力用于"围剿"共产党领导的工农红军，对日本实行不抵抗主义。国际联盟和英、美等国政府则采取对日姑息、纵容的政策。这就使日本对中国的侵略计划步步得逞。

【典型案例】中日武器对比

九一八事变时期，因为事起仓促，加上是少部分中下级军官负责发动，导致日军其实并没有做好长期战争的准备，他们的弹药准备是不足的。当时日军每个中队只有 100 个手榴弹，几乎是两个人一颗，远低于东北军的每人四颗。而日军占优势的火炮，备弹基数也不足，当时，当时日军每门炮只有 100—200 发炮弹，远低于正常会战份每门炮 1300—2000 发的弹药基数。说句不夸张的，就当时日军那点弹药，东北军如果正常抵抗，打几个小时日军就会没弹药自行撤退了。

因此当时的日军第二师团和各守备队，相比于东北军最精锐的国防旅，在装备上其实并没有优势。而后来蒋介石的德式师，一个师也拥有轻机枪 324 挺、重机枪 72 挺、迫击炮 24 门、山野炮 12 门。1931 年的日本陆军其实穷得很，他们除了非常有特色的掷弹筒和火炮略多以外，在装备上确实乏善可陈。而多年未经战事的他们虽然训练刻苦，但是毕竟没有参加过实战。所以单纯从武器装备的对比来看，九一八事变时，其实东北军是占有基层火力优势的，在武器上并不落下风。

但是可惜的是，虽然武器装备并不差，可是在战备意识、训练程度、部队士气、战术水平、临阵指挥、作战配合等方面，东北军都是全面落后的。而这些落后，才是东北军在九一八事变时惨败的根本原因！

——徐焰.从抗战时中日武器对比看军队战斗素质［J］.兵器知识，2009（03）：34—37.

（2）全面侵华

1937 年 7 月 7 日，卢沟桥事变发生，日本全面侵华战争由此开始。

卢沟桥事变以后，日本动员几乎全部军事力量，采取"速战速决"的战略，向华北、华东、华中地区发起战略进攻。面对日本的野蛮侵略，中国人民奋起反抗，中国抗日战争进入战略防御阶段。

由于遭到中国军民的顽强抵抗，在 1938 年 10 月日军占领广州、武汉以后，日军被迫停止对正面战场的战略性进攻，标志着中日战争进入战略相持阶段。日本在坚持灭亡中国的总方针下调整侵华政策，实施"以华制华"和"以战养战"策略，对国民党政府采取政治诱降为主、军事打击为辅的方针；在占领区加紧扶植傀儡政权，建立和发展汉奸组织；并逐步将主要兵力用于对共产党领导的敌后抗日根据地进行"扫荡"。

随着 1943 年世界反法西斯战争发生重大转折，中国敌后战场开始实行局部反攻。1945 年 8 月，苏联出兵中国东北，直接对日作战。中国军民的战略反攻阶段提前到来。日本侵华战争最终遭到彻底失败。

【史实梳理】卢沟桥事变中的英雄先烈

中国军队奔赴卢沟桥抵抗日军，"誓与卢沟桥共存亡"。日军认为只要夺取卢沟桥，就可以掌握宛平城进而实现夺取整个华北的战略目标，因此，日军对卢沟桥觊觎已久。

紧急关头第 29 军副军长佟麟阁临危受命承担起指挥全军的重任，他发出了一条命令："凡是侵华日军进犯，坚决抵抗，誓与卢沟桥共存亡，不得后退一步！"第 29 军的战士们谨记命令，个个奋勇向前，用大刀迎头痛击敌人，几乎全歼日军 1 个中队！1937 年 7 月 28 日，在守卫宛平城的作战中佟麟阁先是被枪击落下马，带伤继续指挥突围后中弹身亡，佟麟阁是全面抗战爆发后第一位为国捐躯的高级将领。与佟麟阁指挥第 29 军撤退的赵登禹，是这次战斗的总指挥。他率部星夜驰援南宛，右臂中弹仍执意不退，不久又胸部中枪，壮烈殉国。

"七七事变"后第二天中共中央发出通电："全中国的同胞们！平津危急！华北危急！中华民族危急！只有全民族实行抗战才是我们的出路！"整个战役，打了近一个月的时间，中国军队顽强抵抗，终因敌我力量悬殊，中国军队伤亡惨重。

其中，日军参战人数 5600 人，死亡 600 多人。我方参战人数有 10 万，牺牲高达 16700 多人，是日军伤亡人数的 28 倍之多。这个数字触目惊心，可以想象出当时战斗的惨烈程度。七七卢沟桥事变，揭开了全国抗日战争的序幕。

【互动问答】"八年抗战"和"十四年抗战"分别是指哪个时间段？为何要确立"十四年抗战"？

"八年抗战"是指从 1937 年日本发起七七事变开始，至抗日战争胜利。"十四年抗战"是指从九一八事变日本开始向中国进行武装侵略的起点开始，至日本最终无条件投降，共历经 14 年。

从"八年抗战"到"十四年抗战"的话语转变，有利于还原更为完整的抗日战争全过程，还原历史的客观经过；有利于体现中国共产党在抗日战争中的中流砥柱作用，反映出中国共产党的坚定性和正确性；有利于正确认识中国的抗日战争对于世界反法西斯斗争的重要贡献和地位；有利于突出战争的艰巨和困难，深刻体会到抗战精神的伟大。

3. 沉重的历史烙印——给中华民族带来的毁灭性影响

日本的侵略行为给中华民族带来了深重的打击和毁灭性的影响，不仅仅是对中国人民残忍的屠杀，其危害蔓延至经济、社会、文化、政治等各个领域，所造成的惨痛教训和民族耻辱深深烙印在了历史中。历史学家郭廷以认为，两千年来，中国施之于日本者甚厚，有造于日本者至大，百年来日本报之于中国者极酷，为祸中国者独深。近代中国所遭受的创痛，虽然不能说全都来自日本，但实际上以日本所给予的最多最巨。

（1）日本制造惨绝人寰的大屠杀

二战时期的南京暴行是人类历史上最为残酷和凄惨的劫难之一。1937 年 12 月 13 日，南京沦陷，日本士兵在这里开始了一场人类历史上前所未见的残暴屠杀。数万名年轻人被包围着驱赶到城外，然后被日军用机枪扫射，有的则被当作刺刀练习的活靶子，或是被浇上汽油活活烧死。一连几个月，南京城的街道上堆满了尸体，到处弥漫着腐烂的人肉臭味。

【史实梳理】南京大屠杀

南京大屠杀是日本侵华战争初期日本军队在中华民国首都南京犯下的大规模屠杀、强奸以及纵火、抢劫等战争罪行与反人类罪行的总称。日军暴行的高潮从 1937 年 12 月 13 日攻占南京开始持续了 6 周，直到 1938 年 2 月南京的秩序才开始好转。据第二次世界大战结束后远东国际军事法庭和南京军事法庭的有关判决和调查，在大屠杀中有 20 万以上乃至 30 万以上中国平民和战俘被日军杀害，约 2 万中国妇女遭日军奸淫，南京城的 1/3 被日军纵火烧毁。

一位历史学家曾估算，如果把南京死难者的手连接起来，可以从南京一直拉到杭州，足有 200 英里长。他们的血液总重可达 1200 吨，他们的尸体可以装满 2500 节火车车厢。

南京的死难者总数——仅仅是中国的一个城市——就超过一些欧洲国家在整个战争中的平民死亡总数（英国平民死亡总数为 61000 人，法国为 108000 人，比利时是 101000 人，荷兰是 242000 人）。

在日军占领南京后的 1 个月中，全城发生 2 万起强奸、轮奸事件，无论少女或老妇，都难以幸免。许多妇女在被强奸之后又遭枪杀、毁尸，惨不忍睹。与此同时，日军遇屋即烧，从中华门到内桥，从太平路到新街口以及夫子庙一带繁华区域，大火连天，几天不息。全市约有 1/3 的建筑物和财产化为灰烬。无数住宅、商店、机关、仓库被抢劫一空。"劫后的南京，满目荒凉。"

【拓展阅读】南京浩劫——一场被遗忘的大屠杀

我们不仅应当记住南京大屠杀的死亡人数，还应该记住他们被杀害的残忍手段。中国的男人在日军的刺刀训练和砍头比赛中被当成活靶子。估计有 20000—80000 名中国妇女遭到强暴。一些日本兵在强奸了妇女之后，剖开她们的肚子，切掉她们的乳房，把她们活活地钉在墙上。还当着家人的面，父亲被日本士兵逼迫奸污女儿，儿子被逼奸污母亲。日军不但每天例行活埋、阉割、器官切除、烤人肉等暴行，还尝试种种穷凶极恶的折磨手段。比如，在人的舌头上穿上铁钩把整个人吊起来；或是将人埋入深至腰部的土坑，再看着他们被德国牧羊犬撕碎。此情此景实在是令人惨不忍睹，就连南京城中的纳粹党人也感到恐怖，有人就称这场屠杀是"野兽机器"的暴行。

——张纯如. 南京浩劫——一场被遗忘的大屠杀 [M]. 北京：东方出版社，1998：3.

【典型案例】 日本的侵华细菌战

因战时关东军 731 部队等细菌部队的活动具有高度隐秘性，兼之投降前夕日本军政当局对相关档案文书有意识地加以销毁，战后初期世人对于日军细菌部队的所作所为知之有限。[①] 在 1949 年 12 月苏联当局组织的伯力审判与 1950 年代抚顺战犯管理所在押期间，一些原细菌部队官兵供出所属部队通过活人实验研制细菌武器并将之用于实战的罪行；1980 年代以来，以 731 部队为题材的纪实文学《恶魔的饱食》在日本社会引起强烈震动，书中大量引用原细菌部队官兵的证言，翔实揭露了日本侵华细菌战的反人道与残暴性。

侵华日军细菌部队抓捕大量战俘进行人体实验、恶劣对待劳工的罪行也陆续引起学术界关注。通过史料挖掘，盟军俘虏收容所中的战俘曾被日军奴役、成为活体细菌实验对象的真相被揭露。与此同时 731 部队虐待劳工的罪行也被揭露，为实现分化劳工队伍、巩固在当地统治的目的，分别采取两种政策对待当地劳工和外地劳工：对前者是怀柔政策，对后者是奴隶式的法西斯管制。

——虞芳静，李燕. 关于日本侵华细菌战研究的回顾与展望 [J]. 军事史林，2023（09）：68—78.

---

① 包晓峰. 日军在义乌实施细菌战的罪行研究 [J]. 浙江社会科学，2015（09）：145.

（2）日军疯狂抢夺中国的资源财富

在东北，"南满铁路株式会社""满洲重工业股份公司"两大垄断企业，独占全部重工业和铁路交通，控制了东北的经济命脉，肆意掠夺矿产资源。

在关内，日本"华北开发股份公司"和"华中振兴股份公司"分别主管对华北和华中的经济掠夺。

1936年11月，关东军确定了《满洲产业开发五年计划现地案》，计划有重点地在东北开发与战争有密切关系的铁、煤、石油、电力等重工业和能源工业。到1942年，东北的钢产量占日本总产量的1/3，铝产量占日本总产量的40%，日本所需的38种军需物资中有14种由东北供给。

【案例呈现】《满洲产业开发五年计划现地案》的制定

1936年9月关东军、伪满政府、满铁在汤岗子召开会议，研究满洲开发五年计划目标方案，会议由伪满总务厅长官星野直树（甲级战犯）主持，并对20种产品的五年生产能力做了预定，决定投资25亿元。

以汤岗子会议决定方案为基础，同年11月1日，确定了所谓的《满洲产业开发五年计划现地案》。星野直树亲自赴日本上交该方案审批。1937年3月日本对满事务局通过了该方案。

此时，岸信介已经到伪满赴任近半年。他亲自参与了该计划方案的制定。正如总务长官星野直树的继任武部六藏（战犯）所说的那样："拟定第一次计划时总务长官星野直树和产业部次长岸信介，这两个人是制定计划的中心人物。关东军方面中心人物则是第四课（当时为第三课）的参谋秋永中佐。要实行满洲产业开发计划，当时只靠满洲国自己的力量是不可能的，必须依靠日本的援助。所以该计划的制定，是和日本政府及军部进行了充分的协商。"

日伪制定的第一个产业开发五年计划，于1937年开始实施。给时任产业部次长的岸信介带来了推行其统制经济理想与政策的机遇。他在兼任临时产业调查局长的同时，任用他的亲信椎名悦三郎为调查部部长，不遗余力地调查掌握伪满的资源状况，以便推行所谓的统制经济，实施产业开发五年计划的指标，对中国东北的经济实行全面的统制和掠夺。

1937年7月7日，日本发动了全面侵华战争，为了适应侵略战争的需要，日伪又于1938年以星野直树、岸信介为核心修改了产业开发五年计划的各项指标。这些指标本来就是不切实际的庞大的掠夺计划，修改后的生产指标更是大幅度提高，如生铁1936年末生产能力仅为85万吨，当初的计划为253万吨，修改后则达到450万吨；钢筋1936年末的生产能力为58万吨，原计划指标为 185 万吨，修改后则达到 316 万吨。其他所有项目的指标都有了数倍的增长。

此时的产业开发五年计划，几乎成了战时物资动员计划，完全被纳入了日本侵略战争的轨道，成了日本战时经济的组成部分。这也毫无疑问为岸信介提供了更广阔的政治舞台。他坚决主张，为了进行战争，必须实行彻底的经济产业控制。

事实是，产业开发五年计划实施过程中矛盾频发，产品不达标，产品落空，产品过剩都使计划的实施受到严重挫折。但也有一些重点项目，如生铁、煤炭等一些侵略战争急需物资，日伪殖民统治者通过集中大量的人力、物力和财力，进行近乎疯狂的掠夺，也确有较大幅度的增长。

——王斌．岸信介在伪满洲国究竟干了些什么 [J]．溥仪研究，2015（04）：47—48.

（3）日军在思想文化方面推行奴化教育

日本统治者推行奴化教育，强迫学生每顿饭前祈祷，感谢日本天皇的恩赐。日本侵略者企图以此达到泯灭中国民众的民族意识和反抗精神、维护其殖民统治的目的。

日本殖民者在台湾推行"皇民化"运动，妄图使广大台湾同胞日本化，使台湾成为支撑其侵略战争的殖民地。一方面，遭到了多数台湾居民的抵制。另一方面，造就了一群敌视祖国的亲日"皇民"，其被奴化的思想是第一代"台独"的重要思想来源。

（二）废墟之上的点点星火——局部抗战的兴起

九一八事变是中国抗日战争的起点。此后开始的中国人民不屈不挠的局部抗日战争，揭开了世界反法西斯战争的序幕。

1. 生死存亡之际指引方向的红色旗帜

在中华民族处于生死存亡的危急关头，与当时国民党当局采取的"不抵抗主义"形成鲜明的对照，中国共产党率先举起了武装抗日的旗帜。1931 年 9 月 20 日，中共中央发表宣言，响亮提出："反对日本帝国主义强占东三省！"号召全国工农武装起来，进行民族自卫战争。1932 年 4 月 15 日，中华苏维埃共和国临时中央政府宣布对日作战，红军派出北上抗日先遣队。中共中央先后选派罗登贤、杨靖宇、赵尚志、周保中、赵一曼等到东北，加强中共满洲省委的领导力量。1934 年 6 月，各抗日游击队改编为东北人民革命军；1936 年 2 月，又改建为东北抗日联军，沉重打击了日本侵略者。

【典型案例】东北抗日联军的英勇事迹

1931 年，中共满洲省委开始组织抗日游击队与日军作战；1935 年中国共产党遵照共产国际指示发表八一宣言，1936 年 2 月中国共产党满洲省委员会依共产国际的指令，将所属部队联合地方义勇军等组东北抗日联军。因日军围剿，1940 年，抗联活动范围和人员大量减少，抗联一部进入远东地区，并将部队改编为苏联远东方面军独立第 88 步兵旅，而留在国内的部队分散潜伏，进行收集情报、建立武装、宣传抗日等工作。

东北抗日联军是在中国共产党领导下的一支英雄部队。"九一八"日本侵占中国东北以后，由部分原东北军、中共抗日游击队、农民暴动武装、义勇军等组成。他们在中国共产党的领导下，同日本侵略者进行了长达 14 年的艰苦斗争，牵制 76 万日军，消灭 18 万日伪军，表现了中华民族不畏强暴、英勇不屈的精神，有力地支援了全国的抗日战争和世界反法西斯战争。

东北抗日联军共有 11 个军。1936 年 7 月、1937 年 10 月、1939 年 5 月分别合编于第一、二、三路军，分别由杨靖宇、周保中、李兆麟为总指挥。分别由中共南满省委、吉东省委、北满临时省委领导。第二路军辖抗联第四、第五、第七、第八、第十军。1937 年，根据中共北满临时省委决定，东北抗日联军总司令部改为北满抗日联军总司令部，辖第三、六、九、十一军，赵尚志为总司令，李兆麟任总政治部主任兼六军政治委员。赵尚志所率领的游击队在 1935 年编为哈东支队时，只有数百人，1936 年到 1937 年的两年期间，收编几支较大的抗日山林队，第三军发展到 6000 余人。

——盖克. 赓续红色血脉　传承东北抗联精神 [N]. 吉林党校报，2024-09-15（002）.

2. 民族抗战的觉醒——局部抗战与救亡运动

九一八事变后，抗日救亡运动在全国兴起。中国共产党及其领导的工农红军和广大的工人、农民是抗日救亡运动的中坚力量。1933 年 5 月，原西北军将领冯玉祥成立察哈尔民众抗日同盟军，并谋求同共产党合作。在该军中工作的共产党员约 300 人。

（1）局部抗战的兴起

【问题思考】局部抗战期间，共产党人与部分国民党爱国官兵进行合作的典型事例有哪些？

在东北，中共满洲省委同以原东北军为主体的抗日义勇军进行合作。其领导人李杜后来加入了中国共产党。1932 年 1 月，国民党第十九路军在淞沪一带抗击日军，中共中央号召各界民众组织义勇军，并发动沪西日商纱厂工人罢工，以支援十九路军的抗日作战（"一·二八"抗战）。

1933 年 5 月，原西北军将领冯玉祥在张家口成立察哈尔民众抗日同盟军，并谋求同共产党合作。北路前敌总指挥吉鸿昌不久加入了中国共产党（后被国民党当局杀害）。同年 11 月，国民党第十九路军将领蔡廷锴、蒋光鼐以及国民党内爱国人士陈铭枢、李济深等在福州发动反蒋抗日事变（"福建事变"），此前，第十九路军代表同中央根据地的红军代表签署了《反日反蒋的初步协定》。

【史实梳理】合作抗日的史实资料

吉鸿昌 1930 年任国民革命军第二十二路军总指挥兼第三十军军长，1932 年加入中国共产党。1933 年，吉鸿昌筹组察哈尔民众抗日同盟军，任北路军前敌总指挥。1934 年 11 月 24 日，蒋介石电令杀害吉鸿昌。在刑场上，吉鸿昌写下了就义诗："恨不抗日死，留作今日羞。国破尚如此，我何惜此头。"1933 年 11 月，第十九路军将领蔡廷锴、蒋光鼐以及国民党内爱国人士李济深、陈铭枢等发动反蒋抗日的福建事变。

1934 年 4 月，由中国共产党提出，宋庆龄、何香凝、李杜等 1779 人领衔，以"中国民族武装自卫委员会筹备委员会"名义，发表《中国人民对日作战的基本纲领》，在该纲领上签字的群众达几十万人。

（2）抗日救亡运动促进了统一战线的形成

①一二·九运动

在中共地下党组织的领导下，1935 年 12 月 9 日，北平（今北京）学生举行声势浩大的抗日游行，喊出"反对华北自治""打倒日本帝国主义""停止内战，一致对外"等口号，遭到国民党军警镇压。12 月 16 日，北平学生和市民 1 万多人在天桥召开市民大会。会后，举行了更大规模的示威游行。它促进了中华民族的觉醒，标志着中国人民抗日救亡运动新高潮的到来。

②西安事变

1936 年 12 月 12 日，张学良、杨虎城发动了西安事变。中国共产党从民族大义出发，为了团结国民党共同抗日，确定促成事变和平解决的基本方针，并派周恩来等到西安，参加张、杨同南京方面代表宋美龄、宋子文的和平谈判。经过谈判，终于迫使蒋介石作出了停止"剿共"、联合红军抗日等六项承诺。

【互动问题】西安事变的和平解决的意义

西安事变的和平解决成为时局转换的枢纽，十年内战的局面结束，国内和平基本实现了。这是中国共产党抗日民族统一战线策略和逼蒋抗日方针的重大胜利,它为国共两党的合作抗日创造了有利条件。

为了促进国共两党合作的实现,1937年2月,中共中央致电国民党五届三中全会,提出停止内战、一致对外等五项要求,如果国民党将这五项要求定为国策,共产党愿意实行四项保证:停止武力推翻国民党政府的方针;苏维埃政府改名为中华民国特区政府,红军改名为国民革命军;特区实行彻底的民主制度;停止没收地主土地的政策。在国民党五届三中全会上,许多人联名要求恢复孙中山的"三大政策"。全会表示同意国共两党进行谈判,并在会议文件上第一次写上了"抗日"的字样。在国难当头的时刻,国共两党实行第二次合作已成为不可抗拒的历史潮流。

(三)同力协契的全面反击——抗日民族统一战线

1. 搁置争端,谋求合作

1937年7月,卢沟桥事变爆发,中国守军奋起抵抗日军的进攻,标志着全国性抗战的开始。

8月,国共两党达成将红军主力改编为国民革命军第八路军(简称八路军。不久改称第十八集团军)等协议。八路军由朱德任总指挥,彭德怀任副总指挥,叶剑英任参谋长,左权任副参谋长,任弼时任政治部主任,邓小平任政治部副主任。下辖三个师:第一一五师,师长林彪、副师长聂荣臻;第一二〇师,师长贺龙、副师长萧克;第一二九师,师长刘伯承、副师长徐向前。接着,南方的红军和游击队,除琼崖红军游击队外,改编为国民革命军新编第四军(简称新四军),叶挺任军长,项英任副军长,下辖四个支队。9月,陕甘宁根据地改称陕甘宁边区,仍是中共中央所在地。

9月22日,国民党中央通讯社发表《中共中央为公布国共合作宣言》;23日,蒋介石发表实际承认共产党合法地位的谈话。标志着以国共两党第二次合作为基础的抗日民族统一战线正式形成。

中国人民的抗日战争是在以国共两党合作为基础的全民族抗日民族统一战线的条件下进行的。抗日民族统一战线最大限度地动员了全国的军队和老百姓,成为全民族抗战的最有效组织形式,是打败日本侵略者的决定性因素。

抗日战争是中华民族全民族的反侵略战争。全国各界民众以不同形式参加抗日民族统一战线,投入到全民族抗战。

【史实梳理】抗日关键节点脉络梳理

时间	事件
1935.8	八一宣言的发布,号召停止内战,一致抗日

续表

时间	事件
1935. 1	瓦窑堡会议提出建立抗日民族统一战线的新政策
1936. 5	发布《停战议和一致抗日通电》，放弃反蒋口号
1936. 9	明确提出党的总方针是"逼蒋抗日"
1937. 7	中共发表通电号召全中国同胞团结起来
1937. 8	红军改名为国民革命军第八路军
1937. 9	陕甘宁根据地改称陕甘宁边区
1937. 9	国民党中央通讯社发表《中共中央为公布国共合作宣言》
1937. 9	蒋介石发表实际上承认共产党合法地位谈话，抗日民族统一战线正式形成

2. 日本灭亡计划的粉碎——国民党的正面战场

（1）战略防御阶段

在战略防御阶段，日本侵略者以国民党军队为主要作战对象。以国民党军队为主体的正面战场，担负了抗击日军战略进攻的主要任务。国民党军队组织了淞沪、忻口、徐州、武汉会战等一系列大战役。1938 年 3 月，李宗仁等部进行台儿庄战役，取得大捷，歼灭日军 1 万余人。

【典型案例】台儿庄大捷

台儿庄战役的起止时间有几种说法，一般认为从 1938 年 3 月 16 日开始至 4 月 15 日结束。战役由滕县战斗，临沂附近战斗，台儿庄战斗和日军的溃退、中国军队的追击作战等部分组成。

1938 年 3 月，日军第二军司令官西尾寿造（战犯）命令板垣第五师团沿胶济铁路西进，直逼临沂；矶谷廉介（战犯）的第十师团沿着津浦铁路南下，直接杀向台儿庄。第五战区司令长官李宗仁为了保卫台儿庄，立刻调兵遣将，阻挡日军进攻的步伐。临沂方向，日军第五师团遭到张自忠的五十九军和庞炳勋第三军团的拦截，损失惨重，最后日军只留下了两个大队牵制，主力继续向台儿庄前进。

1938 年 3 月 27 日，在前方战斗紧张的情况下，蒋介石到达台儿庄南车站，会见了三十一师师长池峰城。池峰城当即表示："我部绝对战斗到底，与阵地共存亡。"当天台儿庄的形势很危急，蒋介石前脚刚走，三百多名日军就从城西被炸破的城楼打了进来，池峰城立刻调部队进行反击，将其全部歼灭，但是所部也伤亡了五百余人。

随后汤恩伯率领的中央军部队终于赶到，在日军后方发动了猛烈的进攻，李宗仁立刻下令几十万中国军队进入全线反击。台儿庄长达几里的阵地，一时杀声震天，日军伤亡惨重，被迫撤退。战后，池峰城被授予青天白日勋章一枚。

——皓白.中国共产党与台儿庄大捷 [J].春秋，2020（02）：10—15.

【案例呈现】国民党在抗战初期的政策措施

1937 年 11 月，日军攻占上海，国民政府宣布迁都重庆。中国西部大部分地区成为抗日战争时期国民政府的实际管辖区，人们通常称之为国民党统治区（又称大后方）。

在抗战初期，国民政府实行过若干有利于抗战的政策。1938 年初，国民政府改组军事委员会，下设政治部，聘请周恩来担任政治部副部长。同年 6 月，国民参政会成立。国民参政会虽不是真正的民意机关，而是受国民党控制的最高咨询机关，但它的成立还是为各党派、各界人士提供了一个可以公开发表政见的讲坛。国民政府对庞杂的经济行政机构也进行过大规模的调整，只是机构膨胀的情况并未得到根本改变。

——夏静.全面抗战初期国民党对"统一战线"的认知与表述——兼论共产党的回应 [J].史学月刊，2021（02）：66—76.

【问题思考】国民党正面战场频频失利的原因是什么？

在这个时期，国民党政府的对日作战是比较努力的。其政策的重点还是放在反对日本侵略者身上。但是，正面战场除了台儿庄战役取得大捷外，其他战役几乎都是以退却、失败而结束的。造成这种状况的客观原因，是由于在敌我力量对比上，日军占很大的优势；主观原因则是国民党战略指导方针上的失误。蒋介石集团在决心抗战的同时，却又害怕群众的广泛动员可能危及自身的统治，因而实行的是片面抗战的路线，即不敢放手发动和武装民众，将希望单纯寄托在政府和正规军的抵抗上；在战略战术上，没有采取积极防御的方针，而是进行单纯的阵地防御战。这就使得大多数作战未能给敌人以更大的消耗，并在短时间内丧失了大片国土。

（2）战略相持阶段

抗日战争进入相持阶段后，日本对国民党政府采取以政治诱降为主、军事打击为辅的方针。国民党在重申坚持持久抗战的同时，其对内对外政策发生重大变化。

【互动问题】抗战相持阶段的国民党政策发生了什么变化？

1939 年 1 月，国民党五届五中全会决定成立"防共委员会"，确定了"防共、限共、溶共、反共"的方针。蒋介石还将抗战到底的含义解释为"恢复到卢沟桥事变以前的状态"。这标志着国民党政府逐步转变为消极抗战。

日军在对国民党进行政治诱降的同时，为了巩固占领区，继续对国民党军队发动过若干次进攻性打击。国民党军队也进行过几次较大的战役。国民政府大体上保住了西南、西北大后方地区。1939 年 12 月，在桂南会战中，以第五军为主力的国民党军队曾攻克昆仑关，消灭日军 4000 余人。1940 年 5 月，在枣宜会战中，第三十三集团军总司令张自忠将军在激战中殉国。但是，这个时期国民党对抗战在全局上逐渐趋向消极，基本上实行保守的收缩战略，以便保存实力；同时又抽出相当多的兵力用来限制、打击共产党及其领导的八路军、新四军，制造了多次的反共"摩擦"事件。

【案例呈现】豫湘桂战役

为挽救日军在太平洋战场的不利局面，援救其侵入南洋的孤军，消除美在华空军对其本土和海上交通线的威胁，打通从中国东北到越南的陆上交通线，日军决定在中国大陆做最后挣扎，打通中国大陆交通线，并给重庆国民政府以致命打击，以配合其诱降政策的实施。1944 年 3 月 10 日，日军中国派遣军总司令部拟定 1 号作战计划，决定于 1944 年春夏季节，先由华北，继由武汉地区及华南地区分别发动进攻，击溃中国军队，尤其是中央军，并将黄河以南平汉铁路南部及湘桂、粤汉铁路沿线之要地，分别予以占领。

10 月 29 日，日军向桂林发动进攻，11 月 9 日发动总攻，10 日占领桂林。与此同时，日军于 11 月 11 日占领柳州。随后，日军从柳州南犯，与由越南北上的军队会攻南宁。11 月 24 日，国民党守军弃城逃跑，南宁失陷。12 月 10 日，南宁方面日军与日本驻越南军队在绥渌会师。至此，日军发动的 1 号作战结束，打通了中国大陆的交通线。日军为扩大战果，又以极少兵力追击逃入贵州的国民党军队，几十万国民党军望风而逃，日军一直追到独山，距贵阳仅 120 公里。随后，日军为对重庆国民政府诱降，乃于 12 月 28 日自贵州撤军，并派方先觉赴重庆诱降。

从 1944 年 4 月中旬至 12 月，国民党军队豫湘桂战役损失兵力五六十万，丧失了河南、湖南、广东、广西、福建等省大部和贵州一部分，丢掉了洛阳、长沙、福州、桂林4个省会城市和郑州、许昌、宝庆、柳州、温州等146个中小城市，衡阳、零陵、宝庆、桂林、柳州、丹竹、南宁7个空军基地和36个飞机场，丧失国土20多万平方公里，使6000万人民陷于日寇铁蹄之下。而人民生命财产的损失更是无法统计。仅河南就损失88家工厂，湘粤桂3省工厂全部沦于敌手，湖南著名的钨锑等重要战略物资亦被敌攫夺，豫湘桂产粮区也沦于日寇铁蹄之下。豫湘桂大溃败，是正面战场继抗战初期的大溃败后，出现的又一次大溃败。

　　——章林. 豫湘桂战役 [J]. 国防，2015（12）：82—83.

【知识拓展】中国远征军在缅甸对日作战

　　中国远征军指的是抗日战争时期中国为了保卫对外通道，进入缅甸与日军作战的部队。当时，缅甸是英国的殖民地，由英军驻守。缅甸和云南由一条滇缅公路联通。由于中国沿海通道被日军占领，英美等国对中国的援助物资只能通过滇缅公路运到中国。这条公路就成了中国抗日的生命线。日军为了切断中国同外界的联系，派兵进攻缅甸，英军被围。为了解救英军，保卫滇缅公路，中英两国签订了《中英共同防御滇缅路协定》，中国于1941年12月编成远征军。远征军受盟军中国战区参谋长史迪威中将和罗卓英司令长官指挥，由第5、第6、第66军编成，共计9个师10万余人。

　　——杨泽明. 略论中国远征军入缅作战的历史地位 [J]. 江西教育学院学报（社会科学），1999（04）：56—60.

【互动问题】如何正确评价抗日战争中的国民党政府？

　　在战略相持阶段，国民党统治集团一方面在口头上宣称要发展中国经济，一方面又在实际上扩张官僚资本，垄断中国的主要经济命脉；一方面在口头上宣称实行"民主"，一方面又在实际上压迫人民的民主运动。豫湘桂大溃败成为大后方人心变动的重要转折点，越来越多的人对国民党统治集团失去了信任。国民党统治区民生凋敝、民怨沸腾、民变蜂起，国民党统治集团在军事、政治、经济各方面陷入深刻的危机。

　　3. 抗日战争的中流砥柱——中国共产党的坚定力量

　　在民族危机的严重关头，与国民党当局的不抵抗主义形成鲜明对照，中国共产党率先举起武装抗日旗帜。在这一战争中，代表着中国人民根本利益的中国共产党，在毛泽东的领导下，始终战斗在抗日战争最前列，在全民族抗战中发挥了无可替代的作用，是抗日战争中的中流砥柱。

（1）全面抗战路线与持久战的方针

中国共产党确信，只有动员和依靠群众，才能坚持抗战，并使抗战的胜利成为人民的胜利。与国民党实行的片面抗战路线不同，中国共产党一开始就主张实行全面抗战的路线，即人民战争路线。这两条不同的抗战路线的存在，就是一切中国问题的关键所在。

1937 年 8 月，中国共产党在陕北洛川召开政治局扩大会议，制定了抗日救国十大纲领，强调要打倒日本帝国主义，关键在于使已经发动的抗战成为全面的全民族的抗战。为此，必须实行全国军事的总动员、全国人民的总动员；必须改革政治机构，给人民以充分的抗日民主权利，并适当改善工农大众的生活。会议强调，必须坚持统一战线中无产阶级的领导权，在敌人后方放手发动独立自主的山地游击战争，在国民党统治区放手发动抗日的群众运动。

【典型案例】洛川会议的抗日纲领

洛川会议是抗日战争全面爆发后，中国共产党为指导今后抗日斗争而召开的一次重要会议。在洛川会议召开之前，由于中央政治局成员有的在前线，一时无法集中，故于 1937 年 8 月 9 日先行在延安召开了中共中央和各部门负责人的会议。会议由张闻天作报告，毛泽东在会上发表了讲话。毛泽东分析了国内的政治形势，明确断言："应估计大战已经到来，新的阶段在 7 月 7 日晚上即已开始。抗战已经开始，准备抗战的阶段已经结束。"[1]在谈到红军的下一步行动时，毛泽东说："红军今日以前是准备调动，今日以后是实行开动。红军应当实行独立自主的指挥与分散的游击战争。必须保持独立自主的指挥，才能发挥红军的长处，集团的作战是不行的。"他进一步强调了要"保持组织的独立性"。[2]

会议在统一认识的基础上，通过了《中央关于目前形势与党的任务的决定》。决定指出：中国的抗战是一场艰苦的持久战。争取抗战胜利的关键，在于使已经发动的抗战发展为全面的全民族的抗战。而国民党实行的是片面的抗战路线，即坚持国民党一党专政，只实行单纯政府和军队的抗战，

---

① 张泽坤. 全面抗战路线的确立——洛川会议文献研读 [J]. 党史文汇，2017（06）：40—45.

② 刘金田. 中国的抗日战争 [M]. 上海：上海人民出版社，2016：298.

并拒绝一切有利于抗日的根本改革，不给人民以抗日所必需的民主自由权利，不改善工农大众的生活，防止人民力量在抗战中发展，反对抗日战争成为人民大众的抗战。这一路线包含着极大的危险性，必然招致严重的失败。因此，在今后的抗战过程中，可能会发生许多不利的情况。共产党及其领导的民众和武装力量，应该站在斗争的最前线，使自己成为全国抗战的核心。

会议还通过了《中国共产党抗日救国十大纲领》和毛泽东起草的《为动员一切力量争取抗战胜利而斗争》的宣传鼓动提纲。宣传鼓动提纲简单回顾了中国各党派、团体及各阶层对自卢沟桥事变引发全面抗日战争的态度和所采取的行动，号召团结一切可以团结的力量，积极开展抗日救亡运动。据此，中国共产党以满腔的热忱向中国国民党、全国人民、全国各党各派各界各军提出彻底战胜日寇的十大救国纲领。十大纲领是：（1）打倒日本帝国主义；（2）全国军事的总动员；（3）全国人民的总动员；（4）改革政治机构；（5）抗日的外交政策；（6）战时的财政经济政策；（7）改良人民生活；（8）抗日的教育政策；（9）肃清汉奸卖国贼亲日派，巩固后方；（10）抗日的民族团结。这是实行全面抗战路线的纲领，是引领抗日战争走向胜利的纲领。

——张泽坤. 全面抗战路线的确立——洛川会议文献研读［J］. 党史文汇，2017（06）：40—45.

【问题思考】毛泽东《论持久战》的主要内容和历史意义是什么？

1938年5月—6月，毛泽东发表《论持久战》的讲演，总结抗战10个月来的经验，集中全党智慧，系统地阐明了持久抗战的总方针。

毛泽东指出，中日战争是半殖民地半封建的中国和帝国主义的日本之间在20世纪30年代进行的一个决死的战争。一方面，日本是强国，中国是弱国，强国弱国的对比，决定了抗日战争只能是持久战。另一方面，日本是小国，发动的是退步的、野蛮的侵略战争，在国际上失道寡助；而中国是大国，进行的是进步的、正义的反侵略战争，在国际上得道多助。中国已经有了代表中华民族和中国人民根本利益的、在政治上成熟的中国共产党及其领导的抗日根据地和人民军队。因此，最后胜利又将是属于中国的。

毛泽东强调，"兵民是胜利之本"。战胜日本的侵略，必须进行人民战争。

毛泽东还科学地预测了抗日战争的发展进程，即抗日战争将经过战略防御、战略相持、战略反攻三个阶段。其中，战略相持阶段，是中国抗日战争取得最后胜利的最关键的阶段。只要坚持持久抗战、坚持抗日民族统一战线，中国将在这个阶段中获得转弱为强的力量。

毛泽东阐明的持久战战略思想，揭示了抗日战争的发展规律和坚持抗战、争取抗战胜利必须实行的战略方针，对全国抗战的战略指导产生了积极的影响。

（2）敌后战场的开辟与游击战争的发展

为了贯彻执行全面抗战路线，中国共产党作出了开辟敌后战场的战略决策。

【案例呈现】平型关战役的胜利

　　1937年，日军发动全面侵华战争。华北日军攻占了北平、天津后，投入30万兵力向华北腹地展开进攻，扬言"1个月拿下山西，3个月灭亡全中国"。在此民族危亡之际，中国共产党提出建立抗日民族统一战线，红军主力改编为八路军。八路军115师、120师、129师东渡黄河，开赴山西抗日前线。

　　9月中旬，日军第5师团主力企图夺取平型关，突破内长城防线。为阻止日军突破平型关防线，八路军115师根据中共中央的指示，在平型关一带设伏，打响了抗击日本侵略者的枪声。

　　1937年9月25日，八路军在平型关为了配合第二战区的友军作战，阻挡日军攻势，由115师师长林彪、副师长聂荣臻指挥，首次集中较大兵力对日军进行了一次成功伏击战，并取得首战大捷，史称平型关大捷（又称平型关战役、平型关伏击战）。

　　平型关大捷是八路军出师抗日以来打的第一个大胜仗，也是中国抗日民族解放战争的第一个大胜仗。平型关大捷，115师伤亡600余人，歼敌1000余人，击毁日军汽车100余辆、马车200余辆，缴获大批武器弹药和军用物资。平型关大捷取得了八路军出师抗日的第一个伟大胜利，具有重大的历史意义和深远的政治影响。

【互动问题】敌后游击战的作战思路是什么？有什么历史意义？

在抗日战争的初期和中期，游击战被提到了战略的地位，具有全局性的意义。

在战略防御阶段，从全局看，国民党正面战场的正规战是主要的，敌后的游击战是辅助的。但是，游击战在敌后的广泛开展和敌后抗日根据地的开辟，迫使敌人不得不把用于进攻的兵力抽调回来保守其占领区，从而对阻止日军的进攻、减轻正面战场压力、使战争转入相持阶段起了关键性的作用。

在战略相持阶段，敌后游击战争成为主要的抗日作战方式。日军逐步将主要兵力用于打击敌后战场的人民军队，以保持和巩固其占领地。1939—1940年，华北地区的日军出动千人以上对敌后抗日根据地的大"扫荡"就有109次，使用的总兵力达50万人以上。为了打击日本侵略者，人民军队在有利条件下也进行过运动战。如1940年8—12月初，八路军总部调集100多个团共20万人，对华北日军发动了一场大规模的以破袭敌人交通线为重要目标的进攻战役。这就是百团大战。但是，人民军队在大部分时间里所进行的，主要是游击战。削弱敌人、壮大自己，逐步改变敌强我弱的态势、为实行战略反攻准备条件，这个任务主要是由人民军队进行的游击战来完成的。

（3）坚持抗战、团结、进步的方针

【典型案例】统一战线中的独立自主原则

抗日民族统一战线是以国共合作为基础的。由于国共两党代表不同的阶级利益，参加抗战的目的不尽相同，实行的是不同的抗战路线，统一战线内部不可避免地存在着矛盾和斗争。所以，全民族抗战一开始，中共中央就明确提出了"在统一战线中，是无产阶级领导资产阶级呢，还是资产阶级领导无产阶级？是国民党吸引共产党呢，还是共产党吸引国民党？"这个问题。

中国共产党强调，必须在统一战线中坚持独立自主原则，既统一，又独立。为此，共产党必须保持在思想上、政治上和组织上的独立性，放手发动群众，壮大人民力量；必须坚持对人民军队的绝对领导，冲破国民党的限制和束缚，努力发展人民武装和抗日根据地；必须对国民党采取又团结又斗争、以斗争求团结的方针。这样做的目的，是为了保持共产党领导的革命力量已经取得的阵地，尤其是为了发展这些阵地，以动员千百万群众进入抗日民族统一战线，实质上就是力争中国共产党对抗日战争的领导权，使自己成为团结全民族抗战的中坚力量。这是把抗日战争引向胜利的中心一环。

——仇韶荣.论抗日民族统一战线中的独立自主原则［J］.山西青年职业学院学报，2024，37（03）：53—56.

【史实梳理】"三大口号"的提出

抗日战争相持阶段到来以后，由于以蒋介石为代表的国民党亲英美派开始推行消极抗日、积极反共的政策，团结抗战的局面逐步发生严重危机，出现了中途妥协和内部分裂两大危险。

针对这种情况，1939年7月，中国共产党明确提出"坚持抗战到底——反对中途妥协""巩固国内团结——反对内部分裂""力求全国进步——反对向后倒退"三大口号，坚决揭露打击汪精卫集团的叛国投降活动，继续争取同蒋介石集团合作抗日。

【史实梳理】国民党发动的反共高潮

1939 年冬—1940 年春，国民党顽固派发动第一次反共高潮。国民党军队侵犯陕甘宁边区，并在山西、河北进攻中国共产党领导的军队和根据地，人民军队给予了坚决的还击。1941 年 1 月，国民党顽固派发动第二次反共高潮，在皖南以 8 万余兵力包围袭击新四军军部及所属部队 9000 多人（除约 2000 人突围外，一部分被打散，大部分牺牲或被俘）。蒋介石还诬称新四军"叛变"，宣布取消新四军番号。这就是国民党制造的皖南事变。对于国民党当局的这种倒行逆施，中国共产党采取军事上严守自卫、政治上坚决反击的方针，赢得了国内外舆论的同情和支持。1943 年春，国民党顽固派策划发动第三次反共高潮，由于中国共产党及时进行揭露和斗争而被制止。

【问题思考】抗日民族统一战线中的国共力量分别发挥着怎样的作用？

中国抗日战争是在中国共产党倡导的抗日民族统一战线的旗帜下，以国共合作为基础，各阶级、各民族人民团结起来进行的民族解放战争。当时国家权力掌握在蒋介石、国民党政府手中。抗日战争只有发动蒋介石、国民党参加，才可能利用国家政权的力量推动全国抗战的开展，才可能有全民族的抗战。没有蒋介石、国民党的参加，单凭共产党的力量，尽管他的抗日主张无疑是正确的，是符合中华民族的民族利益的，在当时的历史条件下，也是难以独力支撑全国抗战大局的。抗战期间，蒋介石虽然没有放弃反共，但也没有放弃抗战。抗战进入战略相持阶段后，尽管蒋介石、国民党政府采取消极、片面的抗战路线，对日妥协退让，有时候也搞点"和平"谈判，但毕竟没有对日投降，总算把抗日的旗帜扛下来了，这与汪精卫之流有本质的区别。汪精卫也反共，他把反共的希望寄托在日本侵略者身上，在民族敌人面前，他挺不起腰杆，做了日本侵略中国的鹰犬。

全国抗战开始后，国民党虽然宣布"抗战与建国"并行，但实际上却是借抗战之名，行政治上继续专制独裁、经济上加强垄断统制之实，同时实行单纯依靠政府和军队的片面抗战路线，特别是抗战后期，不断强化独裁统治，观战避战，实行消极抗日、积极反共政策，与中国社会进步的趋势背道而驰，结果使他们同广大人民之间产生深刻的裂痕，逐渐失去了民心，也就是说，国民党蒋介石在抗日战争中虽然赢得了战争，但失去了人民；与国民党相反，中国共产党在抗日战争中始终实行全面的全民族的抗战路线，在与国民党合作抗战的过程中，坚持抗战与民主的协调统一，努力把改革国内政治、推动社会进步与坚持抗战紧密结合起来，践行大众的民主诉求，把民主革命的要求在敌后抗日根据地付诸实施，实行了一整套比较完备的新民主主义政治、经济、文化政策。这些政策契合了民族解放战争条件下的中国国情和民众要求，得到广大群众与各民主党派、无党派爱国人士的拥护和支持，中国共产党也赢得了人民的信赖和拥戴。也就是说中国共产党在抗日战争中既赢得了战争，又赢得了人民。

【史实梳理】抗日战争的胜利

1945 年是世界反法西斯战争胜利的一年，也是中国人民抗日战争胜利的一年。从 1945 年 4 月 16 日起，苏联红军开始向德国首都柏林发起进攻。30 日，苏军攻克柏林，希特勒自杀。5 月 2 日，柏林德军全部放下武器，宣布投降。8 日，德国签署了无条件投降书。

在中国战场上，八路军、新四军和华南抗日队也向日军发动了大规模夏季攻势。他们切断敌人交通线，摧毁敌人据点，开辟许多新解放区，使各解放区连成一片，形成了大兵团作战的能力，为全面战略大反攻做了充分准备。

7 月 26 日，中、美、英三国发出波茨坦公告，促令日本无条件投降。27 日，日本政府宣布对波茨坦公告"绝对置之不理"，准备以 250 万兵力和 7000 架飞机在日本本土做垂死挣扎。

8 月 8 日，苏联政府根据雅尔塔协定对日宣战，100 余万苏联红军分三路进入我国东北地区，在我国军民的大力配合下，迅速摧毁了日本关东军主力 70 余万。8 月 6 日、9 日，美国在日本广岛、长崎投下 2 枚原子弹，炸死了 35 万居民，摧毁了 2 座工业城市，加速了日本的投降。

8 月 9 日，中国共产党主席毛泽东发表《对日寇的最后一战》的文告，命令"八路军、新四军及其他人民军队，应在一切可能条件下，对于一切不愿投降的侵略者及走狗实行广泛的进攻，歼灭这些敌人的力量"。10 日、11 日，八路军总司令朱德向各地区连续发布七道命令，命令各地人民军队努力作战，迅速挺进，收缴敌人武器，接受敌人投降，彻底打败日本侵略者。经过 2 个月的激烈战斗，八路军、新四军及其他人民军队，共毙伤俘日伪军 23 万余人，收复了 197 座城市和 131.52 万平方公里国土，解放了 1870 余万人民，取得了对敌最后一战的辉煌胜利。

与此同时，国民党政府军也于 1945 年 5 月 26 日收复了南宁，随后又收复了柳州、桂林等城市，并做了进攻广州的准备。

8 月 10 日，日本被迫发出乞降照会。14 日，日本宣布接受波茨坦公告。15 日，日本天皇裕仁以广播"停战诏书"形式宣布无条件投降。9 月 2 日，日本政府代表重光葵外相（甲级战犯）和日本大本营代表梅津美治郎总参谋长（甲级战犯）在东京湾美舰"米苏里"号上，正式签署了投降书。至此，世界反法西斯战争和中国人民抗日战争胜利结束。9月3日成为中国人民抗日战争胜利纪念日。

日本侵华战犯东条英机、广田弘毅、土肥原贤二、板垣征四郎及南京大屠杀的罪魁松井石根等7人（皆为甲级战犯），于1948年被远东国际军事法庭判处绞刑，并于12月23日在东京监狱执行，战争罪犯得到了应有的惩罚。

中国人民抗日战争，是世界反法西斯战争的重要组成部分，中国人民为世界反法西斯战争付出巨大的民族牺牲，作出了不可磨灭的贡献。可以用五个"最"来描述中国作为世界反法西斯战争东方主战场的地位和作用——开始最早，时间最长，战场最广阔，陆军作战规模最大，牺牲最惨重。

【典型案例】中国战场对日本帝国主义的牵制

中国的抗日战场不仅牵制了日本帝国主义主要兵力，而且是日本帝国主义财力、物力消耗的主要地区。中日战争爆发以后，日本用于中国战场的陆军占其陆军总兵力的百分比如下：1937年为90%，1938年94%，1939年为83%，1940年为76%，1941年为90%，1942年为64.5%，1943年为58%，到日本投降前夕的1945年为54.5%。也就是说，在太平洋战争爆发前，日本把80%以上的陆军用于了侵华战争。太平洋战争爆发后，侵华日军的比例似乎下降，但绝对数却在逐年上升，并始终占其陆军总兵力的一半以上。日本自己也承认："在对英、美开战后，日本陆军主要战场在客观上仍然是中国大陆。"

在中日战争中，中国共歼灭日军170余万人，而苏联在对日作战争中只歼灭了70万人，英、美在太平洋战场上也只歼灭日军124万人，其中还包括在印、缅战场由英、美、中3国共同歼灭的日军16万人在内。8年全面抗战中，中国军民牺牲了2180万人，占第二次世界大战中伤亡总数的2/5，而美军在太平洋战场上只伤亡了32万人，苏军在对日作战中只伤亡了3.2万余人。由此可见，中国对日作战在整个反法西斯战争中，开战时间最早，持续时间最长，歼灭敌人最多，牺牲也最大，是打败日本法西斯的主要力量。

——刘庭华，彭玉龙. 中华民族的伟大壮举——论中国抗日战争对世界反法西斯战争的重大历史贡献 [J]. 党史文汇，2020（12）：40—47.

【典型案例】国际友人在抗日战争中的对华援助

国际友人支援中国抗日战争的活动，主要呈现三种情况：

一是通过各种途径推动和发起对中国抗日战争的支援。如以季米特洛夫为代表的共产国际，从九一八事变起就一直大声疾呼，号召全世界无产阶级、政党和社会团体运用各种形式支援中国的抗日战争，许多国家的共产党也开展了同样的活动；英国"国际医药援华会"组织了国际红十字医疗队；法国民间成立多个援华组织，如中国人民之友社、法国援华委员会等，并推动法国100多名议员在议会中组织援华集团；国际运输总工会及其下属的各国工会，发起对日货的抵制和拒绝运送军火原料至日本的运动；著名学者杜威和爱因斯坦、罗曼·罗兰、罗素、甘地共同签署发表谴责日本侵略中国、呼吁断绝与日本经济合作的宣言；等等。

二是代表政府做出或执行援助中国抗日战争的决策。如七七事变后的苏联领导人斯大林，和中国签订互不侵犯条约，提供中国急需的军械武器和派遣军事顾问、援华航空队援助中国还有一批执行各国援华抗日决策的官员，如英国驻华大使卡尔、薛穆和英国军事顾问团等。据1939年重庆官方公布的统计数据，当时常驻重庆的外国人有1129人，其中英国人最多，有329人，美国人次之，有168人，苏联人有163人，这些外国人员包括政治、经济、文化、军事、外交、商务、医务、教育等各个方面，尤以外交、军政人员为主。

三是直接介入和帮助中国人民进行抗战。斯诺、斯特朗、史沫特莱、尼姆·威尔斯、詹姆斯·贝特兰、汉斯·希伯、白修德、田伯烈等大批新闻记者以及美国海军军官卡尔逊和美军观察组成员等，深入中国抗日第一线采访，把日本帝国主义的暴行和中国人民英勇不屈、浴血奋战的真相，报道给全世界和相关政府。

——李东朗．国际友人对中国抗日战争的支援 [N]．光明日报，2015-08-28（001）．

（4）抗日战争胜利的原因与意义

抗日战争是近代以来中国人民抵抗侵略首次获得完全胜利的民族解放斗争，中华儿女能在这场战争中谱写以弱胜强的史诗，其主要原因在于：

第一，中国共产党在全民族抗战中起到了中流砥柱的作用。在抗日战争中，中国共产党最早举起武装抗日旗帜，积极促成抗日民族统一战线，提出与实施持久战的战略方针，以牺牲精神和模范行动鼓舞全国各族人民抗战到底，发挥了中流砥柱作用。

第二，中国人民巨大的民族觉醒、空前的民族团结和英勇的民族抗争，是中国人民抗日战争胜利的决定性因素。在抗日战争中，中国人民团结一致，以崇高的民族气节谱写了伟大的爱国主义篇章。

第三，中国人民抗日战争的胜利，同世界所有爱好和平和正义的国家和人民、国际组织以及各种反法西斯力量的同情和支持也是分不开的。

抗日战争的胜利，是中华民族从近代以来陷入深重危机走向伟大复兴的历史转折点，是中国近现代史上、人类发展史上具有重要意义的历史事件。其胜利的主要意义有四点：

第一，彻底打败了日本侵略者，捍卫了中国的国家主权和领土完整，使中华民族避免了遭受殖民奴役的厄运。中国人民为最终战胜世界法西斯势力作出的历史性贡献，使中华民族在全世界面前树立了以弱胜强的形象，赢得了崇高的民族声誉，我国的国际地位显著提高。

第二，促进了中华民族的觉醒，使中国人民在精神上、组织上的进步达到了前所未有的高度。在抗日战争中，中国人民将民族觉醒和民族精神升华到全新高度。经过抗日战争的锤炼，中国人民从曾经的一盘散沙变成了高度团结统一，中华民族的面貌发生了前所未有的巨变。

第三，对世界各国夺取反法西斯战争的胜利、维护世界和平的伟大事业产生了巨大影响。

第四，为民族复兴锻造了坚强有力的领导核心。在抗日战争中，中国共产党以中流砥柱作用赢得了广泛的群众基础。全国各族人民坚定了在中国共产党的领导下追求民族独立、人民解放的意志，为赢得新民主主义革命的胜利奠定了重要基础。

三、专题小结

中国的抗日战争是"战争史上的奇观、中华民族的壮举、惊天动地的伟业"。它的规模之广泛，区域之辽阔，斗争之英勇，场面之悲壮，在中国历史上是空前的，中国的抗日战争是神圣的民族解放战争。在抗日战争中，中国共产党坚守初心，倡导和维护抗日民族统一战线，以牺牲精神和模范行动鼓舞人民群众抗战到底，取得了抗日战争的伟大胜利，开启了古老中国凤凰涅槃、浴火重生的新征程。

四、推荐阅读

1. 习近平. 习近平谈治国理政［M］. 北京：外文出版社，2014.

2. 中共中央党史和文献研究院. 习近平论中国共产党史［M］. 北京：中央文献出版社，2021.

3. 中共中央党史研究室. 中国共产党历史：第一卷［M］. 北京：中共党史出版社，2002.

4. 毛泽东. 毛泽东选集：第二卷［M］. 北京：人民出版社，1991.

专题八　"人民战争的伟力，来源于人民的伟大力量"

——为建立新中国而奋斗

一、教学说明

（一）教学目标

1. 知识目标：掌握中国革命胜利的基本经验以及"三大法宝"对当今中国发展的重要意义；熟悉第二条战线形成和发展的重要意义；了解抗日战争胜利后国际国内政治形势以及对中国的影响。

2. 能力目标：通过对抗战胜利后中国向何处去的分析，形成正确分析政治时局的能力。

3. 价值目标：通过深入认识中国共产党的人民立场，加深理解新中国的来之不易，从而增强爱国爱党情怀。

（二）教学重点与难点

重点：正确认识抗战胜利后两个中国命运的本质；准确把握解放战争时期的民心转换。

难点：明确国民党政权走向崩溃与"第三条道路"幻想破灭的历史必然性；深刻认识新民主主义革命胜利的原因与经验。

（三）教学方法

综合运用案例式、启发式和讨论式教学方法，辅以视频演示、智慧平台互动等教学手段，并挖掘地方史资源应用于教学。

（四）学时安排

2 学时

（五）参考资料

1. 本书编写组．中国近现代史纲要［M］．北京：高等教育出版社，2023.

2. 刘统. 东北解放战争纪实［M］. 北京：人民出版社，2004.

3. 张海鹏. 中国近代通史（第 10 卷）：中国命运的决战（1945—1949）［M］. 南京：江苏人民出版社，2009.

4. 本书编写组. 《中国近现代史纲要》辅导用书［M］. 北京：高等教育出版社，2020.

二、教学内容

［导入］1946 年 6 月，国民党悍然进攻中原解放区，挑起了全面内战。面对国民党反动派的嚣张气焰，中国共产党带领全国人民奋起反击，经过 3 年艰苦卓绝的浴血奋战，最终夺取了人民解放战争的伟大胜利。在这场战争中，中国共产党实现了力量由弱到强、状态由守转攻的变化，这种转变背后依靠的，正是广大人民群众的力量。本专题我们就来详细学习，在解放战争时期，中国共产党怎样将人民群众牢牢团结起来，如何依靠人民力量建立了崭新的人民共和国。

（一）战与和的变奏

抗日战争胜利后，中国人民暂时从连年炮火中解脱出来，和平、民主成为全国各族人民的共同心愿。但是，国民党统治集团对全国民众追求和平的心愿置若罔闻，逆时代大潮而动，时刻准备发动反共内战。在中国人民面前，存在着两个中国之命运，一个是独立、自由、民主、统一、富强的中国，即光明的新中国；一个是半殖民地半封建的、分裂的、贫弱的中国，即黑暗的旧中国。不过，国共两党都出于自身的政治考量，并未骤然公开破坏两党的关系，而是在政治、军事多方较量之下作出适当部署，国内政局奏响了战与和的变奏曲，呈现出边打边谈的政治气象。

1. 战后两个中国之命运——国共两党建国方案的分歧

在 14 年艰苦卓绝的抗日战争中，全体中华儿女勠力同心，形成了全民族抗战的历史洪流，实现了中华民族大团结。然而，抗战胜利后，中国社会在战时累积的弊病逐步显现，如何恢复凋敝的民生、整顿受创的经济秩序等问题成为亟待解决的重要问题。对于如何巩固抗日战争的胜利成果，如何解决抗战胜利后的多重问题，实施怎样的建国方案，国民党和共产党的主张截然不同。

【知识拓展】毛泽东致七大开幕词——《两个中国之命运》

在中国人民面前摆着两条路，光明的路和黑暗的路。有两种中国之命运，光明的中国之命运和黑暗的中国之命运。现在日本帝国主义还没有被打败。即使把日本帝国主义打败了，也还是有这样两个前途。或者是一个独立、自由、民主、统一、富强的中国，就是说，光明的中国，中国人民得到解放的新中国；或者是另一个中国，半殖民地半封建的、分裂的、贫弱的中国，就是说，一个老中国。一个新中国还是一个老中国，两个前途，仍然存在于中国人民的面前，存在于中国共产党的面前，存在于我们这次代表大会的面前。

——毛泽东. 两个中国之命运 [M] //毛泽东. 毛泽东选集：第四卷. 北京：人民出版社，1991：1025—1026.

【互动交流】毛泽东为何能断定战后两个中国之命运？

第一，从国民党的性质与既定方针中得以断定。国民党统治集团作为大地主、大资产阶级的政治代表，其根本目标是使战后的中国维持蒋介石的独裁统治，维护大地主、大资本家的利益，继续走半殖民地半封建社会的老路。这一阶级属性决定了国民党统治集团必然要发动内战来消灭共产党。

【案例呈现】国民党不准共产党参与接收

1945 年 8 月 11 日，蒋介石下达三道"命令"：一是要解放区人民军队"就地驻防待命"，不得向敌伪"擅自行动"；二是要他的嫡系部队"积极推进"，"切勿松懈"；三是要伪军"切实负责维持地方治安"，抵抗人民军队受降。

——肖一平等. 中国共产党抗日战争时期大事记（1937—1945）[M]. 北京：人民出版社，1988：512.

在日本决定投降的消息传出后，国民党集团为了实现权力的垄断，完全排除了中国共产党参与接收的可能性。蒋介石连下三道命令，完全不考虑中国共产党在抗日战争中的卓越贡献，一心要垄断接收权，这是国民党集团企图实现在全国垄断统治野心的呈现。按照国民党的战略意图，中国只会继续走半殖民地半封建的、分裂的、贫弱的老路。

第二，从中国共产党追求和平民主的决心与日渐壮大的力量中得以断定。中国共产党深知广大民众对和平环境的渴求，始终将打败日本侵略者、建立光明的新中国作为重大任务。此外，根据中国共产党自身的条件，即经验丰富、拥有强大的解放区、有全国广大民众的援助、有全世界各国人民特别是苏联的援助，毛泽东有充足的自信断定：团结全国人民建设新民主主义国家的任务是必能完成的。按照共产党的战略意图，中国将会走独立、自由、民主、统一、富强的全新之路。

两个中国之命运的较量背后，实质上是国共两党的较量。在较量之初，中国共产党处于相当弱势的地位。一方面，国共两党的矛盾蓄积已久，两党虽曾摒弃前嫌合作抗日，但彼此的矛盾并未随着抗日逐渐缓和，而是在战时又积累了更多的矛盾，并在抗战胜利后日渐尖锐。另一方面，国民党对共产党的针锋相对，除了有自身的军事力量优势外，还有美国政府基于全球战略的强力支持。第二次世界大战结束后，美国依仗强大的经济和军事实力，积极向外扩张，企图建立自己在世界上的统治地位。控制中国是美国全球战略的重要组成部分。正如后来美国国家安全委员会的一份报告中所说，他们当时在中国所追求的长远目标是推动建立一个稳定、统一的亲美政府，而短期目标首先是"阻止共产党完全控制中国"。美国采取的措施是：一方面，要求国民党政府实行某种程度的改革，包括搞一点形式上的民主，争取中间派的同情和支持，诱使或迫使共产党交出军队，实现中国在国民党领导下的"统一"；另一方面，在经济、政治、军备等方面大力援助国民党政府，帮助国民党军队运兵抢占战略要点。

在美国政府的支持下，内战危机重重，引发了全国民众的深刻担忧。但是，由于国民党军队大部分远在西南、西北后方，要把它们运往内战前线、完成内战部署需要相当的时间，加之由于国际上苏联、美国等都表示希望中国能够实行和平建国，因此，蒋介石在积极准备内战的同时，又表示愿意与中共进行和平谈判。此外，中国共产党深知全国人民迫切需要和平环境来修复此前连年战争的创伤，并未放弃对和平民主的追求。因此，国共两党的关系并未骤然破裂，而是走上了边斗争边谈判的曲折之路。

2. 人民力量的一次胜利——"双十协定"的签署

1945 年 8 月 14 日、20 日、23 日，蒋介石三次电邀毛泽东到重庆谈判，表示"倭寇投降，世界永久和平局面可期实现，举凡国际国内各种重要问题，亟待解决，特请先生克日惠临陪都，共同商讨"，"如何以建国之功收抗战之果，甚有赖于先生之惠然一行，共定大计"。① 蒋介石的邀请虽言辞恳切，但实质是综合研判下意图在政治上占据主动地位之举。一方面，远在后方的国民党军队尚未部署到位，难以放开手脚发动内战；另一方面，社会各界对和平的呼吁十分强烈，反共支持者美国亦支持国共和谈。因此，蒋介石电邀毛泽东赴渝谈判，

---

① 刘统. 东北解放战争纪实 [M]. 北京：人民出版社，2004：12.

一来为了掩盖国民党部署内战的相关举措，二来诱使中国共产党交出军队与解放区政权，三来"如其不来，则中央可以昭示宽大与天下，而中共将负破坏统一之责"①，把战争责任转嫁给中国共产党。

【知识拓展】国民党明面谈判暗里备战

［电报 1］

万急。延安毛泽东先生勋鉴：倭寇投降，世界永久和平局面，可期实现。举凡国际国内各种重要问题，亟待解决，特请先生克日惠临陪都，共同商讨。事关国家大计，幸勿吝驾，临电不胜迫切悬盼之至。

蒋中正 8 月 14 日

［电报 2］

延安毛泽东先生勋鉴：来电诵悉，期待正殷。而行旌迟迟未发，不无歉然。朱总司令电称一节，似于现在受降程序未尽明了。查此次受降办法，系由盟军总部所规定，分行各战区，均予依照办理。中国战区亦然，自未便以朱总司令一电破坏我对盟军共同之信守。朱总司令对于执行命令，往往未能贯彻。然事关对内，妨碍犹小；今于盟军所已规定者，亦倡异议，则对我国家与军人之人格将置于何地。朱总司令如为一爱国爱民之将领，只有严守纪律，恪遵军令，完成我抗战建国之使命。抗战八年，全国同胞日处水深火热之中，一旦解放，必须有以安辑而鼓舞之，未可蹉跎延误。大战方告终结，内战不容再有。深望足下体念国家之艰危，悯怀人民之疾苦，共同勠力，从事建设。如何以建国之功收抗战之果，甚有赖于先生之惠然一行，共定大计。则受益拜惠，岂仅个人而已哉！特再驰电奉邀，务恳惠诺为感。

蒋中正 8 月 20 日

［电报 3］

延安毛泽东先生勋鉴：未养电诵悉。承派周恩来先生来渝洽商，至为欣慰。惟目前各种重要问题，均待与先生面商。时机迫切，仍盼先生能与恩来先生惠然偕临，则重要问题方得迅速解决。国家前途，实利赖之，兹已准备飞机迎迓，特再驰电速驾。

蒋中正 8 月 22 日

---

① 秦立海．民主联合政府与政治协商会议——1944—1949 年的中国政治［M］．北京：人民出版社，2008：146.

国民党报刊及通讯社配合蒋介石的邀请电发动宣传攻势,将"邀请"与"和平"的调子越唱越高,其态度一次比一次迫切,一次比一次诚恳,甚至飞机已准备好,正待命而发。事实却是,8月23日,蒋介石发第三封电报时,还对周围部下说:"毛泽东不会来重庆同我进行谈判,他不来,这说明他蓄意作乱,我们就明令讨伐"。

——张小满. 论重庆谈判前后国共双方的舆论宣传 [J]. 史学月刊,2001 (06):93—98.

中国共产党虽然清楚蒋介石的真实意图,但最终还是决定赴渝谈判。一是因为中国共产党始终坚持维护和平与民主的大局,二是因为舆论转变使中国共产党认识到赴渝谈判的重要性。蒋介石连续三次电邀毛泽东之举,表面展现了国民党满足人民呼吁和平的诉求,人们普遍期盼和谈能够成功,一时间舆论界对蒋介石之举表示出极大热情与好评。在舆论焦点转移到中国共产党时,中共中央政治局举行会议,提出"蒋反我亦反,蒋停我亦停",以斗争达到团结,以推进国内和平等目标的实现。1945 年 8 月 25 日,党中央发表《对目前时局的宣言》,明确提出和平、民主、团结的口号。当晚,中央政治局决定毛泽东等赴重庆同国民党当局进行和平谈判。

8 月 28 日,毛泽东偕周恩来、王若飞抵达重庆,重庆谈判由此拉开序幕。此举在社会上引起了巨大反响。许多报纸刊登了大量人民群众来信,其间不乏对毛泽东的欢迎与对中国共产党的拥护,可见毛泽东赴渝之举为中国共产党赢得了强大的舆论支持。

【知识拓展】重庆谈判期间各报纸刊登的新闻

毛泽东先生应蒋主席的邀请,毅然来渝,使我们过去所听到的对中国共产党的一切诬词和误解,完全粉碎了。毛先生来渝,证明了中共为和平、团结与民主而奋斗的诚意和决心,这的确反映和代表了我们老百姓的要求"。

——胡其瑞等. 建立和平、团结民主的新中国,欢迎毛泽东先生 [N].新华日报,1945-08-29.

阔别羊城十九秋,重逢握手喜渝州,弥天大勇诚能格,遍地劳民战尚休。霖雨苍生新建国,云雷青史旧同舟。中山卡尔双源合,一笑昆仑顶上头。

——柳亚子. 赠毛润之老友 [N]. 新华日报,1945-09-02.

人们不少有接飞机的经验，然而谁也能说出昨天九龙坡飞机场迎接毛泽东是一种新的体验，没有口号，没有鲜花，没有仪仗队，几百个爱好民主自由的人士却都知道这是维系中国目前及未来历史和人民幸福的一个喜讯。

——子冈．毛泽东先生到重庆［N］．大公报，1945-08-29.

好像在阴暗的天空中忽然放出来一道光明，不禁使人手舞足蹈，为国家的前途祝福！自日本投降后，这真是最令世人兴奋的消息！

——社评．团结在望 国家之光——欣闻毛泽东先生抵达重庆［N］．西安秦风日报工商日报联合版，1945-08-29.

经过40多天的重庆谈判，国共双方代表签订了《政府与中共代表会谈纪要》，即"双十协定"。国共双方提出要"长期合作，坚决避免内战，建设独立、自由和富强的新中国"。这是重庆谈判取得的最重要的成果。一方面，中国共产党承认了国民党的领导地位；另一方面，国民党也承认了中国共产党及其军队的地位。虽然国共两党依旧存在非常多的未解决问题，但双方皆表示将在互信互让的基础上继续商谈，求得圆满之解决。因此，"双十协定"的签署一定程度上缓解了迫在眉睫的内战危机，这对于期盼和平环境的民众来说是一大喜讯。可以说，"双十协定"的签署，正是人民力量的一次胜利。

3. 烽烟弥漫的较量——曲折的政治协商进程

"双十协定"的签署，虽一定程度上缓解了迫在眉睫的内战危机，大规模内战暂时未能公开爆发，但是并不意味着国共两党彻底停战。为壮大自身力量，使自己占据更有利的战略地位，国共双方皆开始了对日伪占领区的地盘与资源争夺，双方的军事冲突并未停止，反而呈现出扩大之势，与曾经设想的"在互信互让的基础上继续商谈，求得圆满之解决"局势相差甚远。国内民众对国共两党剑拔弩张的态势甚是担忧，一致呼吁以和平方式解决问题。11月2日，民盟发言人为制止内战发表谈话称："公告虽然发表了二十几天，中国人打中国人的枪声，就没有停息过……在抗战八年以后，在全面胜利以后，假定大规模的内战，终于无法避免，这不仅将为一切中国的友邦所齿冷，更为新遭惨败的敌人所窃笑，这简直是在对着整个国家的生命当心一枪，简直是在对着四万万五千万老百姓瞄准扫射。……我们民主同盟今日愿为四万万五千万老百姓请命，当前中国第一件事是停止内战，避免内战，消弭内战。"① 此外，美苏两国不愿中国马上发生内战，以免陷入各自支持的盟友爆发战争的危险。美苏两国的共同诉求是，在雅尔塔体系下，中国坚持国民党的统治并容纳其他党派参与政治，以便维护中国政局与社会秩序的稳定。面临国共两党冲突愈演愈烈的情况，美苏纷纷出面号召国共军队停止冲突，尽力避免中国大规模内战而引发美苏两国的军事对抗。

基于国内外对军事冲突的强烈反对，加之国共双方都需要一定时间休整，为未来角力进行全面部署，国共两党便重新开始谈判，争取以和平协商的方式解决当下的争端。1946 年 1 月 10 日，国共双方下达停战令，国内烽烟弥漫的战局暂且平息，和平之势得以出现。同一天，政治协商会议在重庆开幕，出席会议的有国民党、共产党、民主同盟、青年党和无党派人士代表共 38 人。与会各方针对政治民主化、军队国家化、党派平等化等有关问题进行了激烈争论，最终通过了政府组织案、国民大会案、和平建国纲领、军事问题案、宪法草案等五项协议。政协会议通过的协议，还不是新民主主义性质的，但它有利于冲破蒋介石的独裁统治和实行民主政治，有利于和平建国，社会舆论对政协会议的成功召开给予了高度评价，各方都热切希望政协协议能够尽早实施，以实现中国真正的民主化。一时间，是否忠实履行政协协议，成了人们衡量政治是非的重要尺度。

对于争取自身地位和政治参与的中国共产党来说，政协协议的实行是非常有利的。因此，中国共产党准备严格履行这些协议。在政协会议闭幕的第二天，中共中央便发出党内指示。要求全党准备为坚决实现政协协议而奋斗。但是中国共产党对于形势的估计并没有盲目乐观，虽然坚定地准备实行政协协议，但依旧注意保持自身政权和军队的独立性，提出必须提高警惕，注意"阵地的保持与继续取得"②，做好进行自卫战争的准备。

对于执政的国民党来说，政协会议的成功召开实为一大冲击。多方参会并就重大政治问题进行协商的举措本身就是对国民党一党独裁的重击，宪法草案与改组政府的决议更是直接否定了国民党垄断政权的法理依据。在社会其他民众欢欣称赞政协会议的时候，国民党内部的反对声浪却一潮高过一潮，凝聚了一股以撕毁政协协议为目标的力量。在国民党六届二中全会上，蒋介石命令他的追随者对政协协议"就其荦荦大端，妥筹补救"，待国民党完成相应准备时，就全面撕毁协议，悍然发动全国规模的内战。

---

① 赵锡骅. 民盟史话［M］. 北京：群言出版社，2014：79.
② 中央档案馆. 中共中央文件选集：第十六册［M］. 北京：中共中央党校出版社，1992：66.

【典型案例】国民党酿造的沧白堂事件与较场口血案

协进会（为促进政治协商会议的顺利召开，由各界23个团体、单位组成的协作组织）在1946年初的成立，引起了国民党当局的恐慌，CC系头子陈立夫当即密令国民党重庆市党部，密切注视共产党及协进会的活动，同时拨给法币400万元，以每人每晚2000元的价格雇用特务打手，对协进会组织的各界民众大会进行捣乱破坏……18日晚举行的第六次民众大会遭受的破坏尤为严重。大会由李公朴任主席，国民党代表邵力子、共产党代表王若飞作报告。邵在报告中竭力为国民党辩护，要大家不要抹煞国民党在推翻清、进行北伐和对日抗战中的作用，希望国事在和谐中解决。王若飞在报告中强调指出，解决问题必须互相承认与互相尊重，才能和谐的解决。当王在会上揭露蒋介石提出所谓"军队国家化"的实质，是诬蔑共产党"拥兵自重"、搞"封建割据"，妄图一口吃掉八路军、新四军，消灭人民革命力量时，中统特务刘俊山等人敲起小锣，拿起木棍、石块向讲台打去，会场秩序大乱。许多爱国民主人士和进步群众立即奔向讲台，在乱石纷飞中，奋不顾身，护送王上了轿车，安全离去。不少群众因此被石块打伤。一个在会上发了言的青年，刚出大门即被围殴，腹部重伤，另一群众前去扶持也遭殴打，头部受伤。

——中共中央统战部，重庆市委统战部．重庆与中国统一战线［M］．北京：华文出版社，2011：249—250．

2月10日，重庆各界近万人在较场口举行庆祝政协会议成功大会，国民党党员刘野樵、吴人初率特务、暴徒数百人捣乱会场，大会主席团成员郭沫若、李公朴、马寅初、罗隆基、施复亮、章乃器及与会群众60多人被打成重伤。周恩来、冯玉祥闻讯赶到现场，被刘野樵认出，暴徒才一哄而散。当日晚，政治协商会议举行紧急会议，推周恩来等人出面与蒋介石交涉，但蒋氏早已于当日晨飞往上海。

血案发生后，张澜任发行人的重庆《民主报》发表题为《民主的耻辱》的社论，揭露血案真相，强烈谴责国民党当局蹂躏人权，要求严惩凶手。民盟旗下上海《文汇报》、西安《秦风报》、成都《华西晚报》及中共《新华日报》也纷纷发表报道、评论，指责国民党方面蓄意破坏来之不易的和平。

——戚如高，潘涛．张澜与中国民主同盟［M］．广州：广东人民出版社，2004：166—167．

在国民党六届二中全会召开后，中国共产党改变了原有的政策，从原有的积极履行政协协议转变为"展开批评攻势，针锋相对，寸土必争"①，此前因为停战协定和政协协议而建立起的和平局面再次出现危机。虽然短暂的和平暂息期就此终止，但广大人民群众看清了国民党反动派的真实面目，明确地知道了谁应该承担战争的责任。经过近一年的和平暂息期，中国人民得到了短暂的调整，中国共产党也巩固与扩大了解放区，为迎接自卫战争做好了相关准备。

（二）全面内战的发展

1946 年 6 月 26 日，国民党军以进攻中原解放区为起点，挑起了全面内战。面对国民党的大肆进攻，中国共产党毫不退缩，带领解放区军民坚决反击。之后，其他战场相继燃起炮火，中国再次陷入连天炮火中。

1. 国共关系的最终破裂——国民党挑起全面内战

国共两党的全面内战，始于国民党对中原解放区的进攻。国民党之所以悍然挑起全面内战，是因为经过一年左右的部署，蒋介石认为发动全面内战的时机已经成熟。首先，在全面内战爆发前的一个月，国民党政府宣布"还都"南京。这意味着国民党政府已经完成对沦陷区的接收工作，基本实现了对主要城市与交通线的控制，这是国民党敢于发动内战的基本前提。其次，5 月 18 日，国民党军队在四平街战役中获胜，攻占了四平街这一战略要地，这一胜利助长了国民党短时间战胜共产党的信心。最后，美国对国民党的援助力度日益加大，提出《拟予中华民国以军事顾问与军事援助的法案》，进一步促进了国民党作出发动全面内战的决策。②

【互动交流】为什么把国民党进攻中原解放区作为全面内战的起点？

在国民党进攻中原解放区之前，国共两党已经就政协协议的维护与破坏进行了较量，中国大地早已燃起战火。为什么不把达成政协协议后的第一次战火交锋作为全面内战的起点，而是将国民党大肆进攻中原解放区作为全面内战爆发的依据呢？关于这个问题，需要把握全国的整体局势再下结论。国民党进攻中原解放区之前，国内的战火基本源于国民党地方部队对解放区的局部攻击，国共两党表面还是维持大体和平，战局打打停停，还不能算是全面内战。1946 年 6 月 26 日，蒋介石撕毁停战协定和政协协议，命令主力部队悍然向解放区发

---

① 转引自张海鹏．中国近代通史（第 10 卷）：中国命运的决战（1945—1949）［M］．南京：江苏人民出版社，2009：48．

② 金冲及．中原突围和全面内战的开始［J］．中共党史研究，2019（02）：24—41．

动全面进攻，紧接着，国民党军队又大举进攻华东、晋冀鲁豫、晋绥、东北以及海南岛等解放区。国民党军队因其速战速决计划对解放区发起猛攻，战局一改以往局部打打停停态势，全面内战由此爆发。

【知识拓展】为什么国民党选择首先攻打中原解放区？

当时，长江以南的解放军主力基本上已遵照双方达成的协议从原有根据地北撤。这是中国共产党为争取实现和平作出的重大让步。而在长江以北，离江较近、被国民党看作"眼中钉"而急于消灭的主要是中原和苏中两块解放区。

这两大解放区的处境又有所不同。中原解放区地处鄂东北和豫东南，南临武汉和长江，平汉铁路自北向南从这里通过，可以威胁武汉，又是国民党军队沿平汉铁路北上进攻华北的必经之地。国民党当局想大举北上，发动全面内战，肯定要首先扫清这个"障碍"。1947年11月，陈毅在淮阳汲冢地区会见中原突围部分干部时说："如果没有中原部队的战略牵制，那就很可能没有上党战役、邯郸战役和华东七战七捷的胜利。"这也可以从一个方面说明，为什么国民党发动全面内战，要从围攻中原解放区下手。

中原解放区和苏中解放区还有一个重要区别：人民解放军经过抗日战争，已经"形成了六个大的作战区域，即晋冀鲁豫、华东、东北、晋察冀、晋绥、中原六大解放区"。其他五个解放区都相互连接，解放军可以彼此接应，进退自如，只有中原解放区孤悬在南，处于国民党军队重兵包围之中，不能和其他解放区相通。这也是国民党当局选择从这里首先下手的一个重要原因。

——金冲及. 中原突围和全面内战的开始［J］. 中共党史研究，2019（02）：24—41.

2. 民心是最大的政治——国共两党攻守态势的转换

全面内战爆发之初，国共两党的实力差距悬殊，国民党在军事力量上表现出极大的优势，而中国共产党面临的形势却十分严峻。在此背景下，蒋介石断言全面内战一定能速战速决，国民党军队参谋总长陈诚甚至扬言，"也许三个月，至多五个月，即能整个解决军事问题"①。然而，战局却并未按照国民党的

---

① 张大中等. 解放战争时期北平学生运动史［M］. 北京：北京出版社，1995：44.

预期发展，刚开始处于弱势的共产党，在一系列战略战术、方针政策的部署下，以革命战争反对反革命的战争，奋力击退了国民党的重点进攻，粉碎了国民党的速战速决计划。此外，中国共产党依靠人心的优势，将国民党拉入人民战争的汪洋大海，逐步实现了攻守态势的转换，为赢得解放战争的胜利奠定了基础。

【知识拓展】国共两党面临的形势与实力的对比

由于国民党的背后站着美国，而这个拥有强大的经济、军事实力并垄断着原子弹生产秘密的美国，似乎是不可战胜的，因此，在国内的一部分人民中间，对处于劣势的人民革命力量能否打败蒋介石的进攻，是心存疑虑的。为了谋求国内和平，有一些中间派人士以为共产党应当进一步采取退让政策。在国际上，当时美、英等国开始了对苏联的"冷战"。1946年3月5日，英国前首相丘吉尔在美国的富尔顿城发表反苏反共的演说，主张英、美成立军事同盟，反对所谓"铁幕"后的国家。由此，"美苏必战""第三次世界大战即将爆发"的叫嚷一时甚嚣尘上。在这种情况下，外国也有人害怕中国革命会导致美国大量出兵干涉，并把苏联卷进去，由此引发新的世界大战。

——中共中央党史研究室．中国共产党历史：上卷［M］．北京：人民出版社，1991：709.

表1　全面内战爆发时，国共两党军事力量对比

种类	国民党	中国共产党
总兵力	430万人 正规军356万人，非正规军74万人 直接装备美械64万人	127万人 8辆轻型坦克 2678支冲锋枪
陆军	200万人 86个整编师，248个旅	61万人 含纵队22个
空军	16万人 美国为其建立八又三分之一个空军大队 列装飞机936架	——

续表

种类	国民党	中国共产党
海军	3 万人 美国移送 271 艘军舰 总计军舰 288 艘，编为 8 个舰队	—
特种部队	36 万人 美军派驻海军陆战队 9 万人	—
其他	101 万人 美军派驻军事顾问 2000 人	67 万人

——资料来源：教育部《中国近现代史纲要》课件

【互动交流】国民党军队占有绝对优势，为什么没有实现速战速决？

中国共产党对国内外的形势有着清醒的估计，也深知自身力量弱于国民党。但是，中国共产党有着必胜的决心与信心。毛泽东明确指出，蒋介石发动的战争是反人民的，虽然国民党具有军事力量与美国援助的优势，但是这种优势不会长久，战争是否胜利，其决定因素还是人心的向背。中国人民解放军所进行的战争是为了争取民族独立和人民解放的革命战争，必然会获得全国人民的拥护，而雄厚的群众基础正是战胜国民党的政治基础。

面对蒋介石集团集结 30 万大军进攻中原解放区的严峻形势，中原解放区解放军在极端困难的条件下奋起突围。在佯装向东突进、实则向西突围的战略下，经过 36 天的艰苦奋战，中原解放区解放军获得了中原突围的胜利，有力策应了其他解放区的作战，为解放全中国奠定了胜利的起点。

在打退国民党军事进攻的过程中，中国共产党分别制定了政治与军事方针，实现了两条战线相互结合推动革命发展的局面。在军事上，中共中央采取的方针是"集中优势兵力、各个歼灭敌人"，人民解放军的军事斗争构成了革命的第一条战线；在政治上，中共中央以赢得民心为重点，提出了和人民群众亲密合作，以"建立最广泛的人民民主战线"的方针，国民党统治区的人民民主运动的迅速发展构成了革命的第二条战线，与第一条战线密切配合，推动中国共产党力量的不断壮大，逐步实现了与国民党攻守态势的转换。

1947 年 7 月，国民党军队总兵力由 430 万人下降为 373 万人，其中正规军由 200 万人下降为 150 万人。人民解放军总兵力则由 127 万人增加为 195 万人，其中正规军近 100 万人，武器装备也得到很大改善。中共中央当机立断，决定不等完全粉碎敌人的战略进攻，立刻转入全国性反攻，以主力打到外线去，将战争引向国民党统治区域。

1947 年 6 月底，刘伯承、邓小平率领的晋冀鲁豫野战军主力，实施中央突破，千里跃进大别山。随后，陈毅、粟裕指挥的华东野战军主力为东路，挺进苏鲁豫皖地区；陈赓、谢富治指挥的晋冀鲁豫野战军一部为西路，挺进豫西。三路大军相互策应，机动歼敌。它们调动和吸引国民党军南线全部兵力 160 多个旅中约 90 个旅于自己周围，迫使国民党军处于被动地位。人民解放战争战略进攻的序幕由此揭开。

中国共产党赢得民心，壮大自身力量的过程不是自然出现的，其间蕴含了中国共产党开展各项斗争的努力。在此过程中，国民党的相关行为与共产党形成了鲜明对比，加速了民心在国共两党之间的转换，具体对比如下：

第一，国民党的横征暴敛与共产党的土地改革运动形成鲜明对比。国民党发动内战，使中国大地再次陷入战争的深渊，从一开始就违背了人民追求和平安定的意愿，将自身置于人民的对立面。随着战争形势的发展，尤其是中国共产党粉碎了国民党速战速决的计划后，国民党陷入了军费沉重的危机。为了筹措内战经费，国民党对人民横征暴敛，不仅上调税率，还巧立名目，大肆征收地方性新税，导致人民负担沉重，苦不堪言。此外，国民党还滥发钞票，导致经济极度混乱，物价飞涨，人民在饥饿与死亡线上挣扎，对国民党的统治感到十分绝望。与此相反，中国共产党着眼于广大人民群众的利益，在解放区开展了轰轰烈烈的土地改革运动，于 1946 年发布了《关于土地问题的指示》，1947年制定了《中国土地法大纲》，在广大农村形成了土地改革的热潮，成千上万的农民投身前线，保卫解放区，为中国共产党战胜国民党提供了足够的人力与物力资源。

【案例呈现】国民党对人民群众层层剥削 VS 共产党维护农民利益

单就征税来说，国民党政府不仅调整原来的征税办法，而且大量开征全国统一新税和地方性新税，导致各地税项五花八门，"漫无标准，毫无预算，官吏上下其手，层层剥削。比如专员、县长下乡之招待费，官吏用之一分，民间负担十分，怨声载道，忍痛忍受，失去民心，莫此为甚"。

——纪亚光. 重铸辉煌 让中华文明焕发出新的蓬勃生机 [M]. 北京：中共党史出版社，2021：103.

蒋介石靠美国，我们是靠老百姓。但靠老百姓要有两个条件：第一个就是反对地主，平分土地；第二个就是民主，不准许站在人民头上屙屎撒尿。这两个条件我们可以做到，做不到就不象个共产党的样子。实行土地改革是争取爱国自卫战争胜利最基本的一环，有决定意义的一环，我们中国共产党中央委员会关于公布中国土地法大纲的决议有信心能做好。

——刘少奇.刘少奇选集：上卷［M］.北京：人民出版社，1982：384—385.

第二，国民党的贪污腐化与共产党清正廉洁形成鲜明对比。抗战胜利后，国民党在接收沦陷区主要城市时，借机敲诈勒索，贪污腐化，将接收变为"劫收"，引起接管区当地人民的不满。中国共产党则严格要求自己，开展党风廉政建设、整党整军运动，严格军队入城纪律，迅速赢得了人民群众的支持。

【案例呈现】国民党贪污腐化成风 VS 共产党开展廉政建设

抗战胜利后，国民党政府派往各地进行接收工作的要员，乘机利用职权大发横财，当时被称为"五子登科"（即劫夺金子、车子、票子、房子、女子）。其中国民党海军司令部驻津专员刘乃沂，在几个月时间里变成巨富，刘为人骄横不可一世，引起地方人士的愤恨，同时接收大员之间也产生分赃不均的矛盾。1946 年 8 月平津冀清查团到津，时子周揭发了刘乃沂，经清查团查明刘乃沂贪污属实，报请北平行辕交由军法处审理，于 1947 年 1 月 16 日在津将刘乃沂执行枪决。当时公布刘乃沂侵吞公有财物清单：鸦片 29 斤 14 两，药品 300 箱，珍珠 15 斤，黄金 80 两，以及白金钻石戒指等。严惩贪污犯刘乃沂是一件大快人心的事，而其实质纯属派系斗争的牺牲品。当时还有许多贪污犯都由于官官相护而未触及半根毫毛。

——天津市政协文史资料研究委员会.天津历史的转折［M］.天津：天津大港华康印刷厂，1988：149.

1949 年 5 月 27 日，上海解放。部队进入市区后，不惊扰市民，不入民宅，露宿在人行道上，军长、政委蹲在马路边上指挥作战；辎马辎重和伙房不进入市区，指战员用钢盔盛饭就着自带的干粮吃；任何人都不私受馈赠，不私取公物。上海市民称赞人民解放军是"毛泽东、朱德的代表"，西方新闻媒介称："胜利之师睡马路，自古以来所没有。"人民子弟兵拒腐蚀，永不沾，出现了"南京路上好八连"。帝国主义曾经预言，中国共产党进了上海这个大染缸，很快就会变质，自行退出上海。然而，中国共产党人不仅在污泥浊水曾长期泛滥的"十里洋场"站稳了脚跟，而且以无产阶级的优良作风改造了旧上海，至今传为佳话。

——徐家林，邓纯余，陈静，等. 中国共产党反腐倡廉建设史论［M］. 北京：中国方正出版社，2009：152.

第三，国民党对各民主党派的暴力迫害与共产党对民主党派的团结争取形成鲜明对比。抗日战争胜利后，一些民主党派的领导人曾经鼓吹"中间路线"，企图在国共对立的纲领之外寻找第三条道路。他们主张：在政治上"必须实现英美式的民主政治"，但不准地主官僚资本家操纵；在经济上"应当实行改良的资本主义"，但不容官僚买办资本横行。中间势力实行的方法，是走和平改良的道路。他们所提倡和主张的，是资产阶级共和国的方案，实质上是旧民主主义的道路。但是，中国在战后面临的是两种前途的尖锐斗争，客观形势决定了中国没有走第三条道路的余地。面对民主党派的第三条道路的主张，国民党当局采取了暴力迫害的方针。1946 年 7 月 11 日，民盟中委李公朴被国民党特务暗杀，7 月 15 日，民盟中委闻一多也被国民党公然杀害。1947 年 10 月，民盟在国民党的压迫下被迫解散，许多领导人为保全性命不得不出走海外，客观宣布了第三条道路的破产。

与国民党的残酷迫害不同，中国共产党的民主党派采取的是积极争取和团结的政策，一面支持各民主党派反对国民党独裁统治的斗争，一面维护各民主党派的政治地位与利益诉求，与他们建立了良好的关系。在两方对比下，民主党派实现了自我觉醒，放弃了第三条道路的幻想，并逐步明确了要与中国共产党携手合作的方向，转向了新民主主义的革命立场。

【知识拓展】民主党派为什么选择跟共产党走？

在国民党一贯坚持的内战、独裁、卖国的反动方针面前，在其加紧对民主党派迫害的严酷事实面前，在国共武力相争中进退失据、左右为难的政治现实面前，青年党和民社党投向国民党，民盟、民建、民进、九三学社等不断靠近共产党而远离国民党。知名的自由主义知识分子储安平写道："是谁驱使大家不满国民党，反对国民党，痛恨国民党的？不是别人，就是国民党自己。""共产党不肯放下枪杆，也未尝不能使人同情，因为在国民党这种政治作风下，没有枪，简直没有发言权，甚至没有生存的保障。"①

---

① 储安平. 储安平文集：下［M］. 上海：东方出版中心，1998：99.

3. 决定战争胜败的是人民——人民解放军夺取全国胜利

经过艰苦的战略防御与积极的战略进攻，到了 1948 年秋季，人民解放战争转入战略决战阶段，中国共产党夺取全国胜利的时机已经到来。

这时，人民解放军力量空前壮大，解放区基本完成了土地制度改革，广大农民的革命和生产积极性空前高涨。与此相反，国民党军队遭受重创，士气低落，战斗力不强，且遭到各阶层人民的强烈反对，政权濒临崩溃。人民解放军同国民党军队进行战略决战的时机已经成熟。

在毛泽东和中共中央军委的领导和指挥下，在人民群众的热烈支援下，中国人民解放军先后发动了辽沈、淮海、平津三大战役。三大战役历时 4 个月零 19 天，共歼灭国民党军队有生力量 154 万余人，加上 1948 年 7 月—1949 年 1 月在济南战役和其他战役中的损失，国民党军队共丧失兵力 230 余万人。国民党赖以维持其反动统治的主要军事力量基本上被摧毁。

1949 年 4 月 21 日，毛泽东、朱德发布《向全国进军的命令》。人民解放军第二、第三野战军在东起江阴、西至湖口、长达 1000 多里的战线上强渡长江天险，一举摧毁国民党苦心经营了 3 个半月的长江防线。4 月 23 日，人民解放军占领南京，宣告延续 22 年之久的国民党反动统治覆灭。随后，解放军继续分路向中南、西北、西南各省胜利大进军，分别以战斗方式或和平方式迅速解决残余敌人，解放广大国土。国民党蒋介石集团被人民赶出中国大陆，逃往中国台湾省。

【互动交流】为什么共产党能够以少胜多战胜国民党？

共产党以少胜多战胜国民党，离不开中国共产党制定的战略战术、共产党军队的纪律严明、共产党对和平民主的坚定追求。但归根到底，决定战争胜败的根本因素还是民心的向背。解放战争期间国民党与共产党各种行为的鲜明对比，使得国民党集团一步步失掉了民心，中国广大人民群众都坚定地站在了中国共产党这一边。民心所向逐渐抵消甚至远远超过了国民党军队一开始具备的军事优势，成为"军事公式里巨大的未知数"。

【知识拓展】军事公式里巨大的未知数

解放区曾流行这样一个民谣，"最后一碗米，用来做军粮；最后一尺布，用来缝军装；最后的老棉被，盖在担架上；最后的亲骨肉，送到战场上。"

在平津战役中，解放军参战部队有几百万人，而支前民工竟有 158 万人。

……

　　一名老战士曾向王凯捷回忆，当年他们在天津城里搜索敌人残部时发现，一个小杂货铺的柜台上放着一只漂亮的手表。为了保护老百姓的财物，战士们将手表挂在杂货铺门外的小树杈上，留下一名小战士看管，直到杂货铺主人回来后物归原主。

　　"民心所向，是共产党能胜利的一个根本原因。"王培军说。而这也被外国记者认为是"大大抵消了"国民党军在战争初期的装备优势，甚至"推翻了正统军事公式的因素"，成为"军事公式里巨大的未知数"。

　　——胡春艳.142天摧毁国民党主要军事力量 三大战役写下战争史奇迹
[N].中国青年报，2021-02-02（03）.

　　国民党在大陆执政失败，中国共产党以少胜多夺取了全国政权，佐证了毛泽东曾经"人心的向背，则是经常起作用的因素"的论述。得民心者得天下，在三大战役中，人民解放军得到了来自人民群众强大的补给支持，最终战胜了具有装备与人数优势的国民党。这种胜利，是中国共产党群众路线的胜利，是广大人民群众的胜利。

　　（三）建立人民民主专政的新中国

　　随着解放战争的胜利发展，中国共产党将建立新中国的任务提上了日程。在长期的革命实践中，以毛泽东为代表的共产党人积累了一定的建立新中国的理论基础。此外，在战争推进过程中，中国共产党为赢得民心而积极团结与争取民主党派的过程，为构建国家政权的基本框架累积了足够的实践经验。在多重理论与实践的基础上，中国共产党开始稳步推进建国工作，最终在1949年10月1日成立了中华人民共和国，开启了恢宏壮阔的发展新篇章。

　　1. 调动人民的积极性——成立新中国的理论准备

　　中华人民共和国是以新民主主义理论为基础的。早在抗日战争时期，毛泽东就在总结经验吸取教训的基础上，先后发表一系列理论著述，形成了新民主主义理论体系，成为缔造新中国的理论凭借。

　　【史实梳理】新民主主义理论的形成过程

　　大革命时期，毛泽东发表了《中国社会各阶级的分析》，强调了中国革命分清敌友的重要性，并科学分析了中国社会各阶级的具体状况与主要特点。此外，毛泽东在《湖南农民运动考察报告》中明确了无产阶级政党领导农民运动的重要性。这一时期初步明确了中国革命的动力与领导力量的问题。

　　土地革命战争时期，毛泽东先后写了《井冈山的斗争》《中国的红色政权为什么能够存在》《星星之火，可以燎原》《反对本本主义》等文章，从武装斗争、土地革命、农村根据地的政权建设和党的建设几个方面初步明确了中国革命的道路问题。

抗日战争时期，毛泽东先后发表了《实践论》《矛盾论》《〈共产党人〉发刊词》《中国革命和中国共产党》《新民主主义论》等论著，从新民主主义革命的三大法宝、新民主主义基本纲领、人民军队建设、革命根据地建设和党的建设等多方面展开，使新民主主义革命理论达到成熟。

解放战争胜利后，毛泽东为总结中国革命的胜利经验，先后发表了《论人民民主专政》《在中国共产党第七届中央委员会第二次全体会议上的报告》等文章，完整地表述了新民主主义革命的总路线，提出了从新民主主义向社会主义转变的思想，系统论述了人民民主专政的思想，指出人民民主专政是中国革命的主要经验和主要纲领，为新中国的成立奠定了理论基础。

新民主主义理论体系博大精深、内容丰富，大致可分为新民主主义革命论与新民主主义社会论，前者解决了革命步骤、革命对象与任务、革命领导、革命道路、革命动力、革命法宝以及革命前途问题，后者解决了新民主主义国家的政治纲领、经济纲领与文化纲领的问题。在新民主主义理论中，"人民"的概念得以明晰，即"在现阶段，是工人阶级，农民阶级，城市小资产阶级和民族资产阶级"，[①] 人民的地位也得以彰显，因为"人民民主专政的国家，是以人民代表会议产生的政府来代表它的"[②]。这些论述极大调动了人民的积极性，人民对能让自己翻身当家作主的新中国皆翘首以盼。

2. 召开民主的政治协商会议——成立新中国的实践准备

新中国成立的实践，应始于中国共产党筹备召开政治协商会议。1948 年 4 月 30 日，中共中央在纪念五一国际劳动节的口号中提出："各民主党派、各人民团体、各社会贤达迅速召开政治协商会议，讨论并实现召集人民代表大会、成立民主联合政府。"次日，香港《华商报》将中国共产党召开政治协商会议的号召刊载发行，很快得到各民主党派与社会贤达的热烈响应。5 月 5 日，民革李济深、何香凝，民盟沈钧儒、章博钧，民进马叙伦、王绍鏊，致公党陈其尤，农工民主党彭泽民，中国人民救国会李章达，中国国民党民主促进会蔡廷锴等人联名致电毛泽东，指出中国共产党的主张"适合人民时势之要求，尤符同人等之本旨"。之后，九三学社、台湾民主自治同盟等民主党派也纷纷响应中国共

---

① 毛泽东. 毛泽东选集：第四卷 [M]. 北京：人民出版社，1991：1479.
② 毛泽东. 毛泽东文集：第五卷 [M]. 北京：人民出版社，1996：136.

产党的号召。① 从当年 8 月开始，各民主党派和无党派民主人士陆续摆脱国民党的阻挠，通过各种渠道进入东北、华北解放区，在中国共产党的领导下积极参与筹备召开新政协、建立新中国的工作。

按照中共中央的部署，1948 年 8 月—翌年 9 月，中共中央香港分局和香港工委组织护送民主人士北上达 20 多批次。包括沈钧儒、李济深、张澜、黄炎培等 350 多人，加上党内干部共 1000 多人，辗转到达北平，为新政协会议的召开提供了重要保证。

1949 年 9 月 21 日，中国人民政治协商会议第一届全体会议在北平隆重开幕，参加会议的代表共 662 人。毛泽东在开幕词中向全世界豪迈地宣告："我们的工作将写在人类的历史上，它将表明：占人类总数四分之一的中国人从此站立起来了。"

人民政协是中国共产党领导的以工农联盟为基础的人民民主统一战线的组织形式。参加这次政协会议的有中国共产党、各民主党派、无党派人士、各人民团体、人民解放军、各地区、各民族以及海外华侨代表。会议通过《中国人民政治协商会议组织法》，选出政协第一届全国委员会。10 月 9 日，毛泽东当选政协全国委员会主席。

会议通过了《中国人民政治协商会议共同纲领》。这个《共同纲领》成为中国人民的大宪章，在一个时期内起着新中国临时宪法的作用。

会议通过了中央人民政府组织法，一致选举毛泽东为中央人民政府主席，朱德、刘少奇、宋庆龄、李济深、张澜、高岗为副主席，陈毅等 56 人为中央人民政府委员会委员。随后，中央人民政府委员会任命周恩来为政务院总理兼外交部部长。

会议决定北平为中华人民共和国首都，将北平改名为北京；采用公元纪年；以《义勇军进行曲》为代国歌；国旗为五星红旗，象征全国人民在共产党领导下的大团结。

9 月 30 日，中国人民政治协商会议闭幕。毛泽东起草了政协会议宣言，向国内外庄严宣示："这次会议，包含了全中国所有的民主党派、人民团体、人民解放军、各地区、各民族、国外华侨和其他爱国民主分子的代表，代表了全国人民的意志，表现了全国人民的空前的大团结……当着我们举行会议的时候，中国人民已经战胜了自己的敌人，改变了中国的面貌，建立了中华人民共和国。

---

① 张海鹏 . 中国近代通史（第 10 卷）：中国命运的决战（1945—1949）［M］. 南京：江苏人民出版社，2009：586.

我们四万万七千五百万中国人现在是站立起来了，我们民族的前途是无限光明的。"①

3. 中国革命胜利的意义与经验

【文献阅读】《中共中央关于党的百年奋斗重大成就和历史经验的决议》

经过二十八年浴血奋斗，党领导人民，在各民主党派和无党派民主人士积极合作下，于一九四九年十月一日宣告成立中华人民共和国，实现民族独立、人民解放，彻底结束了旧中国半殖民地半封建社会的历史，彻底结束了极少数剥削者统治广大劳动人民的历史，彻底结束了旧中国一盘散沙的局面，彻底废除了列强强加给中国的不平等条约和帝国主义在中国的一切特权，实现了中国从几千年封建专制政治向人民民主的伟大飞跃，也极大改变了世界政治格局，鼓舞了全世界被压迫民族和被压迫人民争取解放的斗争。

——人民出版社. 中共中央关于党的百年奋斗重大成就和历史经验的决议[M]. 北京：人民出版社，2021：8.

中国革命的胜利，结束了100多年来中华民族遭受资本-帝国主义侵略和中国各族人民遭受资本-帝国主义同封建统治阶级联合压迫与剥削的历史，结束了国家战乱频仍、四分五裂的局面，实现了中国人民梦寐以求的民族独立和人民解放。

中国革命的胜利，从根本上改变了中国社会的发展方向，为实现由新民主主义到社会主义的转变和建立社会主义制度、进行社会主义现代化建设，扫清了主要障碍，创造了政治前提；为实现国家富强和人民幸福，实现中华民族伟大复兴，开辟了广阔道路。

中国革命的胜利，是继十月社会主义革命和世界反法西斯战争胜利后世界历史中最重大的事件：它在一个人口占全人类近1/4的大国里，冲破帝国主义的东方战线，极大改变了世界的政治格局，壮大了世界和平、民主和社会主义的力量，鼓舞了世界被压迫民族和被压迫人民争取解放的斗争，受到世界人民的欢迎和支持。

中国人民革命的胜利，是在马克思列宁主义的指导下取得的。中国共产党创造性地运用马克思列宁主义的基本原理，把它同中国革命具体实际结合起来，形成了伟大的毛泽东思想，找到了夺取中国革命胜利的正确道路：这对于马克思列宁主义的发展是一个重大的贡献。

---

① 毛泽东. 毛泽东文集：第五卷［M］. 人民出版社，1996：347.

【互动交流】请从理论与实践两大层面思考，中国革命为什么能够获得胜利？

就理论层面而言，中国革命之所以能够取得成功，是因为有着科学的理论指导。中国共产党之所以能够把革命引向胜利，一条重要的经验就是，坚持把马克思列宁主义的基本原理和中国的具体实际结合起来，不断推进马克思主义中国化的事业。正是在中国化的马克思主义——毛泽东思想指引下，中国共产党制定了正确的纲领、路线、方针和政策，找到了适合本国国情的革命道路。

就实践层面而言，中国革命之所以能够获得胜利，是因为在革命实践过程中始终坚持中国共产党的领导。中国反帝反封建的革命，经历了资产阶级及其政党领导的旧民主主义革命和无产阶级及其政党领导的新民主主义革命两个阶段。近代中国的历史经验表明，中国革命之所以能够走上胜利发展的道路，从根本上说是因为有了中国共产党的领导。如果没有无产阶级及其政党——中国共产党的坚强领导，中国革命的胜利是不可能的。中国共产党在领导人民革命的过程中，积累了丰富的经验，锻造出了有效的克敌制胜的武器。如毛泽东在《〈共产党人〉发刊词》中指出：统一战线、武装斗争、党的建设，是中国共产党在中国革命中战胜敌人的三个法宝，三个主要的法宝。

【知识拓展】中国革命胜利的三大法宝

（1）建立广泛的统一战线：统一战线的主题是大团结大联合，根本职能是凝集人心、汇聚力量。建立广泛统一战线，首要的问题是分清敌友；坚持工人阶级及其政党的领导权，是巩固和扩大统一战线的关键。

习近平总书记在党的二十大报告中指出我们要"巩固和发展最广泛的爱国统一战线"，"人心是最大的政治，统一战线是凝聚人心、汇聚力量的强大法宝。完善大统战工作格局，坚持大团结大联合，动员全体中华儿女围绕实现中华民族伟大复兴中国梦一起来想、一起来干"。[①]

（2）坚持革命的武装斗争：由于中国没有资产阶级民主制度，帝国主义和本国反动统治阶级凭借武装力量对人民实行独裁恐怖统治，革命只能以长期的武装斗争作为主要形式。中国的武装斗争实质上是中国共产党领导的农民战争，必须建立一支在中国共产党绝对领导下的、具有严格纪律的、同人民群众保持亲密联系的新型人民军队。

---

① 本书编写组.中国共产党第二十次全国代表大会文件汇编［G］.北京：人民出版社，2022：33.

新时代，习近平总书记更是高度重视武装斗争，全力推进国防和军队现代化。在党的二十大报告中，提出"如期实现建军一百年奋斗目标，加快把人民军队建成世界一流军队，是全面建设社会主义现代化国家的战略要求"，强调"人民军队始终是党和人民完全可以信赖的英雄军队，有信心、有能力维护国家主权、统一和领土完整，有信心、有能力为实现中华民族伟大复兴提供战略支撑，有信心、有能力为世界和平与发展作出更大贡献！"①

（3）加强党的自身建设：着重从思想上建设党，把思想建设放在党的建设的首位，强调共产党员不仅要在组织上入党，更要在思想上入党，是中国共产党建设的一个突出特点。党的理论建设是党的思想建设的根本；民主集中制是马克思主义政党的根本组织原则；理论联系实际、密切联系群众、批评与自我批评是中国共产党的三大优良作风。

坚定不移推进党的建设伟大工程是一代代中国共产党人的自觉选择，新时代，我们更要明确"全面建设社会主义现代化国家、全面推进中华民族伟大复兴，关键在党"。习近平总书记在二十大报告中强调："我们要落实新时代党的建设总要求，健全全面从严治党体系，全面推进党的自我净化、自我完善、自我革新、自我提高，使我们党坚守初心使命，始终成为中国特色社会主义事业的坚强领导核心。"②

【地方史资源】中国共产党在湘西统战策反陈渠珍

陈渠珍（1882—1952），凤凰县人，一统湘西几十年，有"湘西王"之称。在推进湘西解放的过程中，王尚质（桑植县人，曾任过陈的高参）奉长沙临时军政委员会之命，与省联络员杨明钧前来凤凰做其策反工作，规劝陈弃暗投明。陈渠珍疑惑地问："共产党真的不计前嫌，不算旧账么？"王代表爽朗地笑着回答说："只要悬崖勒马，弃暗投明，真心归顺人民，共产党是讲信用的，决不算旧账！当然，若阳奉阴违，假意投诚，人民决不宽恕！"

接着，王代表深入浅出地宣讲共产党的主张和政策，陈渠珍听了心胸豁然开朗。最后，他喃喃地说："我是人民的罪人，共产党不计前嫌，精诚团结，得道多助，前途光明，我当尽犬马之力为人民多做有益的事。"

---

① 本书编写组．中国共产党第二十次全国代表大会文件汇编［G］．北京：人民出版社，2022：45．

② 本书编写组．中国共产党第二十次全国代表大会文件汇编［G］．北京：人民出版社，2022：53．

最后，陈渠珍和平起义，减少了共产党军队挺进西南的阻力，避免了不必要的牺牲，为党和人民作了巨大贡献。

——摘编自向宏庆．凤凰和平解放始末［J］．文史博览，2008（02）：19—20．

三、专题小结

中国共产党与国民党曾摒弃前嫌，合作抗日，却在抗战胜利后关系破裂，分道扬镳。国民党集团逆民心而动，试图走一党独裁专政的老路，对缔结的停战协定与政协协议弃之不顾，悍然向中国共产党领导的人民军队与解放区发起进攻，使中国大地重燃战火。面对国民党的反革命战争，中国共产党率领全国人民奋起反击，在壮大群众基础的过程中逐渐实现攻守态势的转变，给国民党军以毁灭性打击，赢得了解放战争的胜利，建立了中华人民共和国。解放战争的胜利，是中国共产党的胜利，更是中国人民的胜利。正如2021年习近平总书记在青海考察时所说："今年是中国共产党成立一百周年，我们党发展壮大起来不容易，夺取政权不容易，建设新中国不容易。老百姓衷心拥护中国共产党，就是因为中国共产党始终全心全意为人民服务、为各民族谋幸福。"① 历史告诉我们，人心的向背是决定成败的关键因素，人民战争的伟力，来源于人民的伟大力量！

四、推荐阅读

1. 张海鹏．中国近代通史（第10卷）：中国命运的决战（1945—1949）［M］．南京：江苏人民出版社，2009．

2. 毛泽东．论人民民主专政［M］．北京：人民出版社，1960．

3. 秦立海．民主联合政府与政治协商会议——1944—1949年的中国政治［M］．北京：人民出版社，2008．

---

① 汪晓东，李翔，马原．江山就是人民，人民就是江山——习近平总书记关于以人民为中心重要论述综述［N］．人民日报，2021-06-28（01）．

专题九 "实现中华民族伟大复兴，道路是最根本的问题"

——1949 年后中国社会主义建设道路的探索

一、教学说明

（一）教学目标

1. 知识目标：掌握新中国的面貌新在何处；掌握新中国走上社会主义道路的历史必然性；熟悉社会主义建设的历程与成就；了解社会主义建设道路探索中的曲折及其原因。

2. 能力目标：通过对社会主义建设时期功过的评述，增强分清主流和支流的能力。

3. 价值目标：进一步明晰建设社会主义的曲折性，更加坚定对中国特色社会主义的制度自信、道路自信。

（二）教学重点与难点

重点：把握社会主义基本制度确立的伟大意义；为巩固新政权做出的伟大斗争。

难点：深刻认识过渡时期总路线的提出及其必然性；正确认识社会主义探索历程的曲折发展与经验教训。

（三）教学方法

综合运用案例式、启发式和讨论式教学方法，辅以视频演示、智慧平台互动等教学手段，并挖掘地方史资源应用于教学。

（四）学时安排

2 学时

（五）主要参考资料

1. 本书编写组 . 中国近现代史纲要 ［M］. 北京：高等教育出版社，2023.

2. 吕连仁等. 中国社会主义建设史 ［M］. 济南：山东大学出版社，2002.

3. 董志凯，武力. 中华人民共和国经济史：1953—1957 ［M］. 北京：社会科学文献出版社，2011.

4. 中共中央文献研究室. 中华人民共和国开国文选 ［G］. 北京：中央文献出版社，1999.

二、教学内容

［导入］1949 年 10 月 1 日，中央人民政府主席毛泽东在开国大典上郑重宣告中华人民共和国的成立，中华民族终于开启了发展的新篇章。但是，新生政权是否就能一夜之间站稳脚跟？中国是否就能开启社会主义建设的新纪元？社会主义的建设过程是否毫无阻碍、一帆风顺？本专题将重点探讨新中国确立社会主义制度的历程，以及社会主义建设的曲折过程与是非功过，深刻把握走上社会主义建设道路的不易与历史必然性。

（一）凤凰涅槃换新颜——新中国的成立与巩固

在中国共产党的带领下，经过 28 年的浴血奋战，中国终于摆脱了被帝国主义欺凌与奴役的命运。旧中国一盘散沙、任人欺辱的历史彻底终结，摆在广大中国人民眼前的，是焕然一新的新中国。但是，开国大典的庄严宣告并不代表新生的人民政权站稳了脚跟，中国共产党面临的仍旧是内外交困、危机丛生的现实境遇，是否能够应对眼前的挑战，决定了中国共产党是否能巩固新生政权，是否能带领广大人民群众从实践上开启发展的新纪元。

1. 建立人民当家作主的新政权

与国民党的旧政权相比，中国共产党建立的新政权的最大特点是具有"人民性"，即保障人民当家作主。在中国人民政治协商会议第一届全体会议上通过的《中国人民政治协商会议共同纲领》明确规定，新中国是"新民主主义即人民民主主义的国家……中华人民共和国的一切权力属于人民"[①]。作为临时宪法的《共同纲领》的这一规定，使全国绝大多数人民能参与国家事务的管理，从法律层面保障了人民当家作主的地位。

【知识拓展】从史料中看旧政权与新政权的对比

警察是和人民最接近的。在旧社会，警察为统治阶级服务，压迫人民，

---

① 中共中央文献研究室. 建国以来重要文献选编：第 1 册 ［G］. 北京：中央文献出版社，2022：2.

所以一般人对他们印象不好。刚解放时，对他们有意见也不敢提出，怕报复。现在，由于市、区各界人民代表会议的召开，给了人民一个保障；同时由于共产党提倡批评与自我批评，教育、启发人民大胆、坦白的提出意见。

在旧社会就不然了，有一次蒋介石来京，设了许多意见箱，人民提了意见，被查知后，反而挨了一顿打。

——北京讯．从一个座谈会上看北京市两年来的变化［N］．人民日报，1951-01-31（06）．

2. 危机丛生的现实境遇

新中国成立初期，新生的人民政权尚不稳固，中国共产党在政治、经济、外交等方面面临着严峻的挑战。可以说，摆在中国共产党眼前的，是危机丛生的现实境遇，重重困难有待中国共产党去解决。

第一，社会秩序尚未稳定，解放任务尚未完成。一方面，中国共产党虽然赢得了解放战争的胜利，结束了延续 22 年之久的国民党统治政权，但内地还遗留一些国民党的反动势力，一部分国土尚未得到解放。这些反动势力妄图卷土重来，对新中国的社会秩序与尚不稳固的新生政权造成了威胁。另一方面，各地方政权机构尚未建立，难以保证中央政令的贯彻与实行。《共同纲领》虽然规定了人民可通过人民代表大会和人民政府来行使权力，但国内还有些地区尚未成立新的人民政府，人民民主权利尚未有机会行使，也不利于中央政令的下达。此外，广大的新解放区还没完成土地改革，广大农民还未获得翻身解放。

【案例呈现】国民党残余势力与湘西土匪联合扰乱社会秩序

解放前夕，盘踞在湖南的 16 万土匪，湘西大约占了一半以上。国民党撤离大陆后，蒋介石亲自给湘西土匪头子陈子贤写信，要他坚持游击战争，并要湘鄂川黔边区军政长官宋希濂将湘西地区的大股土匪武装整编成 3 个暂编军、12 个暂编师。1949 年，白崇禧又亲自带着 10 万银元和大批枪械到芷江收买各路土匪，与土匪头子歃血为盟，企图变湘西为他们的"反共游击根据地"。在国民党的操纵下，湘西土匪肆意破坏新生政权，枪杀基层干部，扰乱社会秩序。

——李美玲．人间正道是沧桑——解放初期湖南的剿匪斗争［J］．湘潮（上半月），2011（05）：29—32.

第二，新生政权尚未得到国际社会的认可。一个新生政权的巩固，不仅需要国内政治经济秩序的稳定作为基础，还需在国际社会寻求对政权的认同。新中国成立伊始，以美国为首的西方资本主义国家对我国采取了政治上孤立、经济上封锁、军事上包围的政策，极大威胁了新中国的国家主权与领土安全。

第三，封建文化残余根深蒂固。新中国的成立虽然从制度上宣告了封建统治的结束，但封建文化残余并未因为封建统治的政治与经济基础的摧毁而消失殆尽。广大人民群众虽然在政治上翻身做了主人，但观念还处于封建文化的束缚下。种种残余不利于人民思想政治水平的提高，对新政权的巩固造成了阻碍。

第四，社会风尚有待改善。新中国成立初期，旧社会的许多遗留痼疾严重毒害着社会风尚。旧社会屡禁不绝的"毒、赌、娼"，是新中国社会治安的严重隐患，亦是中国共产党执政能力与治理能力的重大考验。此外，封建婚姻制度尚未废除，广大妇女在包办婚姻、男尊女卑的陈规陋习与封建观念下，遭受了无尽歧视与压迫。封建婚姻制度还牵涉社会观念、伦理道德等问题，对社会的影响十分深远，对旧婚姻制度的变革，是保障个人权利、解决诸多社会问题的必要举措。

第五，经济秩序混乱。新中国成立初期，中国经济水平非常低下。刚刚执掌政权的中国共产党，从国民党手中接过来的是一副烂摊子，通货膨胀、物价飞涨，人民居无定所，人均国民收入只有 27 美元，相当于亚洲其他国家平均水平的 2/3，国民经济状况堪忧。

3. 巩固新生政权的斗争

在重重考验之下，中国共产党和人民政府采取一系列稳健的政策措施，带领全国各族人民进行了巩固新政权的伟大斗争，且取得了一系列喜人的成果。

第一，剿匪反霸，稳固社会秩序；开展民主建政，巩固人民政权。毛泽东指出："对匪首、恶霸、特务（重要的）必须采取坚决镇压的政策，群众才能翻身，人民政权才能巩固。"① 遵照毛泽东的指示，中央军委采取军事打击、政治争取、发动群众三管齐下的方针开展剿匪反霸工作，到 1953 年基本肃清了帝国主义、封建主义、官僚资本主义三大敌人在我国大陆上的反革命残余势力，大大巩固了人民民主政权。此外，中共中央开始有计划有步骤地推进解放工作与土地改革，1951 年西藏和平解放宣告了中国大陆的全面解放，到 1952 年底，全国大陆基本完成了土地改革，占中国人口绝大多数的农民实现了翻身解放。与此同时，全国形成了民主建政的高潮。1950 年到 1952 年，各地普遍召开了代行

---

① 中共中央文献研究室. 毛泽东书信选集 ［M］. 北京：人民出版社，1983：403.

人大职权的各界人民代表会议，锻炼了政权组织民众与民众政治参与的意识和能力。各界人民代表会议的普遍实践，不仅催生了民众的人民民主意识，还使民众逐渐熟悉了民主程序，为民众更好地参与到民主生活中、推进新政权的民主建设进程奠定了基础。在选举层面，民众逐渐熟悉了选举的形式与流程，更认真积极地参与到选举过程中。在参会层面，与本团体利益诉求紧密关联的代表们的代表意识逐渐增强，有效发挥了代表的利益表达与桥梁作用，充分表现了当家作主的精神，积累了行使民主权利的经验。人民民主在实践中得以发展与成长，为人民代表大会的召开准备了充分的条件。

第二，巩固民族独立，维护国家主权与安全。为实现新中国的独立外交，改变旧中国跪着外交的局面，新中国废除了旧中国与帝国主义国家签署的一系列不平等条约，并采取"一边倒"的外交方针，同苏联订立了《中苏友好同盟互助条约》和有关协定，为新中国开展国内整顿与建设提供了有力保障。此后，新中国先后同保加利亚、罗马尼亚、匈牙利、朝鲜、捷克斯洛伐克、波兰、蒙古、德意志民主共和国、阿尔巴尼亚和越南等十个人民民主国家建立外交关系，又同印度、印度尼西亚、缅甸和巴基斯坦四个亚洲民族独立国家以及瑞典、丹麦、瑞士和芬兰四个欧洲资本主义国家建立外交关系，迈出了打破美国遏制和孤立政策的重要一步。

1950年6月25日，朝鲜内战爆发。美国政府从其全球战略和冷战思维出发，作出武装干涉朝鲜内战的决定，并派遣第七舰队侵入台湾海峡，公然干涉中国内政。党中央在全面分析国际国内形势，权衡各种利弊之后，作出了"支援朝鲜人民，推迟解放台湾"的战略决策，同时决定首先在外交方面开展反对美国侵占台湾的斗争。10月初，美军不顾中国政府一再警告，悍然越过三八线。值此危急关头，应朝鲜劳动党和政府请求，中国共产党和人民政府作出了派遣中国人民志愿军抗美援朝、保家卫国的历史性决策，组建以彭德怀为司令员兼政治委员的中国人民志愿军，开展了正义之师的抗美援朝伟大斗争。在这场实力悬殊的战争中，中国人民解放军凭借与朝鲜军民的密切配合，以灵活的战略战术与坚毅的作战精神将美国侵略者打回到三八线，极大增强了人民的自信心，既巩固了新生的人民政权，又为新中国的发展赢得了相对稳定的国际环境。

第三，开展思想文化建设，扫除封建文化残余。为使新中国摆脱旧文化统治下的愚昧落后，中国共产党采取了一系列措施，使思想文化焕然一新。一是开展文化大众化建设，打破精英垄断文化格局。国家大力发展教育体系，开展扫盲运动与业余教育，推广普通话，努力推进文化大众化发展。二是开展意识形态教育，在全国范围内开展对知识分子的思想改造运动，扫除"反马"的错误思想；在全国范围内开展对封建文化的批判，扫除落后的封建思想；建立宣传网制度，加强意识形态宣传工作，用马克思主义理论武装群众头脑。三是积极开展对外文化交流工作，设立对外文化联络事务局，与其他国家签订文化合作执行计划，推进我国吸收外国进步文化，促进我国文化发展。

第四，开展社会风尚建设，荡涤旧社会污浊。为扫除旧社会的遗留痼疾，形成全新健康的社会风尚，中国共产党采取一系列措施，大力清除旧社会遗毒。一是废除封建婚姻制度，颁布《中华人民共和国婚姻法》。《婚姻法》的颁布，废除了禁锢妇女的封建婚姻制度，广大青年男女从包办婚姻的陈规陋习中解脱出来，恋爱自由与婚姻自由有了法律保障，占全国人口半数的妇女从男尊女卑的旧观念中得以翻身，社会地位大大提升，参加各种社会生产的积极性高涨，整个社会逐渐树立了男女平等、婚姻自由的新观念。二是肃清黄赌毒，净化社会风气。各地成立肃毒委员会，团结一切力量，对制、贩、吸毒进行全面打击。与此同时，党和政府开展禁赌运动，公开查封与改造一切赌博场所，动员群众"检举、揭发、打击"私下赌博活动，到 1952 年底，禁烟禁毒禁赌运动基本结束。对于社会存在的娼妓问题，党和政府从"斩断来源、管制老板、教育妓女、麻烦嫖客"四个方面入手，对娼妓业进行严厉管制，并逐步封闭妓院，强制对妓院经营者进行劳动改造，收容并教育改造妓女，帮助妓女安置就业。到 1953年，延续数千年之久的娼妓制度被彻底摧毁，社会风气明显改善。

第五，恢复国民经济，为社会主义改造创造条件。面对新中国成立初期严峻的经济形势，中国共产党打出组合拳，创造了经济奇迹。一是没收官僚资本为国家所有，并对企业开展民主改革与生产改革，确立社会主义性质的国营经济在国民经济中的领导地位，壮大新生人民政权的经济基础。二是与投机资本做斗争，稳定国内物价。面对通货膨胀、物价飞涨的局面，中国共产党领导了平抑物价的运动，打响了"银元之战"与"米面之战"，掌握了市场的主导权。三是初步建立起集中统一的国家财政管理体制，以利于统一调度全国的人力、财力、物力，集中力量办好大事。四是引导个体农民逐步走上互助合作的道路，为后来系统的社会主义改造奠定基础。经过 3 年的努力，到 1952 年底，我国国民经济的到全面恢复与初步发展，人民生活普遍得到改善。

【知识拓展】 1949—1952 年社会总产值增长情况表

	1949	1950	1951	1952
社会总产值（以 1952 年为 100）	54.0	66.2	79.4	100.0

续表

	1949	1950	1951	1952
社会总产值（以上年为100）		122.6	120.1	125.9
社会总产值/亿元	557	683	820	1015
其中：农业	326	384	420	461
工业	140	191	264	349
建筑业	4	13	24	57
运输业	19	19	24	35
商业	68	76	88	113

资料来源：本书编写组.《中国近现代史纲要》辅导用书［M］.北京：高等教育出版社，2020：255.

第六，加强党的自身建设。为适应从革命党到执政党的角色转变，中国共产党开始了一系列自我调整。1949年11月，中共中央作出《关于在中央人民政府内组织中国共产党党委会的决定》和《关于在中央人民政府内建立中国共产党党组的决定》。同日，中共中央决定成立中央及各级党的纪律检查委员会、朱德兼任中央纪律检查委员会书记。1950年和1951年全党范围内开展整风、整党运动，进行共产党员必备的八项条件教育。1951年底—1952年，开展了反贪污、反浪费、反官僚主义的"三反"运动，处决了大贪污犯刘青山、张子善。1952年上半年，开展了反对行贿、反对偷税漏税、反对盗窃国家财产、反对偷工减料、反对盗窃经济情报的"五反"运动。1954年2月，党的七届四中全会通过《关于增强党的团结的决议》。1955年3月，党的全国代表会议决定成立党的中央和地方各级监察委员会，选举产生了中央监察委员会。这些举措对于在执政条件下继续保持共产党人的革命精神和优良作风，密切党和人民群众的联系、增强党的团结起到了重要的作用。

【案例呈现】刘青山、张子善贪腐案

刘青山、张子善为贪图可鄙的不正当的个人享受，为满足其极端腐化的生活需要，竟凭借职权，不顾国法党纪，不管人民疾苦，盗窃机场建筑款、救灾粮、治河款、干部家属救济粮、地方粮及剥削克扣民工工资、骗取银行贷款等共达一百五十五亿四千九百五十四万元的巨额，借机关生产名义，进行违法经营，并交送四十九亿巨款给奸商张文义倒卖钢铁木材，瓦解国营厂矿，任其投机倒把，扰乱金融，使人民资财损失达十四亿元之多。

刘青山、张子善等在获得非法暴利、大量贪污后，则任意浪费挥霍，过着可耻的腐化生活。刘青山吸食毒品竟至成瘾，据他们现在自供，刘、张二人开支及送礼即达三亿多元。为消灭贪污罪证，张子善并亲手一次焚毁单据三百七十八张。

刘、张的罪行被揭发后，全国人民极为愤慨，党和国家也极为重视，决心严肃处理。1952 年 2 月 10 日，经毛泽东主席亲自批示，河北省人民法庭临时法庭获最高人民法院令准，判处刘青山、张子善死刑，并没收其本人全部财产。

——彭勃 . 中华监察执纪执法大典：第三卷 [M]. 北京：中国方正出版社，2002：449.

（二）斗罢艰险再出发——向社会主义过渡

随着国内政治、经济、文化秩序的逐步恢复，新中国的发展开始面临一些新的问题，需要中国共产党采取新的措施进行解决。首先，国际外部环境趋于和平，我国可将发展重点转向大规模的经济建设，以改变中国落后的发展状态。其次，土地改革完成后，农民分散的个体经济难以适应城市与工业不断增长的农产品需要，城乡贫富差距逐渐拉大，不利于经济建设的顺利开展。最后，工人阶级与资产阶级此起彼伏的斗争影响了正常的经济发展秩序，给国家经济发展带来很大影响。在一系列新形势与新任务的影响下，中共中央开始酝酿由新民主主义向社会主义过渡的总路线，以解决发展中新出现的问题，将中国逐步过渡到社会主义去。

1. 过渡时期的历史阶段性

1938 年，毛泽东在《新民主主义论》中指出："中国革命的历史进程，必须分为两步，其第一步是民主主义的革命，其第二步是社会主义的革命。"[1] 过渡时期就是新民主主义革命与社会主义革命的衔接环节，它既是新民主主义革命的尾声，也是社会主义革命的序幕。它既同新民主主义阶段的主要矛盾交叉，又同社会主义初级阶段的主要矛盾交叉。通过这种交叉，既同新民主主义阶段

---

① 毛泽东 . 毛泽东选集：第二卷 [M]. 北京：人民出版社，1991：665.

联系起来，又同社会主义初级阶段联系起来，从而使新民主主义过渡到社会主义。①

新中国成立之初，中共中央并未急于明确何时向社会主义过渡，而是准备在"相当长久的将来"再以"严重的社会主义的步骤"②，使中国进入社会主义。但随着巩固新政权各项措施的稳步推进，国内政治、经济、文化秩序的有序恢复与初步发展使中共中央对向社会主义过渡的时间认识产生了转变。1952年9月24日，毛泽东提出要在"十到十五年基本上完成社会主义"，刘少奇、周恩来等人也提出开始向社会主义过渡的设想。

过渡时期因其过渡性，具有明显的历史阶段性特征。第一，经济上非社会主义经济占据优势，但存在较强的向社会主义经济转变的趋势。第二，政治上民族资产阶级还参与政治建设，但已有向以工人阶级为领导、工农联盟为基础的人民民主专政的社会主义政权转变的趋势。第三，文化上，封建主义旧文化还存在一定残余，有待进一步扫除与改造，但马克思主义的指导地位正在逐步确立。③

2. 过渡时期的总路线

1953年，中共中央正式提出过渡时期的总路线，明确规定："从中华人民共和国成立，到社会主义改造基本完成，这是一个过渡时期。党在这个过渡时期的总路线和总任务，是要在一个相当长的时期内逐步实现国家的社会主义工业化。并逐步实现国家对农业对手工业和对资本主义工商业的社会主义改造。"④这条总路线的主要内容可以概括为"一化三改"，"一化"即社会主义工业化，"三改"即对农业、手工业和资本主义工商业的社会主义改造。"一化"是主体，"三改"是两翼，两者相辅相成、相互促进，体现了解放生产力与发展生产力，变革生产关系与发展生产力的有机统一。

制定过渡时期总路线是符合新中国的发展实际的，按照这一总路线，逐步向社会主义过渡也是中国共产党和中国人民的必然选择。

第一，中国共产党执掌全国政权是中国从新民主主义社会向社会主义社会

---

① 龚育之. 新民主主义·过渡时期·社会主义初级阶段［J］. 中共党史研究，1988（01）：14—27.

② 中共中央文献研究室. 中华人民共和国开国文选［G］. 北京：中央文献出版社，1999：299.

③ 本书编写组. 《中国近现代史纲要》辅导用书［M］. 北京：高等教育出版社，2020：260.

④ 毛泽东. 毛泽东文集：第六卷［M］. 北京：人民出版社，1999：316.

过渡的决定因素。中国共产党是以马克思主义为指导理论的政党，自成立起就将实现社会主义、最终实现共产主义作为奋斗目标。当在新中国基本完成新生政权的巩固后，实现社会主义有了较为稳固的政治基础，向社会主义过渡自然就被提上日程。

第二，实现社会主义工业化是使新中国走上独立富强之路的首要条件。只有走工业化道路，建立独立的工业体系，才能增强综合国力，才能有足够的国防实力维护国家主权与安全。1952年国民经济恢复工作完成时，中国现代工业在工农业总产值中的比重只有43.1%，重工业在工业总产值中的比重只有35.5%。要进一步巩固国家政权、改变新中国的落后面貌，必须加紧通过社会主义道路实现工业化。

【案例呈现】国民经济恢复完成后中国工业的发展状况

1953年当中国完成经济恢复任务，开始大规模经济建设时，中国工业发展水平与西方国家相比差距很大。以直接关系国防工业的钢产量来看：中国当时的钢产量才177万吨，人均3公斤，而美国、英国、西德、日本的产量则分别为10126万吨、1789万吨、1708万吨、766万吨，人均则分别为673公斤、353公斤、482公斤、87公斤，中国的钢铁产量甚至不如人口100多万的欧洲小国卢森堡。再从有色金属及加工产品来看，制造飞机需要有色金属22种，1956年我们仅能够解决11种；需要有色金属的合金及加工品1739种，我们仅能解决303种。通信设备需要有色金属26种，我们能解决11种；需要有色金属合金及其加工品723种，1956年我们仅能解决160种。在化工方面，1956年苏联能够生产化工产品1090种，我们只能生产355种，而国内需要的品种为800种，不能生产的品种只能依靠进口。这种工业水平的差距直接影响到国家的安全和统一。

——董志凯，武力.中华人民共和国经济史（1953—1957）上［M］.北京：社会科学文献出版社，2011：22—23.

第三，对农业、手工业与资本主义工商业进行社会主义改造，是保证工业发展、实现国家工业化的一个必要条件。只有引导农民走合作化的社会主义道路，才能克服个体农民散漫、生产低下的缺陷，才能最大限度发展农业生产力，为工业发展提供必要的粮食、原料与资金支持。只有对手工业与资本主义工商业进行社会主义改造，才能使他们按照国家发展战略进行生产，为社会主义工业化积累人才与资金。

第四，世界社会主义力量的增强促使我国走上社会主义工业化这条道路。新中国成立后，外部受到以美国为主的资本主义国家的封锁与包围，正常外交活动都难以开展，遑论从资本主义国家中得到发展援助。在世界范围内，只有社会主义国家与二战后争取民族独立的各个国家同情中国，只有苏联能够援助中国。这是中国提出向社会主义过渡的一个重要因素。

3. 过渡时期的历史实践

在过渡时期总路线的指导下，中国开始了向社会主义的过渡实践。"一五"计划的制定与实施以及三大改造的稳步推进，为我国迈步进入社会主义社会奠定了稳固的基础。

从 1951 年开始，我国就在着手编制第一个五年计划，但由于缺乏经验，一直未能编制成型。1952 年初，中共中央成立了专门的领导小组来领导"一五"计划的编制工作，为使"一五"计划变得更加完善，领导小组曾两次率成员赴苏联征求意见，对编制中的"一五"计划进行调整与补充。苏联在建设规模、如何处理工农业之间的关系、发展速度等方面提供了一些建议，为我国"一五"计划的制定提供了重要的参考。由于统计经验不足，"一五"计划只能边计划边执行。从 1953 年开始，经济建设工作有计划地在全国展开，全国城乡迅速形成参加支援国家工业化建设的热潮。1955 年 3 月，党的全国代表会议通过了"一五"计划草案的决议，同年 7 月，一届全国人大二次会议正式通过了这个计划。

第一个五年计划的基本任务是：集中主要力量进行以苏联帮助中国设计的156 个建设项目为中心的、由 694 个大中型项目组成的工业建设，以建立社会主义工业化的初步基础；发展部分集体所有制的农业生产合作社和手工业生产合作社，以建立对农业和手工业社会主义改造的初步基础；基本上把资本主义工商业分别纳入各种形式的国家资本主义轨道，以建立对私营工商业社会主义改造的基础。[①] 在"一五"计划的指导下，在苏联的援助下，我国的工业生产能力和技术水平前进了一大步。"一五"时期工业生产的成就，远超旧中国的一百年，为新中国建立独立完整的工业体系奠定了基础，为建设社会主义积累了宝贵经验。

【知识拓展】"一五"时期我国的建设成就

工业建设方面：5 年内，工业总产值平均每年增长 18%。其中，生产资料生产平均每年增长 25.4%，消费品生产平均每年增长 12.8%。计划规定

---

① 吕连仁等. 中国社会主义建设史 [M]. 济南：山东大学出版社，2002：60.

的 46 种主要产品中，生铁、钢材、水泥、发电机、机床、棉纱、棉布等 27 种产品的产量提前一年达到原定 1957 年达到的水平。1957 年，钢产量达到 535 万吨，比 1952 年增长近 3 倍；煤炭产量为 1.31 亿吨，机床产量 2.8 万台，比 1952 年增长 1 倍左右。按照当时的需要量，钢材的自给率达到 86%，机械设备的自给率达到 50% 以上。

交通建设方面：5 年内，新建铁路 33 条，恢复铁路 3 条。1957 年，全国铁路通车里程达到 2.99 万公里，比 1952 年增长 22%。修建在"世界屋脊"上青藏高原上的康藏、育藏、新藏公路相继通车。1957 年全国公路通车里程达到 25 万多公里，比 1952 年增加了 1 倍。

农业生产方面：农业总产值平均每年增长 4.5%。1957 年，粮食产量达到 1.955 亿吨，比 1952 年增长 19%；棉花产量达到 164 万吨，比 1952 年增长 25.8%。其他经济作物的产量，也都有很大增长。

人民生活水平方面：5 年内，全民所有制部门职工的平均实际工资增长 30.3%，农民的收入增长近 30%；每人平均的粮食、肉类、食油、食糖、棉布等主要的消费品量，都有不同程度的提高。国家投资新建了 9454 万平方米职工住宅。文化、教育、科学、卫生事业也有很大发展。

——吕连仁等. 中国社会主义建设史［M］. 济南：山东大学出版社，2002：62—63.

如何将广大农民群众组织起来走社会主义道路，这是一个非常重要的问题。在过渡时期总路线提出之前，对农业的社会主义改造就已开始启动。但是对个体农业的改造采取的是"按照自愿和互利的原则，发展农民劳动互助的积极性"。过渡时期总路线提出之后，党和政府按照农民自愿的原则，采取说服、示范与国家援助的方式，引导农民联合起来，从临时互助组发展到常年互助组，进而发展为半社会主义性质的初级合作社，最终实行完全的社会主义性质的高级农业生产合作社。到 1956 年底，农业合作化基本完成，农业生产力极大发展，中国农村实现了由分散个体劳动向集体经营的转变。不过，由于推行速度过快，对农业的社会主义改造还是遗留了一些问题，如工作过粗、形式过于简单划一等。

【互动交流】如何正确看待农业合作化中出现的问题？

对传统农业进行社会化改造，是一个极具挑战性的任务。马克思、恩格斯、列宁的大生产改造理论认为，小农经济必将被社会化大生产所取代，在生产资料公有制的国家，引导或者强制实施合作化和集体化改造，是引导小农经济走上社会主义道路的主要手段。斯大林则在大生产改造的理论基础上提出了集体化改造理论，将小农经济的改造推向全面集体化。① 在新中国进行对农业的社会主义改造时，中国共产党只能根据马克思主义的基本理论以及苏联改造传统农业的经验，再结合本国的具体实际，边摸索边实践，这就注定了在改造过程中难免造成失误。在合作化的实践中，针对不断出现的各种问题，党中央并未任其发展，而是不断研究，边建设边反思，及时总结经验教训。如针对农业互助合作中的急躁冒进倾向，在1953年第一次全国农村工作会议后，各地党委组织了一次普查与整顿，基本整顿了地方忽略质量、要求过急的工作倾向。

对手工业的社会主义改造，中共中央也是通过合作化的方式进行的。在推进手工业合作化的过程中，中国共产党采取的是积极引导、稳步前进的方针，步骤是从供销社入手，由小到大，由低到高，逐步实行社会主义改造和生产改造。到1956年底，除了一些边远地区外，全国的手工业的合作化基本完成，手工业实现了由个体经济向集体经济的转变。

将民族资本主义工商业改造成社会主义性质的企业是向社会主义过渡的重点问题。我国对资本主义工商业的改造，是采取"和平赎买"的方式实现的。这一方式源自马克思主义经典作家的设想，意在通过"赎买"的方式达成资产阶级与工人阶级一定程度上的合作，减少工人阶级达到社会主义的阻力。中国共产党结合中国的具体实际，将马克思主义经典作家的赎买设想付诸实践，以"四马分肥"、定股定息等政策，逐步达成了对民族资产阶级及其知识分子的改造。到1956年底，全国私营工业户的99%、私营商业户的82.2%都走上了全行业公私合营的道路，实现了社会主义改造。

资本主义工商业的改造是一个循序渐进的过程，从初级形式的国家资本主义到实行个别企业的公私合营，再到实行全行业的公私合营，社会主义的因素在逐年增长，资本主义在和平的方法下逐步过渡到社会主义，极大减少了民族资产阶级及其知识分子接受社会主义改造的阻力。在实行全行业公私合营的时候，国家充分照顾资本家的利益，为他们提供了工作机会，将他们改造成了自食其力的劳动者。通过对资本主义工商业的改造，许多原资本家提高了觉悟，开始拥护中国共产党的领导，为国家的建设事业作出了贡献。

（三）道路崎岖步履艰——社会主义道路的曲折探索

随着社会主义改造的完成，我国初步确立了社会主义经济制度。在社会主义改造的同时，我国政治、文化领域的建设也在有步骤地推进。在社会主义基

---

① 邓大才. 改造传统农业：经典理论与中国经验［J］. 学术月刊，2013（02）：14—25.

本制度确立的基础上，我国踏上了全面建设社会主义的新旅程。但是，社会主义建设道路并非一帆风顺，而是充满了诸多挑战与不确定性。在随后的探索中，我国既取得了社会主义建设的独创性理论成果与实践成就，又发生了一系列的严重曲折，为后来的社会主义建设提供了正反两方面的经验。

1. 举旗定向：社会主义制度的初步确立

1956 年，全国大部分地区基本完成了社会主义改造，社会主义性质的国营经济、合作社经济与公私合营经济总占比为 92.9%，以生产资料公有制、按劳分配和计划经济体制为特征的社会主义经济制度建立起来，这是中国进入社会主义社会最主要的标志。

在社会主义经济制度逐步确立的过程中，人民民主政治建设也在有序开展。在全国各地召开各界人民代表会议累积了足够的政治建设经验时，召开普选的人民代表大会、起草宪法草案逐渐提上日程。从 1953 年 4 月 2 日开始，新中国第一次人民代表选举的序幕拉开。这次普选，全国有近 3 亿人参加，选出了基层人民代表 5669144 人①，为第一届全国人民代表大会的顺利召开奠定了坚实基础。在此期间，《中华人民共和国宪法（草案）》也起草完成，1954 年 6 月，《人民日报》刊登了宪法草案，并发表了在全国展开讨论宪法的社论，全国人民立即参与到这场大讨论中，为宪法草案提供了 118 万多条修改与补充意见。1954 年 9 月，第一届全国人民代表大会第一次会议在北京召开，大会通过了《中华人民共和国宪法》，宪法明确规定了我国是"工人阶级领导的，以工农联盟为基础的人民民主国家"，"人民行使权力的机关是全国人民代表大会和地方各级人民代表大会"，② 标志着我国根本政治制度——人民代表大会制度的确立，这是我国民主政治建设发展历程中的里程碑事件。

在一届人大一次会议召开后，中国人民政治协商会议不再代行全国人大的职权。1954 年 12 月，中国人民政治协商会议第二届全国委员会第一次会议召开，大会通过的《中国人民政治协商会议章程》明确规定，中国人民政治协商会议"作为团结全国各民族、各民主阶级、各民主党派、各人民团体、国外华侨和其他爱国民主人士的人民民主统一战线的组织，仍然需要存在"③。这次会议明确了人民政协的性质，从此，中国人民政治协商会议成为中国人民爱国统

---

① 谢觉哉. 谢觉哉文集［M］. 北京：人民出版社，1989：868.

② 中共中央文献研究室. 建国以来重要文献选编：第五册［G］. 北京：中央文献出版社，2011：450—451.

③ 中共中央文献研究室. 建国以来重要文献选编：第五册［G］. 北京：中央文献出版社，2011：607.

一战线的组织，是中国共产党领导的多党合作和政治协商的重要机构，是我国政治生活中发扬社会主义民主的重要形式。

中国是一个多民族国家，各民族大杂居、小聚居的状态决定了我国需要因地制宜制定政策，保证各民族的平等地位，使各少数民族在社会主义制度下也能实现当家作主。1954年通过的《中华人民共和国宪法》明确规定各少数民族聚居的地方实行区域自治，为在国家统一的基础上保证各民族的平等与团结，共同为了社会主义建设事业努力提供了制度保障。同时，民族区域自治还保证了各少数民族形式自治的权利，并通过一系列政策帮扶使各少数民族地区在经济、文化上都得到迅速发展。

【案例呈现】湘西苗族自治的实施

> 针对民族地区经济社会落后的实际，湖南省人民政府为湘西苗族地区制定了一系列优惠政策。1952年，湘西苗族自治区享受民族地区收支差额补贴202万元，此后几年中这一数字逐年上升。同年，湖南省人民政府拨给湘西苗族自治区救济款、优抚款共计35亿元（旧币）。1953年，湖南省人民政府拨给湘西苗族自治区150亿元（旧币），用于老革命根据地建设。从1953年到1954年底，中南农林部为支援湘西苗族自治区防治虫害，共赠送"六六六"农药2.5万公斤，喷雾器250套。这些优惠政策为贫穷落后的湘西苗族地区的发展提供了实质的帮助。
>
> ——崔榕：民族区域自治制度运行的历史回顾与反思（1949—1976）
> ——以湘西苗族地区为例［J］. 云南民族大学学报（哲学社会科学版），
> 2015（06）：24—29.

人民代表大会的根本政治制度，中国共产党领导的多党合作和政治协商制度、民族区域自治等基本制度，构成了我国的社会主义政治制度体系。这为适应我国社会主义的经济基础、促进社会主义经济建设提供了重大政治保障。

2. 走自己的路：社会主义建设的良好开端

社会主义基本制度确立后，中国开始进入全面建设社会主义的阶段。在这一历史时期，一方面由于我国经历了"一五"计划的编制与实践，累积了基本的社会主义建设经验，另一方面由于苏共二十大的召开暴露出苏联在社会主义建设中的缺陷，以毛泽东为代表的中国共产党人开始思考从以苏为师到以苏为鉴的转变，决心探索一条适合中国国情的社会主义建设道路。在此背景下，毛泽东提出要将马克思主义基本原理同中国的具体实际"进行第二次结合"。① 以毛泽东思想为指导，我国社会主义建设取得了良好开端。

【知识拓展】苏共二十大引发的国际格局震动

在苏共二十大的闭幕会上，赫鲁晓夫作了题为《关于个人崇拜及其后果》的秘密报告。在报告中，赫鲁晓夫全盘否定了斯大林，尖锐地批判了斯大林在领导苏联社会主义建设中所犯的一些重大错误以及对他的个人崇拜所造成的严重后果，揭露了很多苏共和国际共产主义运动的负面情况。

斯大林是一个具有重大国际影响的人物，批判斯大林是一件涉及国际共运全局的重大问题，对此理应周密考虑，慎重行事。但赫鲁晓夫只从苏联国内需要出发，仓促采取做"秘密报告"的方式，事先没有同其他兄弟党打招呼，各国党毫无思想准备，而且这个报告又有极大的片面性，夹杂着个人情绪，没有把问题完全讲清楚。加之"秘密报告"很快流传到西方，帝国主义者和各国反动派如获至宝，它们利用斯大林的错误大肆进行宣传和煽动，乘机掀起反苏、反共、反社会主义的恶浪。这就在国际共运中造成了严重的思想混乱。在资本主义国家的共产党中，普遍出现了不坚定分子退党的现象；在东欧某些社会主义国家中，如波兰和匈牙利，长期积累的一些不安定因素，最后酿成了政治动乱。

——邓介曾等. 当代国际共产主义运动史新编（1945—1987）［M］. 成都：西南交通大学出版社，1988：97.

1956年，毛泽东在中央政治局扩大会议上作《论十大关系》的讲话，5月2日又向最高国务会议作了报告。从《论十大关系》开始，我国开始走上了属于自己的社会主义道路。可以说《论十大关系》是我国进行全面建设社会主义的开局成果。《论十大关系》前五条论述了经济关系，后五条论述了政治关系，为新的历史条件下有序开展经济与政治建设提供了重要指导，为中共八大的召开做了理论准备。

为了调动一切积极因素为社会主义建设事业服务，党中央还召开了关于知识分子问题会议，动员广大知识分子"向现代科学进军"，并确定了"百花齐放、百家争鸣"的科学文化事业发展方针，有效调动了知识分子的积极性。

---

① 中共中央文献研究室. 毛泽东传（1949—1976）：上［M］. 北京：中央文献出版社，2003：506.

1956 年 9 月，中国共产党第八次全国代表大会召开。中共八大的召开，提出了许多社会主义建设方针与设想，为我国开展社会主义建设面临的一系列问题提供了指导，形成了科学的中共八大路线。

第一，中共八大明确了新形势下党和人民的主要矛盾与任务。中共八大指出随着社会主义基本制度在我国的确立，我国的主要矛盾已转化为人民对于经济文化迅速发展的需要同当前经济文化不能满足人民需要的状况之间的矛盾，党和人民的主要任务就是解决这一矛盾，在新的生产关系下保护和发展生产力。

第二，中共八大明确了我国的发展方向与方针。中共八大进一步明确了实现社会主义工业化任务的基本构想，即在三个五年计划或者再多一点的时间内，基本上建成一个完整的工业体系。提出了在综合平衡中稳步前进的经济建设方针。

第三，中共八大对我国经济体制的改革进行了一定的探索。大会肯定了陈云提出的"三个主体，三个补充"思想，即以国家经营和集体经营、计划生产以及对国家市场为主体，以个体经营、自由生产和自由市场为补充，这体现了中国共产党以苏为鉴、试图突破高度集中的指令性计划经济模式的探索，体现出新形势下党和国家独立自主的理论与实践创新。

第四，中共八大规划了党的政治建设任务。中共八大指出在政治建设上要扩大社会主义民主、健全社会主义法制，使党和政府的活动做到"有法可依"和"有法必依"。

中共八大后，全国上下社会主义建设热情高涨，"一五"计划提前完成，第二个五年计划顺利推进，中国的社会主义建设事业取得了初步成果。

针对苏共二十大后国际共产主义运动出现的波折，加之国内一些地方存在的社会不稳定现象，中共中央和毛泽东开始深入思考社会主义社会的矛盾问题，提出了社会主义矛盾学说，形成全面建设社会主义开端的另一大重要理论成果。

1952 年 2 月，毛泽东在最高国务会议上发表《如何正确处理人民内部的矛盾》的讲话，后几经修改，变更为《关于正确处理人民内部矛盾的问题》，并在《人民日报》公开发表。该文的重点有三：其一是社会主义社会仍旧存在矛盾；其二是需要正确对待社会主义社会中两类性质不同的矛盾，即敌我矛盾与人民内部的矛盾；其三是中国目前需要重点对待的矛盾是人民内部的矛盾。关于人民内部的矛盾，应当用"用细致的讲理的方法"，以"团结—批评—团结"的方式，采取"统筹兼顾、适当安排"的方针来对待。这些观点是对马克思主义矛盾学说的丰富与发展，对我国的社会主义建设事业具有长远的指导意义。

3. 履险蹈难：不断试错的社会主义探索

中共八大后不久，我国的社会主义建设事业遭遇了一些挫折。1957 年的反右派斗争扩大化、1958 年的"大跃进"运动与人民公社化运动、1959 年的反右倾斗争以及 1966 年的"文化大革命"，这些社会主义建设道路上的严重曲折使我国社会主义事业遭受了严重损失，所形成的教训是惨痛而深刻的。

反右派运动扩大化的形成原因，要追溯到 1957 年 4 月中共中央发起的整风运动。在国家进入了社会主义建设新时期的背景下，由于一些干部对新形势下党的任务认知不足，党内逐步滋生了一些不利于社会主义建设事业开展的官僚主义、宗派主义与主观主义，一些党员干部在工作过程中还出现了脱离群众的迹象。为了全面整顿党内出现的相关问题，1957 年 4 月 27 日，中共中央下发《关于整风运动的指示》，意在发动群众加强对党的批评与监督，既纠正党内的错误，又密切党与群众的联系。在开展整风运动的过程中，一些别有用心的人士对中国共产党的领导发起攻击，对新生的社会主义制度发起进攻，这种异常现象引起了中共中央的警觉。为了对极少数右派分子发起的反对党的领导、反对社会主义制度的思潮进行反击，维护中国共产党的地位与社会主义道路，中共中央开始组织力量对右派分子进行批判。作为在社会主义道路上长期执政的党，对反党反社会主义的言论进行反击与批判，是必要且正确的。但是，由于刚走上社会主义道路，党对国内出现的一些问题认识尚未成熟，对当时的形势作了过于严重的估计，未能对反党反社会主义的言论进行明确识别，将一些对党的正确批评当成了右派言论进行了批判，又不恰当地使用了"大鸣、大放、大字报"的形式，广泛发动群众进行反右派斗争，最终导致反右派分子被严重地扩大化了，留下了深刻的教训。

【互动交流】如何正确看待反右派运动扩大化的教训？

反右派斗争扩大化的主要教训一共有三点：第一，处理问题一定要经过深入的调查研究。反右派斗争扩大化的一个重要原因是因为党对形势作出了错误的估计，面对极少数右派分子的进攻，未能全面调查，冷静、客观地对形势进行分析，而是草率地决定采用疾风骤雨式的阶级斗争方式进行反击，由此导致了粗暴过火的局面。第二，要正确运用社会主义矛盾学说分析问题，尤其是要正确分析与处理两类不同性质的社会矛盾。毛泽东《关于正确处理人民内部的矛盾》为我们科学分析与处理社会主义社会的矛盾提供了重要指导，面对社会主义建设过程中的各项矛盾，一定要坚持科学的社会主义矛盾学说来进行分析与处理。反右派运动中大量对党的正确批评与建议视为反党反社会言论，错误地将人民内部的矛盾划为敌我矛盾进行严厉打击，最终造成了扩大化的失误。

第三，一定要坚持党的集体领导和民主集中制原则。党的八大后不久，毛泽东的主观主义和个人专断作风日益严重，使集体领导原则和民主集中制不断受到削弱以至破坏。① 反右派斗争扩大化的错误，毛泽东应负一定责任。但是，关于从整风运动转向反右派运动的决定，以及将反右派运动扩大到全国领域的决定，党中央未提出不同的意见，因此，又不可将责任完全归咎于毛泽东个人。

发动"大跃进"运动的初衷，是为了抓住和平发展的机遇，迅速改变中国的落后面貌，开创社会主义建设大踏步发展新局面。1957 年 11 月 13 日，《人民日报》发表《发动全民，讨论四十条纲要，掀起农业生产的新高潮》，提出"在农业合作化以后，我们就有条件也有必要在生产战线上来一个大的跃进"②。此后，"大跃进"运动的序幕在全国拉开。1958 年 5 月。党的八大二次会议充分肯定了已经出现的"大跃进"形势，通过了"鼓足干劲、力争上游、多快好省地建设社会主义"的社会主义建设总路线，确定了 15 年赶超英国的目标。会后，"大跃进"运动在全国范围内开展起来，并进入高潮。在"大跃进"运动迅猛发展的过程中，浮夸风开始在经济领域泛滥。工业方面，"以钢为纲"的大炼钢铁运动盛行，农业方面，夸大产量的"高产田"层出不穷，盲目蛮干和虚报浮夸现象泛滥开来，给我国经济造成重大损失。

【案例呈现】"大跃进"时期药材引种的浮夸风

"大跃进"期间上海药材引种的成果宣传显然有浮夸的成分，单就所谓引种成功的药材品种而言，根据《上海农业志》记载，1959—1969 年的 11 年间，上海从外地引种栽培的有菊花等 40 种中药材，其中 32 种获得成功，变野生为大田栽培的 9 种，与"大跃进"时期宣传的百种引种成功有相当差距。而且据《上海郊区种植药材品种、数量、分布统计表》记载，上海郊区引种成功的外地药材 1960 年只有茶菊花与亳菊花两种，1961 年引种的有生地、川芎、元胡、滁菊花、黄菊花、杜红花、白芷、泽泻、壳米仁、玄参、板蓝根、大青叶、白芍、土藿香、紫苏叶、浙贝、月季、豨莶草、薄荷 19 种，没有"大跃进"时期宣传的那么多，而其中真正引种成功的自然更少，如当时引种的浙贝，是上海市药材公司从浙江鄞县引种，此后历经 17 年的试种，到 1980 年才攻克了种茎越夏等技术。在此基础上调整生产

---

① 中央档案馆，中共中央文献研究室．中共中央文件选集（1949.10—1966.5）：第 1 册 [G]．北京：人民出版社，2013：31.

② 社论．发动全民，讨论四十条纲要，掀起农业生产的新高潮 [N]．人民日报，1957-11-13（01）.

布局，到1982年才开始安排较大面积的生产。可见，小规模的引种成功与大规模的种植之间仍有相当距离。又比如上海所产药材的构成，上海1959年计划引种130余种药材，实际上大部分是草药小商品。大部分是草药小商品意味着对于改变紧缺药材的供应局面并没有太多助力，但是却更容易获得药材数量上的快速增长，实现药材产量数字上的跃进。

——周永生.“道地”的消隐——“大跃进”时期中药材的“就地生产”[J].医疗社会史研究，2017（02）：101—138.

在“大跃进”迅猛发展的同时，农村掀起了人民公社化运动高潮。由于“大跃进”的浮夸风盛行，中共中央认为我国生产力已经实现了跨越式发展，需要在生产关系层面进行变革，以适应快速发展的生产力。在没有进行广泛调查研究的情况下，1958年8月，中共中央作出《关于在农村建立人民公社问题的决议》，在全国上下刮起了“一平二调”的共产风。在人民公社化运动中，大搞平均主义的方式严重挫伤了农民的生产积极性，使农村生产力遭到严重的破坏。

对于建设中存在的“左”倾错误，中共中央是有所察觉的。从1958年11月第一次郑州会议到1959年7月庐山会议前期，以毛泽东为代表的中国共产党人对党内的“左”倾错误进行了初步纠正，浮夸风、“共产风”得到了初步遏制。但是，初步纠“左”并未否定“大跃进”与人民公社化的政策，未能根除错误。在党的八届八中全会和随后的“反右倾”斗争中，初步纠“左”的进程被打断，加上苏联政府背信弃义撕毁合同，党和人民面临新中国成立以来前所未有的严重经济困难。

在严重经济困难之下，中共中央决定认真调查研究，纠正错误，整顿国民经济。1961年，党的八届九中全会决定对国民经济实行“调整、巩固、充实、提高”的八字方针，国民经济转入调整轨道。随后，在中共中央的领导下，我国农业、工业、商业、教育、科学、文艺等方面的工作步入正轨，国民经济转入1962年至1965年的三年调整期。1962年一二月间，七千人大会在北京召开，全面总结了“大跃进”以来经济建设工作的经验教训，统一了全党的认识，经过七千人大会前后近两年的调整，从1963年夏开始，各项建设事业呈现明显健康的发展势头。到1964年，党适时提出了实现“四个现代化”的历史任务，“四个现代化”从此成为党和全国各族人民的共同奋斗目标。到1965年底，调整国民经济的任务全面完成，“大跃进”和人民公社化运动带来的严重困难局面终于得到改变。

1966 年，正当我国开始执行发展国民经济的第三个五年计划的时候，"文化大革命"运动发生了。这场运动的结局是造成了一场内乱，在政治、经济、文化、社会等领域都酿造了严重的后果。

1966 年 5 月，中共中央政治局扩大会议通过《中国共产党中央委员会通知》（简称"五一六"通知），指出党内目前混入了一批反革命的修正主义分子，他们正等待时机夺取政权。8 月，党的八届十一中全会通过《中国共产党中央委员会关于无产阶级文化大革命的决定》，指出要"整党内那些走资本主义道路的当权派"①。这两次会议的召开标志着"文化大革命"运动的全面发动。

从 1967 年 1 月起，"文化大革命"进入"全面夺权"阶段。2 月前后，一些老一辈革命家对"文化大革命"的错误做法提出强烈批评，但被诬陷为"二月逆流"，受到压制和打击。1969 年中共九大的召开，使"文化大革命"的理论和实践进一步系统化、合法化。党的九大以后，"斗、批、改"运动在全国展开，将"文化大革命"的"左"倾错误在各个领域具体化，进一步加剧了社会动乱。党的九大之后，林彪反革命集团的权势膨胀到顶点，与江青反革命集团的势力斗争日渐激烈。为防止江青反革命集团势力反超自己，林彪反革命集团策划发动反革命武装政变。在阴谋暴露后，林彪等人仓皇出逃，在内蒙古温都尔汗地区意外坠机身亡。林彪反革命集团的覆灭，促使更多的干部和群众从个人崇拜的狂热中觉醒，对"无产阶级专政下继续革命的理论"及其实践产生了怀疑，客观宣告了"文化大革命"理论和实践的失败，全国上下展开"批林整风"运动，全国各项工作在周恩来的主持下逐渐有了起色。周恩来还提出要批判极"左"思潮的意见，但被毛泽东以当时的任务仍然是反对"极右"的理由驳回，导致纠"左"的努力被迫中断。林彪反革命集团覆灭后，党中央决定提前召开十大，以便解决党内一些重大组织问题。党的十大继续了九大的"左"倾错误，仍然号召全党"坚持无产阶级专政下的继续革命"，坚持"文化大革命"。十大以后，江青、张春桥、姚文元、王洪文在中央政治局内结成"四人帮"，江青集团的势力得到进一步加强。党内围绕着动乱与反动乱、篡权与反篡权、整顿与反整顿展开了更加激烈的斗争。到了 1976 年，中央政治局终于执行党和人民的意志，对江青、张春桥、王洪文、姚文元及其在北京的帮派骨干实行隔离审查，毅然粉碎了江青反革命集团，结束了"文化大革命"，党和国家的工作开始重新走上健康发展的轨道。

---

① 中共中央文献研究室．毛泽东年谱（1949—1976）：第五卷［M］．北京：中共中央文献出版社，2013：610.

（四）是非功过千秋评——全面建设社会主义的教训与经验

在全面建设社会主义的历史时期，以毛泽东为主要代表的共产党人，开始探索适合中国实际情况的社会主义建设道路。在探索过程中，由于缺乏建设经验，曾几经波折，酿成了严重的失误，给社会主义建设事业造成了重大损失。但是，这一历史时期也取得了许多独创性的理论成果与实践成就，为新的历史时期开创中国特色社会主义奠定了重要基础。习近平总书记指出，我们党领导人民进行社会主义建设，有改革开放前和改革开放后两个历史时期，这是两个相互联系又有重大区别的时期，但本质上都是我们党领导人民进行社会主义建设的实践探索。中国特色社会主义是在改革开放历史新时期开创的，但也是在新中国已经建立起社会主义基本制度并进行了20多年建设的基础上开创的。因此，对全面建设社会主义时期进行评价，不可采取片面的眼光看问题，因为该阶段的失误与错误而全盘否定这一时期，而是科学评价，发扬经验，吸取教训，在此基础上更好推进社会主义建设事业向前发展。

1. 以案为鉴，坚决纠正全面建设社会主义的错误

社会主义建设时期的反右派运动扩大化、"大跃进"运动、人民公社化运动、反右倾斗争以及"文化大革命"，给我国社会主义建设事业造成的损失是严重的。我们必须以案为鉴，总结这些错误的原因并坚决纠正这些错误，吸取这些错误的深刻教训。

缺乏建设经验与思维固化是导致社会主义建设时期遭受严重曲折的直接原因。从1949年执掌全国政权到1956年开展社会主义建设，其间不过7年时间。对于在全国范围执政不久的中国共产党而言，如何结合中国的具体实际开展社会主义建设，可以说是基本没有经验可循。在探索社会主义建设时，中国共产党照搬马克思主义经典论述，不加论证与创新而直接用于实践，导致主观化与教条化的现象时有发生，所采取的措施未能符合当时的发展阶段。在面临建设中出现的新情况、新问题时，中国共产党运用革命战争年代的思维与处理方式，以群众运动与群众斗争的方式来解决问题，导致阶级斗争扩大化。

国际国内的复杂形势是导致社会主义建设时期遭受严重曲折的外部原因。20世纪五六十年代，中国面临严峻复杂的形势。国际共运大论战的开展、中苏关系从蜜月期到迅速恶化、帝国主义的"和平演变"企图等等，使中国共产党对错综复杂的形势作出了过度严重的估计与反应，认为国内阶级斗争日益尖锐，最终导致"文化大革命"的发动。关于"文化大革命"的发动初衷，邓小平曾指出："就毛主席本身的愿望来说，是出于避免资本主义复辟的考虑，但对中国

本身的实际情况作了错误的估计。"①

党的集体领导与党内民主集中制的破坏是导致社会主义建设时期遭受严重曲折的重要因素。这一时期，党内滋生了个人专断主义与主观主义，导致未能采取民主的方式对探索中的失误进行及时纠正。

社会主义建设时期的错误对于党和国家具有深刻的警示意义，分析各项原因后，我们需从中吸取教训，以免今后重蹈覆辙。

第一，要坚定不移地坚持实事求是的思想路线，尊重客观世界的发展规律。"大跃进"和人民公社化运动发动的初衷，是使中国尽快发展生产力，摆脱落后的发展局面，但在实践过程中，过分夸大了人的主观能动性，忽视了经济发展的客观规律，最终导致浮夸风与"共产风"盛行，造成国民经济比例严重失调。在社会主义建设的过程中，面临新出现的问题，中国共产党习惯性采取革命年代的处理方式，继续将阶级斗争的手段用于解决国内问题，最终导致"文化大革命"这样全局错误的发生。这些问题警示我们在处理问题时一定要坚持实事求是的思想路线，细致分析现实具体情况，在尊重客观世界发展规律的基础上再制定合适的方针政策并付诸实践。

第二，要客观冷静地分析问题，准确把握主要矛盾。党和国家面对 20 世纪五六十年代错综复杂的国际形势，未能客观冷静地进行分析，最终作出了错误的估计与决定，将中共八大关于主要矛盾的认识推翻，将阶级矛盾视为我国的主要矛盾，最终导致了错误的发生。这警示我们在面对复杂形势时，要始终坚持以客观冷静的态度去分析问题，在重重矛盾中准确把握主要矛盾再作决策。在经济比较落后的国家建设社会主义，毫不动摇地坚持发展生产力才是党和国家的中心任务。社会主义存在的种种矛盾，都需要通过生产力的发展来逐步解决。

第三，要不断完善民主集中制和集体领导原则。由于种种历史原因，党和国家的民主集中制的领导体制、组织制度很不健全，使党的权力过分集中于个人。这样，在阶级斗争扩大化错误发展的过程中，党就很难抵制"文化大革命"的发生和持续。因此，必须改革和完善党和国家的领导制度，坚定不移地推进政治体制改革，坚持民主集中和集体领导原则。

2. 分清主流与支流，正确看待全面建设社会主义的成就

在全面建设社会主义时期，尽管由于种种原因经历了严重曲折，但社会主义建设仍然取得了重大成就，为下一个历史时期积累了丰厚的物质基础、理论

---

① 邓小平. 邓小平文选：第二卷［M］. 北京：人民出版社，1994：346.

准备与实践经验。

第一，建立了独立的比较完整的工业体系和国民经济体系。从1952年到1978年，工农业总产值平均年增长率为8.2%，其中工业年均增长11.4%。1952年国内生产总值为679亿元人民币，1976年增加到2965亿元。人均国内生产总值从1952年的119元增加到1976年的319元。

第二，人民生活水平得以提高。中国共产党和人民政府始终把满足人民基本生活需要作为发展经济的根本目的。通过兴修水利、开展农田基本建设、培育推广良种、提倡科学种田，较大幅度地提高了粮食生产水平和抵御自然灾害的能力。粮食总产量从1949年的2263.6亿市斤增加到1976年的5726.1亿市斤，亩产量从1949年的137市斤提高到1976年的316市斤。棉花总产量从1949年的888.8万担增加到1976年的4110.9万担，亩产量从1949年的22市斤增加到1976年的56市斤。全国总人口从1949年的5.4167亿增长到1976年的9.3717亿，同期粮食的人均占有量从418市斤增加到615市斤。全国居民的人均消费水平，农民从1952年的62元增加到1976年的131元，城市居民同期从154元增加到365元。

第三，文化教育医疗科技事业得到发展。在文化建设方面，扫盲运动与普通话推广卓有成效；在教育方面，基础教育与高等教育投入力度明显加大，学生人数明显增加；在医疗卫生方面，各级各类卫生机构数量增长，人均预期寿命由1949年的35岁增长到1975年的63.8岁；在科技事业方面，核技术、人造卫星和运载火箭等尖端科技领域成就斐然，综合国力和国防战略防御能力极大提高。

第四，形成历久弥新的时代精神。在重重困难的社会主义建设道路上，中华儿女并未退缩，而是迎难而上，形成了大庆精神、焦裕禄精神、红旗渠精神、雷锋精神、"两弹一星"精神等一系列历久弥新的时代精神，成为全国各族人民宝贵的精神财富和不竭的动力源泉。

第五，国际地位的提高与国际环境的改善。抗美援朝战争、日内瓦会议、万隆会议，极大地提高了新中国的国际地位。中国同印度、缅甸等国共同倡导的和平共处五项原则，成为处理国与国关系公认的国际准则。1971年10月25日，中国恢复联合国合法席位。1972年2月起，中美关系开始正常化，中国也随之开启了建交高潮，为后来中国实行对外开放政策创造了有利条件。

三、专题小结

习近平总书记指出："70年前的今天，毛泽东同志在这里向世界庄严宣告了中华人民共和国的成立，中国人民从此站起来了。这一伟大事件，彻底改变了近代以后100多年中国积贫积弱、受人欺凌的悲惨命运，中华民族走上了实现伟大复兴的壮阔道路。"①

新中国成立后，在中国共产党的坚强领导下，我国实现了从新民主主义向社会主义社会的过渡，开启了全面建设社会主义的新篇章。在探索社会主义建设的道路上，我们取得了积极的理论与实践成果，也遭遇了数次严重曲折，给社会主义建设事业带来巨大创伤。学习中国近现代史纲要，一定要学会分辨主流与支流。在全面建设社会主义时期，积极的理论成果与巨大成就是主流，这些探索路上的成就与经验，是中国共产党在改革开放时期的重要基础。这些挫折与创伤，是历史的支流，但同样为改革开放新时期的建设提供了重要借鉴。

四、推荐阅读

1. 毛泽东．论十大关系［M］．北京：商务印书馆，1978.

2. 毛泽东．关于正确处理人民内部矛盾的问题［M］．北京：人民出版社，1975.

3. 习近平．在纪念毛泽东同志诞辰120周年座谈会上的讲话［M］．北京：人民出版社，2013.

4. 吕连仁等．中国社会主义建设史［M］．济南：山东大学出版社，2002.

---

① 习近平．在庆祝中华人民共和国成立70周年大会上的讲话［N］．人民日报，2019-10-01（02）.

专题十　"改革开放是决定当代中国命运的关键一招"

——改革开放是坚持和发展中国特色社会主义的必由之路

一、教学说明

（一）教学目标

1. 知识目标：掌握十一届三中全会如何开启历史的伟大转折；熟悉改革开放的起步、历程及成就；了解改革开放和社会主义现代化建设时期马克思主义中国化的理论成果。

2. 能力目标：正确认识改革开放的必然性，形成辩证看待改革开放前后党的基本路线的能力。

3. 价值目标：了解改革开放和社会主义现代化建设的伟大成就，坚定走中国特色社会主义道路的自信。

（二）教学重点与难点

重点：改革开放和现代化建设新时期的提出、主要历程以及取得的重大成就。

难点：十一届三中全会是历史性的伟大转折的原因分析；邓小平理论作为马克思主义中国化第二次飞跃的由来；正确认识党的基本路线的正确性。

（三）教学方法

综合运用案例式、启发式和讨论式教学方法，辅以视频演示、智慧平台互动等教学手段，并挖掘地方史资源应用于教学。

（四）学时安排

2 学时

（五）主要参考资料

1. 本书编写组．中国近现代史纲要［M］．北京：高等教育出版社，2023.

2. 中共中央党史和文献研究院. 全面建成小康社会重要文献选编：上［G］. 北京：人民出版社，2022.

3. 本书编写组. 中华人民共和国简史［M］. 北京：人民出版社、当代中国出版社，2021.

4. 本书编写组.《中国近现代史纲要》辅导用书［M］. 北京：高等教育出版社，2020.

二、教学内容

［导入］播放视频"改革开放历史年表"。

【教师点拨】45 年的实践充分证明，改革开放是党和人民大踏步赶上时代的重要法宝，是坚持和发展中国特色社会主义的必由之路，是决定当代中国命运的关键一招，也是决定实现"两个一百年"奋斗目标、实现中华民族伟大复兴的关键一招。改革开放是如何开启的？中国特色社会主义是如何开创并接续发展的？本专题将对上述问题作出分析。

（一）改革开放春风暖——"关键一招"的酝酿与起步

"文化大革命"结束后，党和国家的事业逐渐步入正轨。但十年内乱造成的严重混乱的局面，并非能在一朝一夕间就能扭转。"文化大革命"虽然结束了，但长期"左"倾错误指导思想的影响还存在，彻底清除这一影响尚需时日。"两个凡是"错误方针的提出，严重阻碍了党和国家的工作。面对世界经济发展迅速、科技进步日新月异的局势，面对人民群众彻底扭转国内局面的强烈要求，中国共产党必须尽快就关系党和国家前途命运的大政方针作出政治决断和战略抉择。

1. 思想基础：真理标准问题大讨论

粉碎"四人帮"后，党中央开始对"四人帮"帮派体系进行全面清查，对各项冤假错案予以纠正，党和国家正常秩序逐渐恢复，政治局面趋向安定。但是，党内长期存在的"左"的错误，以及当时提出和推行的"两个凡是"错误方针，给党和国家的纠错工作带来了巨大的阻碍。"两个凡是"，即"凡是毛主席的决策，我们都坚决维护；凡是毛主席的指示，我们都始终不渝地遵循"。如果坚持"两个凡是"指导思想，就意味着要对毛主席晚年的错误加以全面延续与继承，那就无法全面纠正"文化大革命"的错误，也无法坚持真正的毛泽东思想。

面对"两个凡是"的严重束缚，邓小平于 1977 年 4 月 10 日致信党中央，提出"两个凡是"不符合马克思主义，我们应当用完整准确的毛泽东思想来指导党和国家的工作。叶剑英、陈云、李先念、聂荣臻、徐向前等老一辈革命家也强调了对"两个凡是"的批评，主张中国共产党应努力发扬实事求是的思想路线，在实践上要坚持真理。

【拓展阅读】老一辈革命家对"两个凡是"的批评

前些日子，中央办公厅两位负责同志来看我，我对他们讲，"两个凡是"不行。按照"两个凡是"，就说不通为我平反的问题，也说不通肯定一九七六年广大群众在天安门广场的活动"合乎情理"的问题……我们必须世世代代地用准确的完整的毛泽东思想来指导我们全党、全军和全国人民，把党和社会主义的事业，把国际共产主义运动的事业，胜利地推向前进。

——邓小平．邓小平文选：第二卷［M］．北京：人民出版社，1994：38—39.

凡是毛主席作出的决策都不能改，这样一来，好多问题都不好解决。因为"四人帮"干的事，几乎没有不经过假借毛主席批准而自己干的东西，问题在于对不对，是不是欺骗了毛主席。所以华主席说的几条恐怕还得作一些修改才好。

——汤家玉，李武军．解放思想大潮中的叶剑英［J］．党史纵览，2008（12）：19—23.

实事求是，这不是一个普通的作风问题，这是马克思主义唯物主义的根本思想路线问题。我们要坚持马克思列宁主义，坚持毛泽东思想，就必须坚持实事求是。如果我们离开了实事求是的革命作风，那么，我们就离开了马克思列宁主义、毛泽东思想，而成为脱离实际的唯心主义者，我们的革命工作就要陷于失败。所以，是否坚持实事求是的革命作风，实际上是区别真假马克思列宁主义、真假毛泽东思想的根本标志之一。

——中共中央文献研究室．陈云论党的建设［M］．北京：中央文献出版社，1995：226.

1978年5月10日，中央党校内部刊物《理论动态》刊登《实践是检验真理的唯一标准》一文。次日，该文被《光明日报》公开发表，且被新华社向全国转发。该文指出，"一个理论，是否正确反映了客观实际，是不是真理，只能靠社会实践来检验……实践不仅是检验真理的标准，而且是唯一的标准。"① "我们要有共产党人的责任心和胆略，勇于研究生动的实际生活，研究现实的确切事实，研究新的实践中提出的新问题。只有这样，才是对待马克思主义的正确态度，才能够逐步地由必然王国向自由王国前进，顺利地进行新的伟大的长征。"② 文章从理论上否定了"两个凡是"，公开发表后在全国产生了强烈反响，社会上掀起一股关于真理标准问题大讨论的风潮。

【案例呈现】"改革先锋"胡福明

基本情况：1978 年 5 月 11 日，《光明日报》以"特约评论员"的名义发表题为《实践是检验真理的唯一标准》的文章，引发了真理标准大讨论，深刻地影响了现代中国的历史进程。

背景回放及延伸：1976 年，"四人帮"倒台后，胡福明敏感地觉察"中国已经到了历史的转折关头"，中国要"改弦更辙"，所谓"改弦"，就是把"以阶级斗争为纲"这根弦去掉；所谓"更辙"，就是要另辟一条社会主义现代化建设的道路。经过长时间的观察和思索，胡福明在 1977 年 3 月意识到：冲破"两个凡是"才是关键。1977 年 7 月初，他确定以"实践是检验真理的标准"作基本论点来批判"两个凡是"；9 月初，初稿寄给《光明日报》；1978 年，文章拟在 4 月初《光明日报》的哲学版发表，但新任总编辑杨西光认为，"放在哲学版发表，可惜了，要放在第一版去，作为重要文章发表，发挥更大的作用"。文章经《光明日报》的杨西光、王强华，中央党校的吴江、孙长江等多人修改，并由胡耀邦亲自审定后，先在中央党校的内刊《理论动态》上发表，然后文章又由《光明日报》以"本报特约评论员"署名公开发表，继而由《人民日报》《解放军报》转载，新华社向全国发稿。文章立即得到广大党员和群众的共鸣和支持，引发了真理标准大讨论，在当时的思想解放运动中产生了历史性重大影响，并直接成为改革开放的理论先声。

——王佳宁. 中国经济改革 30 年：抚脉历程［M］. 重庆：重庆大学出版社，2008：323.

---

① 《光明日报》特约评论员. 实践是检验真理的唯一标准［C］//实践是检验真理的唯一标准论文集. 香港：生活·读书·新知三联书店香港分店，1979：1—2.
② 《光明日报》特约评论员. 实践是检验真理的唯一标准［C］//实践是检验真理的唯一标准论文集. 香港：生活·读书·新知三联书店香港分店，1979：11.

由于实践是检验真理的唯一标准彻底否定了"两个凡是",且与国内多年盛行的思想僵化与个人崇拜尖锐对立,因此关于真理标准问题大讨论一开始受到社会各界的诸多指责。面对社会上对这场讨论的批评,邓小平挺身而出,坚定支持关于真理标准问题大讨论,叶剑英、陈云、李先念、胡耀邦等人也对这场讨论予以大力支持。在许多老一辈革命家的支持下,关于真理标准问题大讨论迅速在全国范围内展开,成为党内外解放思想、拨乱反正的思想先导,为中国共产党重新确立实事求是的思想路线、拉开改革开放的序幕做了思想理论准备。

2. 实践准备:十一届三中全会的召开

在关于真理标准问题大讨论中,人们的思想逐渐解放,开始出现接受对外开放与体制改革的声音。1978年9月,邓小平视察东北三省,提出依据现有条件发展生产力,提高人民生活水平,以及把党和国家的工作重心转移到现代化建设上来的重要主张。国内的思想解放新局面与邓小平的重要主张,是当时国内出现的新气象,为随后召开的中央工作会议和党的十一届三中全会奠定了思想基础。

1978年11月10日—12月25日,中共中央在北京召开工作会议。此次会议讨论了工作重点转移问题,通过了为天安门事件、"反右倾翻案风"等重大错案进行平反的决定。此外,邓小平在会议闭幕会上作了《解放思想,实事求是,团结一致向前看》的讲话。邓小平强调,解放思想是当前的一个重大政治问题,"只有思想解放了,我们才能正确地以马列主义、毛泽东思想为指导,解决过去遗留的问题,解决新出现的一系列问题,正确地改革同生产力迅速发展不相适应的生产关系和上层建筑,根据我国的实际情况,确定实现四个现代化的具体道路、方针、方法和措施"①。这一讲话后来成为党的十一届三中全会的主题报告,为全会实现具有划时代意义的伟大转折奠定了重要基础。

1978年12月18日—22日,党的十一届三中全会在北京召开。这次全会实现了新中国成立以来党的历史上最具有深远意义的伟大转折,开启了我国改革开放和社会主义现代化建设的全新征程。

【思考讨论】为什么说十一届三中全会实现了新中国成立以来党的历史上最具有深远意义的伟大转折?

【拓展阅读】习近平谈邓小平与十一届三中全会

2014年8月20日,习近平总书记在纪念邓小平同志诞辰110周年座谈

---

① 中共中央文献研究室. 十一届三中全会以来党的历次全国代表大会中央全会重要文件选编:上 [G]. 北京:中央文献出版社,1997:2.

会上的讲话中指出："邓小平同志是全党全军全国各族人民公认的享有崇高威望的卓越领导人，伟大的马克思主义者，伟大的无产阶级革命家、政治家、军事家、外交家，久经考验的共产主义战士，中国社会主义改革开放和现代化建设的总设计师，中国特色社会主义道路的开创者，邓小平理论的主要创立者。""在改革开放新时期，邓小平同志成为党的第二代中央领导集体的核心，为开创中国特色社会主义作出了历史性贡献。'文化大革命'结束，'中国向何处去'又成为摆在中国人民面前头等重要的问题。邓小平同志以他的远见卓识、丰富政治经验、高超领导艺术，强调实事求是是毛泽东思想的精髓，旗帜鲜明反对'两个凡是'的错误观点，支持和领导开展真理标准问题的讨论，推动进行各方面的拨乱反正。在邓小平同志指导下，1978 年 12 月召开的党的十一届三中全会，重新确立了解放思想、实事求是的思想路线，停止使用'以阶级斗争为纲'的错误提法，确定把全党工作的着重点转移到社会主义现代化建设上来，作出实行改革开放的重大决策，实现了党的历史上具有深远意义的伟大转折。"

——《习近平讲党史故事》编写组. 习近平讲党史故事 [M]. 北京：人民出版社，2021：215.

一方面，与全会召开前相比，党的十一届三中全会结束了过去的诸多错误，实现了历史性的伟大转折。全会冲破了长期"左"的错误的严重束缚，彻底否定了过去"两个凡是"的错误方针，高度评价关于真理标准问题的讨论，果断停止使用"以阶级斗争为纲"的口号，解决了历史遗留问题，对过去的冤假错案进行平反，决定从 1979 年 1 月起把全党的工作重心转移到社会主义现代化建设上来。全会的这些内容，展现了党正视过去、坚持将历史遗留问题解决在当下的魄力与担当，使党和国家的工作从长期存在的问题中剥离出来，为中国共产党正本清源、守正创新奠定了重要基础。

另一方面，与全会召开后相比，党的十一届三中全会拉开了改革开放进而开创中国特色社会主义的大幕，实现了历史的伟大转折。全会提出了改革开放的任务，指出实现四个现代化是一场广泛、深刻的革命；全会提出改革经济体制，发展同世界各国平等互利的经济合作；全会强调要健全党的民主集中制，健全党规党法，严肃党纪，正确对待毛泽东的历史地位和毛泽东思想的科学体系。全会的这些内容，展现了党直面未来、深刻洞察时代潮流的超前眼光，使中国共产党实现了伟大觉醒，为孕育党从理论到实践的伟大创造、党和国家工作开启新征程奠定了坚实基础。

党的十一届三中全会的召开，结束了粉碎"四人帮"后党和国家工作徘徊中前进的局面，标志着中国共产党重新确立了马克思主义的思想路线、政治路线、组织路线，开启了我国改革开放和社会主义现代化建设新时期。从这次全会开始，改革开放工作逐渐起步，中国特色社会主义逐渐开创，邓小平理论也逐步形成和发展起来。因此，党的十一届三中全会作为一个伟大的历史转折点而载入光辉史册。

3. 实践展开：改革开放的起步

第一，拨乱反正的推进。十一届三中全会后，党和国家按照实事求是、有错必纠的原则，加快了平反冤假错案的步伐。到 1982 年底，全国共纠正了 300 多万名干部的冤假错案，47 万多名共产党员恢复了党籍，全国范围内的平反冤假错案工作基本结束。

此外，中共中央还采取一系列措施调整社会关系，包括给错划右派分子摘帽，为国民党投诚起义人员落实政策，将原为劳动者的商贩、手工业者同原资产阶级工商业者区分开来，认真落实民族政策和宗教政策，重申侨务政策等等。这一系列措施有效提振了人民群众的信心，为改革开放和社会主义现代化建设事业注入了新的活力。

【案例呈现】湖南省拨乱反正工作的开展

1979 年 1 月 12 日至 16 日，省委四届二次会议举行。会议传达贯彻中共十一届三中全会精神，研究实现工作重点转移问题，并就省委前段工作中存在"求稳怕乱"、对真理标准讨论认识不足、反应迟钝等问题提出批评。会议提出要进行真理标准讨论的补课，实现解放思想；要抓紧落实政策，平反冤假错案；要把党的注意力放到领导经济工作方面来。1 月 19 日，省委作出决定，为历次政治运动中遭受错误处分的人平反。……就此，湖南开展了长达 10 年的拨乱反正。

当年 2 月，经中共中央同意，中共湖南省委发出为八届中央候补委员、原省委第一书记周小舟和原省委书记周惠平反的决定，撤销当时中央和省委对周小舟和周惠的处分决定及有关的决议和文件，彻底平反，恢复名誉。周小舟追悼大会于 5 月 30 日在广州举行，省委派代表参加了追悼大会。6 月 3 日，《湖南日报》发表《承载几千万人的大船——湖南人民怀念周小舟同志》的专文。

当年 3 月，省委召开落实政策座谈会，宣布落实政策的范围是：1957 年反右派的摘帽和改正，1959 年反右倾的平反，"四清"运动中冤假错案的平反；落实农村基层干部政策、知识分子政策、工商业者政策、起义投诚人员政策、侨务、宗教政策等；为四类分子摘帽和改变地主富农子女成分，复查"文化大革命"中错拘、错捕、错判的案件；为中共湖南地下组织成员及其领导下的游击队人员落实政策等。

在文艺战线，开展了对"文艺黑线专政论"的拨乱反正，湘剧《园丁之歌》、花鼓戏《补锅》、《打铜锣》等优秀戏剧恢复演出。当年，湖南出版了作家莫应丰的《将军吟》和古华的《芙蓉镇》，这两部小说后来同获首届茅盾文学奖。

……

通过全面的清"左"和拨乱反正，湖南各级党组织逐步端正指导思想，统一到党的十一届三中全会确立的马克思主义思想、政治、组织路线上来，为开始改革开放提供了强大的政治思想保证。

——奋斗七十载 史忆新湖南丨1979·拨乱反正：一道划破迷雾的闪电［DB/OL］．https：//baijiahao.baidu.com/s？id＝1646068373287922664&wfr＝spider&for＝pc.2019-09-30/2024-02-23.

在全面拨乱反正的过程中，出现了一些思想混乱的情况。有的人借拨乱反正的契机否定中国共产党的领导，否定社会主义制度。针对这些思想混乱状况，邓小平于1979年3月30日在党的理论工作务虚会上发表《坚持四项基本原则》的讲话，指出坚持社会主义道路，坚持人民民主专政，坚持共产党的领导，坚持马克思列宁主义、毛泽东思想这四项基本原则，是实现四个现代化的根本前提，为把准政治生活方向、保障改革开放和社会主义现代化建设的顺利进行筑牢了可靠的政治基础。

1981年6月，党的十一届六中全会通过了《关于建国以来党的若干历史问题的决议》。《决议》对中华人民共和国成立以来的历史进行了总结，对重大历史事件和历史任务作出了基本的结论；实事求是地评价了毛泽东在中国革命中的历史地位，科学地论述了毛泽东思想的基本内容和作为党的指导思想的伟大意义；肯定了中共十一届三中全会以来逐步确立的适合中国国情的建设社会主义现代化国家的正确道路，进一步指明了中国社会主义事业和党的工作继续前进的方向。《决议》的通过，标志着党在指导思想上的拨乱反正胜利完成。

第二，国民经济的调整。1977—1978年，我国国民经济曾出现比例失调的情况。这是因为"对经济工作中的求成过急和其他一些'左'倾政策的继续"①，而"求成过急"的原因是中央领导人面临"文化大革命"结束后的中国经济大困难感到紧迫与忧虑。当时中央领导人的心态是："粉碎了'四人帮'，国民经济要搞上去。搞不上去，就显示不出社会主义制度的优越性。""如果经济发展速度不如日本、朝鲜、越南，与苏修的距离拉大，说我们马列主义怎么好，怎么能说服人呢？粉碎'四人帮'后，在新的党中央领导下，一定要把速度搞上去。这个决心，一定要狠下。"② 因此，党中央制定了"大干快上"的高指标计划，在利用外国资金、引进国外技术设备等方面盲目冒进，农业、轻工业严重滞后，造成了国民经济比例更加失调的严重情况。针对国民经济比例失调的情况，1979 年 4 月召开的中共中央工作会议进行了纠正，提出对国民经济实行"调整、改革、整顿、提高"的方针，认真清理过去这方面长期存在的"左"倾错误影响。经过两年的努力，我国经济形势较快好转，国民经济的比例渐趋合理。

第三，农村改革率先取得突破。从 1978 年开始，安徽一些地方的基层干部和农民尝试冲破旧体制的限制，开始包干到组、包产到户，凤阳县小岗村生产队还创造了包干到户。此后，四川、甘肃、云南、广东等省份的一些地方也采取了类似的做法，揭开了农村经济改革的序幕。

邓小平对包产到户、包干到户的做法给予了充分肯定。针对党内与社会上一些担心这种生产模式会影响集体经济的看法，他指出："有的同志担心，这样搞会不会影响集体经济。我看这种担心是不必要的。我们总的方向是发展集体经济。实行包产到户的地方，经济的主体现在也还是生产队。这些地方将来会怎么样呢？可以肯定，只要生产发展了，农村的社会分工和商品经济发展了，低水平的集体化就会发展到高水平的集体化，集体经济不巩固的也会巩固起来。关键是发展生产力，要在这方面为集体化的进一步发展创造条件。"③ 1982 年，中共中央发出"一号文件"，指出包产到户、包干到户的制度都是社会主义集体经济的生产责任制，推动了以包产到户、包干到户为主要形式的家庭联产承包责任制在全国的推广，农村改革取得重大突破。

【问题思考】为什么改革开放是率先从农村开始的？

这是由我国的国情决定的。中国是一个农业大国，农村的发展状况对整个

---

① 中共中央文献研究室. 十一届三中全会以来党的历次全国代表大会中央全会重要文件选编：上［G］. 北京：中央文献出版社，1997：326.

② 黄一兵. 转折：当代中国改革开放启动实录［M］. 福州：福建人民出版社，2009：57.

③ 邓小平. 邓小平文选：第二卷［M］. 北京：人民出版社，1994：315.

中国事业的发展具有决定性的意义。改革开放前，我国农村存在严重的平均主义弊端，过于集中、管得过死等问题严重挫伤了农民的生产积极性，农业发展十分受限。截至1978年，全国仍然有2.5亿人口没有解决温饱问题。为了改变这种生产状况，必须在农村探索新的生产责任制，调动农民生产积极性，改善我国农业发展状况，进而为改革开放事业全局注入活力。

第四，城市经济体制改革逐步展开。在借鉴农村改革经验的基础上，城市经济体制的改革也逐步在全国推开。城市经济体制改革的重点是扩大企业自主权，即改变曾经按国家指令性计划生产的模式，由企业自主调研市场需要、拓宽产品销路，自主关心盈利亏损，增强企业的自主经营意识和市场意识。在扩大企业自主权的基础上，城市改革逐步推向经济责任制改革，增强了广大职工的主人翁态度。此外，商业流通体制改革与所有制改革也开始进行，在党中央、国务院的支持下，我国开启了以公有制为主体、多种经济形式并存的改革，集体经济、个体经济有了新的发展，还出现了全民、集体和个体联合经营共同发展的新经济形式。

第五，对外开放和兴办经济特区。为了给我国经济发展注入新动能，中共中央出台一系列政策，支持吸引和利用外资、兴办中外合资经营企业，中央权力下放，增强地方发展活力，大力兴办经济特区，实行特殊政策和灵活措施，促进特区经济发展。1980年8月，五届全国人大常委会第十五次会议批准广东、福建两省在深圳、珠海、汕头、厦门设置经济特区。这些经济特区开创了对外开放新天地，向世界展示了中国改革开放的磅礴伟力。

第六，政治体制改革开始启动。为吸取历史上党和国家政治生活中的经验教训，党中央开启了以民主制度化、法律化为主要内容的政治体制改革。一方面，审议并通过各项法律，包括地方各级人民代表大会和人民政府组织法、全国人民代表大会和地方各级人民代表大会选举法、刑法、诉讼法、人民法院组织法、人民检察院组织法、中外合资经营企业法，为我国社会主义民主制度化、法律化打下了坚实的法律基础。另一方面，在坚持党的领导的基础上，改革党和国家的领导制度，开展机构改革，实现干部领导班子精简化、年轻化。

在十一届三中全会后的三年多时间里，改革开放各项工作有序开展且取得积极成效，为党的十二大召开与中国特色社会主义的开创奠定了重要基础。

（二）九州一片艳阳天——开创中国特色社会主义新局面

党的十一届三中全会以来，我国实行改革开放实现了历史性的转折，在农村经济体制改革、城市经济体制改革相继启动，拨乱反正、对外政策调整等形势好转的背景下，改革开放和社会主义现代化建设全面展开，逐步开创了中国特色社会主义新局面。

1. 党的十二大与崭新命题的提出

1982年9月1日至11日，中国共产党第十二次全国代表大会在北京举行，邓小平主持大会开幕式，并致开幕词。邓小平提出："我们的现代化建设，必须从中国的实际出发……把马克思主义的普遍真理同我国的具体实际结合起来，走自己的道路，建设有中国特色的社会主义。"① "建设有中国特色的社会主义"，是改革开放后提出的崭新命题，这一命题为之后的发展指明了方向，使全党和全国人民明确了改革开放新时期应该走什么样的道路。

【拓展阅读】建设有中国特色的社会主义

人们提出这样一个问题，如果中国不搞社会主义，而走资本主义道路，中国人民是不是也能站起来，中国是不是也能翻身？让我们看看历史吧。国民党搞了二十几年，中国还是半殖民地半封建社会，证明资本主义道路在中国是不能成功的。中国共产党人坚持马克思主义，坚持把马克思主义同中国实际结合起来的毛泽东思想，走自己的道路，也就是农村包围城市的道路，把中国革命搞成功了。如果我们不是马克思主义者，没有对马克思主义的充分信仰，或者不是把马克思主义同中国自己的实际相结合，走自己的道路，中国革命就搞不成功，中国现在还会是四分五裂，没有独立，也没有统一。对马克思主义的信仰，是中国革命胜利的一种精神动力。建国以后，我们从旧中国接受下来的是一个烂摊子，工业几乎等于零，粮食也不够吃，通货恶性膨胀，经济十分混乱。我们解决吃饭问题，就业问题，稳定物价和财经统一问题，国民经济很快得到恢复，在这个基础上进行了大规模经济建设。靠的是什么？靠的是马克思主义，是社会主义。人们说，你们搞什么社会主义！我们说，中国搞资本主义不行，必须搞社会主义。如果不搞社会主义，而走资本主义道路，中国的混乱状态就不能结束，贫困落后的状态就不能改变。所以，我们多次重申，要坚持马克思主义，坚持走社会主义道路。但是，马克思主义必须是同中国实际相结合的马克思主义，社会主义必须是切合中国实际的有中国特色的社会主义。

——中共中央党史和文献研究院. 全面建成小康社会重要文献选编：上 [M]. 北京：人民出版社，2022：90.

---

① 邓小平. 邓小平文选：第三卷 [M]. 北京：人民出版社，1993：3.

除了提出崭新命题，党的十二大还有两大重要贡献。其一，明确了新的历史时期的总任务，即团结全国各族人民，自力更生，艰苦创业，逐步实现工业、农业、国防和科学技术现代化，把我国建设成为高度文明、高度民主的社会主义国家。大会将20世纪末的奋斗目标从实现四个现代化修改为实现小康，在战略层面解决了以往存在的急于求成的问题，为改革开放新时期的发展提供了更加科学的战略指导。其二，明确提出努力建设高度的社会主义精神文明和高度的社会主义民主的战略方针。大会强调，社会主义精神文明是社会主义制度优越性的重要表现，建设社会主义物质文明与精神文明都需要社会主义民主提供保证，社会主义民主建设又必须与社会主义法制建设紧密结合。这一任务的提出，体现出中国共产党对社会主义现代化建设的认知深化，丰富和发展了科学社会主义理论。

2. 改革重点从农村转向城市

党的十二大以后，经济体制改革全面展开，农村改革持续深入。1982年至1984年，党中央不断采取政策，为家庭联产承包责任制保驾护航。到1987年，全国98%的农户实现了家庭联产承包责任制，从根本上动摇了以往"三级所有、队为基础"和"政社合一"的人民公社体制，广大农民的生产积极性得以解放，农业生产得到极大发展。1982年，新宪法设立乡政府作为基层政权，普遍成立村民委员会作为群众性自治组织。在新宪法的规定下，全国开展了基层政权重构，到1984年，全国基本完成政社分开，彻底结束了实行了20多年的人民公社制度。1985年，党中央改革农村统购统销制度，开始实行合同收购和市场收购，将农村经济纳入了商品经济的轨道。随着农村经济的发展，大批富余劳动力从农业转移到工业和加工业。到1987年，全国乡镇企业的生产总值首次超过了农业生产总值，农村经济改头换面。

随着农村改革的深入推进，我国的改革重点逐渐从农村转移到城市。1984年10月，党的十二届三中全会通过《中共中央关于经济体制改革的决定》，指出我国的社会主义经济是在公有制基础上的有计划的商品经济。尽管《决定》用"计划"一词限制了我国经济体制的性质，但是却首次提出要搞"商品经济"，突破了过去将计划经济与商品经济对立的观点，承认了市场的作用。会后，我国经济体制改革的重点转移到城市，开启了以增强全民所有制企业活力为中心环节的城市改革。

【问题思考】为什么十二届三中全会以后，我国的改革重点从农村转向了城市？

【拓展阅读】关于经济体制改革的决定

我国经济体制改革首先在农村取得了巨大成就。长期使我们焦虑的农业生产所以能够在短时期内蓬勃发展起来，显示了我国社会主义农业的强大活力，根本原因就在于大胆冲破"左"的思想束缚，改变不适应我国农业生产力发展的体制，全面推行了联产承包责任制，发挥了八亿农民的巨大的社会主义积极性。目前农村的改革还在继续发展，农村经济开始向专业化、商品化、现代化转变，这种形势迫切要求疏通城乡流通渠道，为日益增多的农产品开育的不断增长的需求。农村改革的成功经验，农村经济发展对城市的要求，为以城市为重点的整个经济体制的改革提供了极为有利的条件。

这几年以城市为重点的整个经济体制改革也已经进行了许多试验和探索，采取了一些重大措施，取得了显著成效和重要经验，使经济生活开始出现了多年未有的活跃局面。但是城市改革还只是初步的，城市经济体制中严重妨碍生产力发展的种种弊端还没有从根本上消除。目前，城市企业经济效益还很低，城市经济的巨大潜力还远远没有挖掘出来，生产、建设和流通领域中的种种损失和浪费还很严重，加快改革是城市经济进一步发展的内在要求。城市是我国经济、政治、科学技术、文化教育的中心，是现代工业和工人阶级集中的地方，在社会主义现代化建设中起着主导作用。只有坚决地系统地进行改革，城市经济才能兴旺繁荣，才能适应对内搞活、对外开放的需要，真正起到应有的主导作用，推动整个国民经济更好更快地发展。

——中共中央关于经济体制改革的决定 [M]. 北京：人民出版社，1984：4—5.

改革重点从农村转移到城市，一方面是因为农村改革颇有成效，人民公社制度不复存在，农村经济发生了历史性变化，迫切需要疏通城乡流通渠道，这便对城市改革提出了新要求。另一方面，过去几年的城市改革尚未消除城市经济体制的严重弊端，城市经济潜力尚未完全挖掘。而农村改革的显著成效为城市改革提供了诸多经验，为开展以城市为重心的经济体制改革奠定了基础。正如《中共中央关于经济体制改革的决定》中提到的，城市在社会主义现代化建设中起着主导作用，面对加快城市改革的急迫诉求、农村改革储备的经验基础，作出改革重心向城市转移的决定是必要且符合形势需求的。

3. 社会主义初级阶段理论、党的基本路线与"三步走"发展战略

1987 年 10 月 25 日至 11 月 1 日，中国共产党第十三次全国代表大会在北京举行。这次大会阐述了社会主义初级阶段理论，明确提出了社会主义初级阶段的基本路线。

社会主义初级阶段理论是马克思主义中国化进程中的一大重要理论创新，它准确界定了中国社会主义建设所处的阶段，为党的路线、方针、政策的制定提供了根本依据。早在 1981 年，《关于建国以来党的若干历史问题的决议》就已明确指出"我国的社会主义制度还是处于初级的阶段"。在党的十三大上，社会主义初级阶段理论得以系统阐述，昭示着一个社会主义建设崭新时代的到来。

党的十三大指出："正确认识我国社会现在所处的历史阶段，是建设有中国特色的社会主义的首要问题，是我们制定和执行正确的路线和政策的根本依据。对这个问题，我们党已经有了明确的回答：我国正处在社会主义的初级阶段。这个论断，包括两层含义。第一，我国社会已经是社会主义社会。我们必须坚持而不能离开社会主义。第二，我国的社会主义社会还处在初级阶段。我们必须从这个实际出发，而不能超越这个阶段。"① 这一论断既强调了我国的社会主义属性，又指明了我国生产力水平较为落后的实际，是中国共产党在深刻把握国情的基础上作出的审慎论断。根据这一论断，大会指出党的基本路线是："领导和团结全国各族人民，以经济建设为中心，坚持四项基本原则，坚持改革开放，自力更生，艰苦创业，为把我国建设成为富强、民主、文明的社会主义现代化国家而奋斗。"② 这一路线概括起来就是"一个中心，两个基本点"，这是一个相互依存、相互贯通的统一体，共同构成了中国特色社会主义的建设实践。其中，"以经济建设为中心"是为了解放和发展生产力，以便更好地建设社会主义；"坚持四项基本原则"是在发展经济的过程中必须坚持的立国之本，是社会主义建设的政治基础；"坚持改革开放"是整个社会主义初级阶段必须坚持的总方针。这个基本路线逻辑严密，环环相扣，是党和国家的生命线、人民的幸福线。

随着改革开放的不断深入，邓小平对经济发展战略的思考不断趋于成熟。1987 年 4 月，邓小平在会见西班牙外宾时明确提出"三步走"现代化战略设想，这一设想在党的十三大上得以正式确认。党的十三大擘画的"三步走"发展战略是：第一步，实现国民生产总值比 1980 年翻一番，解决人民的温饱问题，这

① 中共中央党史和文献研究院. 全面建成小康社会重要文献选编：上 ［G］. 北京：人民出版社，2022：168.

② 中共中央党史和文献研究院. 全面建成小康社会重要文献选编：上 ［G］. 北京：人民出版社，2022：171.

个任务已经基本实现；第二步，到 20 世纪末，使国民生产总值再增长一倍，人民生活达到小康水平；第三步，到 21 世纪中叶，人均国民生产总值达到中等发达国家水平，人民生活比较富裕，基本实现现代化。

"三步走"发展战略，是中国共产党对中国未来发展的科学谋划，它既展现了中国共产党克服历史上急于求成的"左"的错误，坚持从实际出发、遵循客观规律的科学精神，又体现了中国共产党以人民为中心、勇于进取的雄心壮志。"三步走"发展战略的提出，为中国社会主义现代化建设的目标、步骤提供了指南，对中国未来几十年的发展具有深远影响。

4. 其他环节的有序推进

党的十一届三中全会以来，除了经济层面的改革开放实践在不断深入推进，其他环节也在有序推进，具体包括加强和改善党的领导、国防战略的转变、祖国统一的创造性方针以及外交政策的调整。这些环节的有序推进，与经济建设同向同行，共同构成了改革开放与社会主义现代化建设的繁荣画卷。

第一，加强和改善党的领导，这是为了提升中国共产党的领导力，保证改革开放的航向正确。为此，1980 年 2 月，党的十一届五中全会通过《关于党内政治生活的若干准则》，细化党章有关规定与民主集中制的原则，为保证改革开放和现代化建设顺利进行发挥了重要作用。另外，为了保证改革开放和社会主义现代化建设的领导班子能担大任，党中央进行了干部队伍"四化"建设，即革命化、年轻化、知识化、专业化。党的十二大将干部的"四化"写进党章，以求推动干部新老交替和干部队伍结构的改善，保证了党的事业具有坚实的干部队伍保障。此外，党中央开始了全面的整党运动，在思想、作风、组织、纪律等方面加以整顿。整党的任务是：统一思想，纠正一切违反四项基本原则、违反十一届三中全会以来党的路线的"左"的和右的错误倾向；整顿作风，纠正各种利用职权谋取私利的行为；加强纪律，坚持民主集中制的组织原则，改变党组织的软弱涣散状况；纯洁组织，把坚持反对党、危害党的分子清理出去。通过全面整党，中国共产党进一步提高了党的纯洁性，强化了执政能力，积累了新时期正确处理党内矛盾的问题和经验。

第二，国防战略的转变，这是为了与国情世情保持一致，使工作重心服务改革开放大局。党的十一届三中全会以后，我国军事方针实现了由"积极防御、诱敌深入"向"积极防御"的转变。这一转变，得益于国际国内形势的变化。十一届三中全会以后，中国坚持全方位对外开放，此时坚持"诱敌深入"方针，会为某些国家宣传中国"好战"提供素材。最重要的是，经过一段时间的改革开放，我国的经济有了极大发展，沿海更是成为对外开放的窗口。如果我们仍然采取"诱敌深入"的办法，则无法应对外敌从东南沿海城市登陆，我国的对外窗口则将很快就会陷入敌手。这样，我国的经济命脉将会遭受重创，不利于我军积蓄反攻力量。[①] 1981 年 9 月，邓小平明确提出建设强大的现代化、正规化革命军队的总目标。1985 年五六月间，中央军委提出对军队建设指导思想实行战略性重大转变，即把军队工作从立足于"早打、大打、打核战争"的临战准备状态真正转入和平时期建设轨道。会议作出减少军队员额 100 万的决策，通过《军队体制改革、精简整编方案》。1985 年下半年至 1987 年初，百万大裁军基本完成。1988 年，开始实行新的军衔制度，建立文职干部制度。人民解放军正规化建设迈出新步伐。

第三，"一国两制"方针的形成与外交方针政策的对外调整，这是为了我国的统一大业，以及打造一个有利于改革开放和社会主义现代化建设的外部环境。1982 年 1 月，邓小平首次提出"一个国家，两种制度"的概念。1983 年 6 月，邓小平进一步充实了"一国两制"的构想。这一构想首先被用于解决香港、澳门回归祖国问题。1997 年 7 月 1 日，中国政府对香港恢复行使主权，1999 年 12 月 20 日，中国政府对澳门恢复行使主权。香港、澳门问题的初步实践，证明了"一国两制"方针的创造性、可行性，在国际社会产生了巨大的影响。此外，中国外交政策也在不断调整。一是提出"和平与发展是当代世界的两大问题"，二是改变过去联美抗苏"一条线"战略。党的十二大报告郑重提出，中国坚持独立自主的对外开放政策，按照独立自主、完全平等、互相尊重、互不干涉内部事务的原则处理党际关系。1986 年 4 月，六届全国人大四次会议批准的《关于第七个五年计划的报告》，详细阐述了中国独立自主和平外交政策的主要内容与基本原则，强调反对任何形式的霸权主义，也不以社会制度和意识形态来决定亲疏、好恶。随着外交政策的调整，1989 年 5 月，破裂了 20 余年的中苏关系实现正常化，同中国建交的国家达 137 个，初步形成了和平有利的外部环境，为改革开放和现代化建设提供了有利的环境基础。

5. 在风险考验中继续前进

改革开放不是一帆风顺的，在前进过程中也会遭遇风险挑战。1989 年春夏之交，我国发生了严重的政治风波，甚至在北京地区还形成了严重的反革命暴乱。面对这场动乱，中共中央政治局在邓小平和其他老一辈革命家坚决有力的支持下，依靠人民，旗帜鲜明地反对政治动乱，在 6 月 4 日一举平息了北京地

---

① 夏明星 . 改革开放以来中国军事战略方针调整探微 [J]. 党史博采，2021（03）：23—27.

区的反革命暴乱。这场政治风波引起了国内一些思想混乱，国内国际产生了中国向哪个方向发展、走哪条道路的疑问。针对这些问题，6月9日，邓小平作出了明确回答。他强调了这场风波产生的必然性，指出极少数敌对势力反对共产党、反对社会主义的目的"是要建立一个完全西方附庸化的资产阶级共和国"①。他强调，党的十一届三中全会制定的路线方针政策没有错；党的十三大概括的"一个中心、两个基本点"的基本路线没有错。我们制定的基本路线方针政策，照这样干下去，坚定不移地干下去。邓小平的重要讲话，总结了改革开放十年来的经验教训，为中国的改革发展指明了正确方向。

1989年6月，党的十三届四中全会召开，对这场政治风波的性质和原因进行分析，初步总结了经验教训，且对中央领导机构成员进行调整。赵紫阳在党内的一切领导职务被撤销，江泽民当选中共中央委员会总书记。江泽民指出，坚定不移、毫不动摇、全面执行、一以贯之党的十一届三中全会的路线与基本政策。中国共产党最终经受住了风险考验，在党的十一届四中全会后稳住了改革开放大局。

（三）改革胸怀接千载——中国特色社会主义的跨世纪发展

党的十三届四中全会以后，以江泽民同志为主要代表的中国共产党人，团结带领全党全国各族人民，坚持党的基本理论、基本路线，加深了对什么是社会主义、怎样建设社会主义和建设什么样的党、怎样建设党的认识，形成了"三个代表"重要思想，在国内外形势十分复杂、世界社会主义出现严重曲折的严峻考验面前捍卫了中国特色社会主义，确立了社会主义市场经济体制的改革目标和基本框架，确立了社会主义初级阶段公有制为主体、多种所有制经济共同发展的基本经济制度和按劳分配为主体、多种分配方式并存的分配制度，开创全面改革开放新局面，推进党的建设新的伟大工程，成功把中国特色社会主义推向21世纪。

1. 南方谈话与党的十四大开创改革开放新局面

苏联解体、东欧剧变，使世界社会主义运动遭受重创。一时间，"历史终结论"甚嚣尘上。在我国，一些人对改革开放产生了怀疑，对社会主义的前途丧失了信心。此外，世界多极化格局的发展以及经济全球化进程的加快，又给我国发展提供了一定的机遇。能否坚持党的基本路线不动摇，迎接挑战、抓住机遇、加快发展，把改革开放和社会主义现代化建设继续推向前进，成为中国共产党人必须回答和解决的重大课题。

---

① 邓小平. 邓小平文选：第三卷 [M]. 北京：人民出版社，1993：303.

【案例呈现】福山的"历史终结论"

20世纪80年代末90年代初国际风云突变，世界上第一个社会主义国家解体了，东欧一批社会主义国家易帜了，标志着东方社会主义与西方资本主义隔绝的"柏林墙"突然被推倒，与西方资本主义世界尖锐对峙的社会主义阵营顷刻瓦解。西方资本主义政要与右翼知识分子如释重负，一片欢腾。他们急需要用一种理论来表述呈现在面前的资本主义的胜利和社会主义的失败，来反映他们对西方资本主义前途的乐观情绪。弗朗西斯·福山的"历史终结论"正是在这样一种历史景下推出来的。

福山先是在美国《国民利益》杂志上发表《历史的终结？》的文章，随后又在文章的基础上扩展为《历史的终结和最后的人》的著作加以出版。文章发表后，马上引起轰动，各种评论文章见之于西方世界的报纸杂志。著作推出之后更是引起广泛关注，被译成14种文字同时推向整个世界。显然，福山在这个时候推出这一理论，根本目的是要在理论上概括和总结资本主义所取得的这场空前的胜利，即要借用苏东社会主义模式失败的"事实"来证明"自由民主的理念已无可匹敌，历史的演进进程业已完成"。而这一理论之所以产生如此大的影响，也主要缘于这一理论满足了西方的政要和右翼知识分子的"需求"，反映了他们的心声。西方政要和右翼知识分子愿意把眼前所发生的一系列事件看成是西方自由民主制的最后的决定性胜利。福山把他们的这种愿望充分地表达了出来。福山认为，20世纪80年代以来世界上所发生的一系列重大事件具有根本的性质，即千万不能仅仅看为冷战的结束，而应视为是历史本身的终结。这些事件已无可怀疑地向人们表明了西方和西方思想的重大胜利，表明西方政治自由主义和经济自由主义的重大胜利，表明西方的自由民主制度和市场经济制度的重大胜利。他进一步强调，西方资本主义制度的重大胜利更是意味着时至今日人类所面临的真正大问题都已经一劳永逸地解决了。他这样说道："历史的终结并不是说生老病死这一自然循环会终结。也不是说重大事件不会发生了或者报道重大事件的报纸从此销声匿迹了，确切地说，它是指构成历史最基本的原则和制度不可能再进步了，原因在于，所有的真正大问题都已经得到解决。"

——陈学明，李先悦.福山的"历史终结论"的终结说明了什么［J］.马克思主义理论学科研究，2017（01）：95—109.

1992年1月18日至2月21日，邓小平先后视察武昌、深圳、珠海、上海等地，发表重要谈话。邓小平的南方谈话，全面解答了国内关于改革开放和社会主义前途的疑问，成为中国改革开放史上极为重要的一次思想解放。

关于要不要推进改革开放，如何推进改革开放，邓小平指出，革命是解放生产力，改革也是解放生产力。不坚持社会主义，不改革开放，不发展经济，不改善人民生活，只能是死路一条。他指出，改革开放要敢于试验，看准了的，就大胆地试，大胆地闯。判断姓"社"姓"资"，应该以"三个有利于"为标准，即否有利于发展社会主义社会的生产力，是否有利于增强社会主义国家的综合国力，是否有利于提高人民的生活水平。

关于社会主义的本质，邓小平指出，社会主义的本质，是解放生产力，发展生产力，消灭剥削，消除两极分化，最终达到共同富裕。邓小平强调，社会主义与资本主义的本质区别，不在于是计划经济还是市场经济，计划和市场都是经济手段，资本主义也有计划，社会主义也有市场。社会主义要在与资本主义的比较中获得优势，必须吸收和借鉴世界各国包括资本主义发达国家的文明成果、经营方式、管理方法。

关于我国的发展路线问题，邓小平强调，基本路线要管一百年，动摇不得。邓小平认为，发展才是硬道理，而关键是发展经济，科学技术是第一生产力，我们应抓住一切有利于我国经济和科技发展的机遇。解决中国的发展问题，就要坚持党的十一届三中全会以来的路线、方针、政策，关键是坚持"一个中心、两个基本点"。

关于党的建设问题，邓小平指出，中国要出问题，还是出在共产党内部。对这个问题要清醒，要注意培养人。要坚持两手抓，一手抓改革开放，一手抓打击各种犯罪活动。这两只手都要硬。在整个改革开放过程中都要反对腐败。

面对国内因东欧剧变产生的低潮，邓小平指出：我坚信，世界上赞成马克思主义的人会多起来的，因为马克思主义是科学。一些国家出现严重曲折，社会主义好像被削弱了，但人民经受锻炼，从中吸取教训，将促使社会主义向着更加健康的方向发展。不要惊慌失措，不要认为马克思主义就消失了，没用了，失败了。他强调，我们搞社会主义才几十年，还处在初级阶段。巩固和发展社会主义制度，还需要一个很长的历史阶段，需要我们几代人、十几代人，甚至几十代人坚持不懈地努力奋斗，决不能掉以轻心。

邓小平的南方谈话，从理论上深刻回答了长期困扰和束缚人们思想的许多重大问题，是把改革开放和现代化建设推向新阶段的又一个解放思想、实事求是的宣言书，不仅对即将召开的党的十四大具有十分重要的指导作用，而且对中国整个社会主义现代化建设事业具有重大而深远的意义。

邓小平南方谈话之后，中国的改革开放如何迈出新的步伐，国内外十分关注。在指导起草党的十四大报告过程中，江泽民在 1992 年 6 月提出，对高度集中的计划经济体制进行根本性的改革势在必行，不然就不可能实现我国的现代化。根据邓小平南方谈话精神，他明确提出使用"社会主义市场经济体制"这个提法，为中共十四大召开做了重要的思想理论准备。

1992 年 10 月 12 日至 18 日，中国共产党第十四次全国代表大会在北京举行。大会作出了三项具有深远意义的决策：抓住机遇，加快发展，集中精力把经济建设搞上去；确定我国经济体制改革的目标是建立社会主义市场经济体制；提出用邓小平建设有中国特色社会主义理论武装全党的任务。大会审议通过了报告和《中国共产党章程（修正案）》。新党章写入邓小平同志建设有中国特色社会主义的理论和在这个理论指导下制定的党的"一个中心、两个基本点"的基本路线及一系列方针，并对党的工作和党的建设提出了切合实际的新要求。

以邓小平南方谈话和党的十四大为标志，改革开放和现代化建设事业进入从计划经济体制向社会主义市场经济体制转变的新阶段，由此打开了中国经济、政治、文化发展的崭新局面。

1993 年 11 月召开的党的十四届三中全会，通过了《中共中央关于建立社会主义市场经济体制若干问题的决定》，将党的十四大提出的社会主义市场经济体制改革的目标和基本原则具体化，进一步勾画了建立社会主义市场经济体制的基本框架：在坚持以公有制为主体、多种经济成分共同发展的基础上，建立现代企业制度、全国统一开放的市场体系、完善的宏观调控体系、合理的收入分配制度和多层次的社会保障制度。我国经济体制改革开始向着建立社会主义市场经济体制的目标整体性推进。

2. 将中国特色社会主义推向 21 世纪

1997 年 2 月 19 日，中国社会主义改革开放和现代化建设的总设计师邓小平逝世。邓小平逝世后，国内外密切关注中国今后的道路问题。中国能否沿着中国特色社会主义道路继续前行，成为中国共产党必须回答的重大时代课题。

同年 9 月 12 日至 18 日，中国共产党第十五次全国代表大会在北京举行。大会的主题是：高举邓小平理论伟大旗帜，把建设有中国特色社会主义事业全面推向 21 世纪。大会首次使用"邓小平理论"概念，提出了社会主义初级阶段的基本纲领，规划了跨世纪发展的战略部署，成为承前启后、继往开来、确保党在新世纪继续沿着党的十一届三中全会以来正确道路与基本路线胜利前进的大会。

大会将邓小平理论同马克思列宁主义、毛泽东思想一道确立为中国共产党的指导思想，并写入修改后的《中国共产党章程》。大会指出，邓小平理论围绕

"什么是社会主义、怎样建设社会主义"这个根本问题，第一次比较系统地回答了建设有中国特色社会主义的一系列基本问题。这一理论的主要创立者是邓小平，故将其称为邓小平理论。邓小平理论是指导中国人民在改革开放中胜利实现社会主义现代化的正确理论，是中国特色社会主义理论体系的开篇之作。在跨越世纪的新征程上，全党全国人民必须坚定不移地高举邓小平理论伟大旗帜，将中国特色社会主义全面推向21世纪。

大会提出了社会主义初级阶段的基本纲领，即中国特色社会主义的经济、政治、文化以及相关的具体要求。江泽民在大会的报告中指出："上述建设有中国特色社会主义的经济、政治、文化的基本目标和基本政策，有机统一，不可分割，构成党在社会主义初级阶段的基本纲领。这个纲领，是邓小平理论的重要内容，是党的基本路线在经济、政治、文化等方面的展开，是这些年来最主要经验的总结。"[①]

大会规划了跨世纪发展的战略部署，在党的十三大"三步走"战略的第二步目标即将实现之际，对第三步目标该如何实现进行了详细的规划，并形成了新的"三步走"发展战略，即21世纪第一个十年实现国民生产总值比2000年翻一番，使人民的小康生活更加宽裕，形成比较完善的社会主义市场经济体制；再经过十年的努力，到中国共产党成立一百年时，使国民经济更加发展，各项制度更加完善；到21世纪中叶中华人民共和国成立一百年时，基本实现现代化，建成富强民主文明的社会主义国家。

党的十五大是世纪之交召开的一次重要会议，这次会议后，党带领全国各族人民高举马克思列宁主义、毛泽东思想和邓小平理论伟大旗帜，以更加积极的姿态走向世界，改革开放和社会主义现代化建设不断深入推进，为中国特色社会主义事业的跨世纪发展奠定了雄厚的政治、思想与经济基础。

【案例呈现】党的十五大后我国各项事业的发展

在迈向新世纪的征途上，全党按照十五大确定的发展部署，坚定地推进改革开放和现代化建设，在纷繁复杂的国际国内条件下，面对来自经济、政治和自然界等方面的严峻挑战，取得了一系列重大胜利。

1997年下半年，东南亚国家爆发金融危机，很快波及整个亚洲和世界其他地区，造成国际金融市场持续动荡，世界经济受到严重冲击。由于国

---

① 本书编写组. 中国共产党第十五次全国代表大会文件汇编 [G]. 北京：人民出版社，1997：20.

际市场萎缩等因素，我国外贸进出口总额呈下降趋势，经济建设遇到严重困难。面对这一冲击，党中央当即提出"坚定信心，心中有数，未雨绸缪，沉着应付，埋头苦干，趋利避害"的指导方针，果断采取扩大国内需求的措施，实施积极的财政政策和稳健的货币政策，决定由中央财政向商业银行增发长期建设国债，增加投资，加强基础设施建设；同时，增加中低收入者的收入，改善人民生活；并采取出口退税、打击走私等措施，千方百计增加出口，从多方面拉动经济增长。这些对策很快见效，1997 年后，经济持续增长，人民生活相应改善，外贸出口从 1999 年下半年开始大幅度回升，国家外汇储备增加。在周边许多国家因这场危机而出现经济衰退、货币大幅度贬值的情况下，中国实现了人民币不贬值的承诺，为缓解这场影响全球的风暴承担了风险，付出了代价，作出了积极贡献。全世界都看到，中国的确是一个负责任的大国，是一个不可缺少的重要稳定因素。中国的国际地位和威望进一步提高。

伴随亚洲金融危机的冲击，1998 年夏，我国又遇到一场历史罕见的特大洪涝灾害。长江、嫩江、松花江发生超历史纪录的特大洪水。珠江流域的西江和福建闽江也一度发生大洪水。受灾人口达二亿二千三百万。面对特大洪水的袭击，党中央和国务院审时度势，正确判断，周密部署。党和国家领导人多次亲临抗洪第一线，各级领导干部纷纷奔赴现场，同广大军民一道顽强奋战。人民解放军和武警部队出动三十余万官兵参加抗洪斗争，起到了中流砥柱的作用。全国上下万众一心，军民协同作战，终于夺取抗洪抢险斗争的全面胜利。

1999 年，党中央还统揽全局，针对国内外一系列突发事件，领导全国人民及时果断地进行了三项重大政治斗争：一是针对以李登辉为首的台湾分裂势力公开将两岸关系界定为"特殊的国与国关系"，组织全国各界开展对"两国论"的批判；二是针对少数人利用"法轮功"蛊惑人心，破坏社会稳定的事件，及时发动社会各界揭批"法轮功"歪理邪说，取缔"法轮功"邪教组织，维护了社会稳定；三是针对以美国为首的北约集团轰炸我驻南斯拉夫使馆的野蛮行径，开展坚决斗争，维护了国家主权和民族尊严。

上述胜利的取得和一系列重大斗争的开展，充分显示了社会主义制度的优越性和党中央驾驭全局、解决复杂问题的能力，使党和人民在推进改革开放和现代化建设，实现跨世纪发展奋斗目标的道路上更加充满信心。

——本书编写组. 中华人民共和国简史 [M]. 北京：人民出版社、当代中国出版社，2021：214—216.

3. 新形势下中国特色社会主义的深入推进

在推进中国特色社会主义伟大事业的进程中，以江泽民同志为主要代表的中国共产党人，面对发展面临的新机遇与新问题，科学分析国内外具体形势，创造性地回答了建设什么样的党、怎样建设党的问题，形成了"三个代表"重要思想，继承、丰富、发展了马克思列宁主义、毛泽东思想、邓小平理论。"三个代表"重要思想的主要内容是：中国共产党始终代表中国先进生产力的发展要求，代表中国先进文化的前进方向，代表中国最广大人民的根本利益。这一思想为新世纪发展中国特色社会主义提供了新的理论指南，也为党的十六大召开奠定了思想基础。

2002 年 11 月 8 日至 14 日，中国共产党第十六次全国代表大会在北京举行。江泽民作《全面建设小康社会，开创中国特色社会主义事业新局面》的报告。大会将"三个代表"重要思想写入党章，确定了全面建设小康社会的奋斗目标。

大会指出，"三个代表"重要思想是对马克思列宁主义、毛泽东思想和邓小平理论的继承和发展，反映了当代世界和中国的发展变化对党和国家工作的新要求，是加强和改进党的建设、推进我国社会主义自我完善和发展的强大理论武器，是全党集体智慧的结晶，是党必须长期坚持的指导思想。始终做到"三个代表"，是我们党的立党之本、执政之基、力量之源。

大会认为，经过长期的努力，我国人民生活总体上达到小康水平。但目前的小康水平还有待提升，是低水平、不全面、发展很不平衡的小康，还需要进行长时期的艰苦奋斗。大会提出，21 世纪头 20 年，对我国来说，是一个必须紧紧抓住并且可以大有作为的重要战略机遇期。我国要在 21 世纪头 20 年，集中力量，全面建设惠及十几亿人口的更高水平的小康社会。经过这个阶段的建设，再继续奋斗几十年，到 21 世纪中叶基本实现现代化，把我国建成富强民主文明的社会主义国家。大会还从经济、政治、文化等方面提出了全面建设小康社会的目标，国内生产总值到 2020 年力争比 2000 年翻两番。

党的十六大是 21 世纪首次召开的党的全国代表大会，科学回答了新世纪我国举什么旗、走什么路的问题。会后，全国各族人民在中国共产党的领导下，高举马克思列宁主义、毛泽东思想、邓小平理论和"三个代表"重要思想伟大旗帜，踏上了全面建设小康社会的新征程。

在推进全面建设小康社会的新征程上，中国共产党结合实践经验与面对的新问题，又一次实现了理论创新，创造性地提出了科学发展观。2003 年 8 月底 9 月初，胡锦涛在江西考察时首次提出"科学发展观"概念。同年 10 月，党的十六届三中全会第一次在党的正式文件中完整地提出了科学发展观，强调坚持以人为本，树立全面、协调、可持续的发展观，促进经济社会和人的全面发展。科学发展观提出后，在实践中不断深化，内涵日渐丰富。在党的十七大上，科学发展观被认定为中国特色社会主义理论体系重大创新成果，并被写进党章。

2007 年 10 月 15 日至 21 日，中国共产党第十七次全国代表大会在北京举行。会上，胡锦涛作题为《高举中国特色社会主义伟大旗帜，为夺取全面建设小康社会新胜利而奋斗》的报告。大会首次提出中国特色社会主义理论体系的概念并作了概括，对实现全面建设小康社会作出全面部署，大会审议通过《中国共产党章程（修正案）》。

大会提出，"中国特色社会主义理论体系，就是包括邓小平理论、'三个代表'重要思想以及科学发展观等重大战略思想在内的科学理论体系。"[1] 大会强调，这一理论体系，是马克思主义中国化最新成果，也是不断发展的开放的理论体系。在当代中国，我们要坚持中国特色社会主义理论体系，使中国特色社会主义道路越走越宽广。

大会对全面建设小康社会作出了新部署，使其目标更全面、内涵更丰富、要求更具体。大会指出，要增强发展协调性，努力实现经济又好又快发展；要扩大社会主义民主，更好保障人民权益和社会公平正义；要加强文化建设，明显提高全民族文明素质；要加快发展社会事业，全面改善人民生活；要建设生态文明，基本形成节约能源资源和保护生态环境的产业结构、增长方式、消费模式。要从政治、经济、文化、社会、生态五大方面加强建设，为实现全面建设小康社会奋斗目标打下牢固基础。

大会审议通过《中国共产党章程（修正案）》。党章修正案增写了中国特色社会主义事业总体布局，全面推进经济建设、政治建设、文化建设、社会建设；党的中央和省、自治区、直辖市委员会实行巡视制度；党的干部要树立正确政绩观等内容。

党的十七大在新的历史起点上，对我国特色社会主义道路怎么走的问题作出了更为细致的谋划，提出全面建设小康社会奋斗目标的新要求，为夺取全面建设小康社会新胜利、在新形势下更好地坚持中国特色社会主义、不断开创中国特色社会主义事业新局面提供了根本保证。

经过多年的奋斗，从改革开放到中国特色社会主义的开创，再到中国特色社会主义的接续发展，我国各方面取得了巨大的历史成就。经济发展实现跨越，

---

[1] 中共中央党史和文献研究院. 全面建成小康社会重要文献选编：上［G］. 北京：人民出版社，2022：576.

国家经济实力大幅增强；自主创新能力得到加强，国家科技实力明显提高；民生事业蓬勃发展，人民生活大幅改善；逐渐形成全方位、多层次、宽领域的对外开放格局。改革开放和社会主义现代化建设的巨大进展表明，改革开放是决定当代中国前途命运的关键一招，也是决定实现"两个一百年"奋斗目标、实现中华民族伟大复兴的关键一招，是当代中国发展进步的活力之源，是党和人民事业大踏步赶上时代的重要法宝，是坚持和发展中国特色社会主义的必由之路。

三、专题小结

改革开放是党和人民大踏步赶上时代的重要法宝，是坚持和发展中国特色社会主义的必由之路，是决定当代中国命运的关键一招。中国特色社会主义是党和人民多年来奋斗创造积累的根本成就，必须倍加珍惜，始终坚持，不断发展。在改革开放一以贯之的接力探索中，我们党坚定不移高举中国特色社会主义伟大旗帜，不走封闭僵化的老路，也不走改旗易帜邪路。

习近平总书记在十九届中央政治局常委同中外记者见面时的讲话中指出："改革开放是决定当代中国命运的关键一招，40 年的改革开放使中国人民生活实现了小康，逐步富裕起来了。我们将总结经验、乘势而上，继续推进国家治理体系和治理能力现代化，坚定不移深化各方面改革，坚定不移扩大开放，使改革和开放相互促进、相得益彰。我坚信，中华民族伟大复兴必将在改革开放的进程中得以实现。"①

四、推荐阅读

1. 邓小平. 解放思想，实事求是，团结一致向前看［A］. 中共中央党史和文献研究院. 全面建成小康社会重要文献选编：上［G］. 北京：人民出版社，2022.

2. 江泽民. 在庆祝中国共产党成立八十周年大会上的讲话［M］. 北京：人民出版社，2001.

3. 胡锦涛. 在纪念党的十一届三中全会召开 30 周年大会上的讲话［M］. 北京：人民出版社，2008.

4. 习近平. 在庆祝改革开放 40 周年大会上的讲话［M］. 北京：人民出版社，2018.

----

① 胡果、刘志强、王珂. 改革开放是决定当代中国命运的关键一招［N］. 人民日报，2022-9-13（01）.

专题十一 "中国特色社会主义进入新时代，这是我国发展新的历史方位"

——全面把握中国特色社会主义进入新时代

一、教学说明

（一）教学目标

1. 知识目标：掌握新时代的内涵及依据；十八大以来党和国家事业取得的历史性成就和历史性变革；熟悉习近平新时代中国特色社会主义思想是马克思主义中国化最新成果；了解新时代如何一以贯之地发展中国特色社会主义。

2. 能力目标：学会运用辩证唯物主义和历史唯物主义的观点方法，提升学生分析和解决问题的能力；学会正确分析国内外政治现象，坚定自身政治立场，提升抵制西方不良价值观渗透的能力。

3. 价值目标：引导新时代大学生为实现中国梦贡献自己的力量，自觉投身于新时代中国特色社会主义的伟大实践。

（二）教学重点与难点

重点：深入把握中国特色社会主义进入新时代的内涵及依据；把握新时代取得重大成就的原因、意义及历史地位。

难点：正确理解中国如何开启全面建设社会主义现代化国家的新征程。

（三）教学方法

综合运用案例式、启发式和讨论式教学方法，辅以视频演示、智慧平台互动等教学手段，并挖掘地方史资源应用于教学。

（四）学时安排

2 学时

（五）主要参考资料

1. 本书编写组. 中国近现代史纲要［M］. 北京：高等教育出版社，2023.

2. 中共中央党史和文献研究院. 中国共产党的一百年：第四卷［M］. 北京：中共党史出版社，2022.

3. 中共中央宣传部. 习近平新时代中国特色社会主义思想学习纲要［M］. 北京：学习出版社、人民出版社，2023.

二、教学内容

党的十一届三中全会以来，我国开启了改革开放和社会主义现代化建设新时期，中国特色社会主义逐渐成为我国重点的理论与实践课题。2017 年，党的十九大报告明确提出了中国发展新的历史方位——中国特色社会主义进入了新时代。中国特色社会主义进入新时代，对于中国和世界来说具有重要意义。为什么说中国特色社会主义进入了新时代？新时代党和国家取得了怎样令人瞩目的成就？中国特色社会主义进入新时代有何重要意义？本专题将对上述问题作出详细分析。

（一）新的历史方位：中国特色社会主义新时代

习近平同志在党的十九大报告中明确指出："经过长期努力，中国特色社会主义进入了新时代，这是我国发展新的历史方位。"① 中国特色社会主义进入了新时代，这是一个重大判断，是从国家事业发展的全局视野、从改革开放近 40 年历程和十八大以来 5 年取得的历史性成就和历史性变革的方位上，所作出的科学判断。新时代的到来，有其深刻的历史逻辑、理论逻辑与现实逻辑，弄懂这一论断的逻辑依据，对于我们深刻把握我国所处的全新方位有着重要意义。

1. 历史逻辑：党领导的伟大事业历史发展的必然结果

第一，中国先进分子选择了马克思主义为走上社会主义道路做了必要准备。自鸦片战争以来，中国逐步沦为半殖民地半封建社会，被动踏上资本主义主导的发展轨道，成为各西方列强的商品倾销地、资源掠夺地，开启了被欺压、被凌辱的被动型社会转型期。面对列强的掠夺与欺压，中国的仁人志士开始探寻国家的出路。在近代中国，人们探讨了多种救国救民的出路，各种观点纷纷涌现；社会各界和政治团体纷纷提出他们的治国方略，如从太平天国到洋务运动，从戊戌变法到清末新政，从三民主义到社会主义，以及实业救国、科学救国、教育救国等等，相关探索不胜枚举。近代中国人民最终选择的道路是社会主义，这既是人民的选择，也是历史的必然选择。

---

① 习近平. 决胜全面建成小康社会 夺取新时代中国特色社会主义伟大胜利——在中国共产党第十九次全国代表大会上的报告［M］. 北京：人民出版社，2017：10.

从早期探索国家的出路，到最终选择社会主义道路，这是一个非常复杂波折的过程。从太平天国到戊戌变法前，中国知识界对中国社会的出路的认识尚处于自发的、模糊的、空想的阶段，且并未形成成熟的概念。太平天国的《天朝田亩制度》和《资政新篇》，实质上是农业平均主义思想的体现，是皇权思想影响下平均主义思想和基督教的宗教意识相结合的产物。洋务运动打着"自强""求富"的旗号，实质上是一场为了挽救清政府统治的自救运动。而地主阶级的封建性与妥协性一开始就决定了洋务运动难以摆脱对列强的依附，最终难逃失败的结局。资产阶级改良派的维新运动本身充斥着限制皇权与依靠皇帝的尖锐矛盾，托古改制无异新瓶装旧酒，自上而下的政治改良很快被守旧势力的强力镇压敲响了丧钟。在戊戌变法失败后，西方社会科学新知识与各种社会思潮开始被引入中国，其间夹杂着对社会主义的零散介绍，中国知识分子初步接触到社会主义。在清朝末期，社会主义思潮始终影响着中国各个阶级、阶层的知识分子。在这一历程中，他们通过各种渠道和方式接触并选择性地传播了马克思主义和社会主义的基本知识和理论。在这个曲折复杂的过程中，李大钊等先进人士逐步划清了同无产阶级社会主义、科学社会主义和其他社会主义流派的界限，走上了马克思主义的道路，为今后中国走上社会主义道路打下了思想基础。

第二，社会主义革命和建设时期为开创中国特色社会主义提供了坚实基础。在马克思主义理论的指导下，在中国共产党不断结合中国国情进行理论创新的基础上，中国人民推翻了帝国主义、封建主义、官僚资本主义"三座大山"的压迫，成立了中华人民共和国，实现了民族独立、人民解放的历史任务，中华民族实现了站起来的伟大飞跃。新中国成立后，中国共产党带领全国人民踏上了社会主义革命和建设的新征程。面对新中国成立初期经济文化十分落后的现实状况，面对四个"能不能"的现实挑战，中国共产党团结带领全国各族人民在实践中探索，努力完成民主革命的遗留任务，为向社会主义过渡营造和平稳定的社会环境与储备足够的经济基础。之后，我们党制定了过渡时期的总路线，带领人民进行社会主义改造，进而开展社会主义建设。这一时期虽一定程度上经历了诸多挫折，但总体而言实现了一穷二白、人口众多的东方大国大步迈进社会主义社会的伟大飞跃，初步建立起独立的比较完整的工业体系和国民经济体系，取得了社会主义建设的巨大成就，为下一时期开创和发展中国特色社会主义储备了宝贵的理论、经验与物质基础。

第三，改革开放以来中国特色社会主义的开创与发展为进入新时代储备了更加坚实的理论与物质基础。党的十一届三中全会以来，以邓小平同志为核心的党的第二代中央领导集体，以巨大的政治勇气和理论勇气提出进行改革开放，比较系统地初步回答了在中国这样的经济文化比较落后的国家如何建设社会主义、如何巩固和发展社会主义的一系列基本问题，成功开创了中国特色社会主义。党的十三届四中全会以来，以江泽民同志为核心的党的第三代中央领导集体，开创全面改革开放新局面，成功把中国特色社会主义推向 21 世纪。新世纪新阶段，以胡锦涛同志为核心的党中央，强调坚持以人为本、全面协调可持续发展，提出构建社会主义和谐社会、加快生态文明建设，形成中国特色社会主义事业总体布局，成功在新的历史起点上坚持和发展了中国特色社会主义，实现了中国特色社会主义在新世纪的接续发展。

第四，党的十八大以来的历史性成就和历史性变革使中国特色社会主义进入了新时代。2012 年，党的十八大确立了"两个一百年"奋斗目标，根据中国特色社会主义事业"五位一体"总体布局和全面建成小康社会的目标要求，对我国政治、经济、文化、社会、生态五个方面的建设作出全面部署。会后，以习近平同志为核心的党中央在党的十八大的科学部署的基础上，顺应历史大势与人民需求，以巨大的政治勇气和强烈的责任担当，推动党和国家事业发生历史性变革。自此，在我国发展取得的重大成就基础上，中国特色社会主义站上了新的历史起点，进入了新的发展阶段。这一新的发展阶段，与中国共产党成立近 103 年来的历史一脉相承，与新中国成立近 75 年来的历史一脉相承，更是与改革开放近 45 年来的历史一脉相承。同时，这一新的发展阶段，又具备许多与时俱进的新特征，展现了中国共产党守正创新、与时俱进的美好品格。

2. 理论逻辑：马克思主义社会发展阶段理论的运用和发展

百余年前，中国先进知识分子选择了马克思主义，确立了共产主义信仰。在马克思主义的指导下，我国经历了新民主主义革命时期、社会主义革命和建设时期、改革开放和社会主义现代化建设新时期，取得了众多举世瞩目的成就，最终从党的十八大开始，中国特色社会主义进入新时代。新中国的发展轨迹，得益于中国共产党以马克思主义思想为指导，始终坚持将马克思主义与中国具体实际相结合，创造马克思主义中国化理论成果，并将其作为党和国家事业发展的根本指南。从根本上看，探寻中国特色社会主义进入新时代的理论依据，要从我们立党立国的根本指导思想入手，即从马克思主义入手进行分析。

马克思主义认为，人类社会的发展有一定的演进规律，是由不同的历史阶段组成的。人类社会演进一般分为五个阶段，即原始社会、奴隶社会、封建社会、资本主义社会、共产主义社会。其中，每一形态的社会发展也是分阶段的，共产主义社会也不例外。在《哥达纲领批判》中，马克思将共产主义社会划分为第一阶段与高级阶段。列宁则在继承马克思主义思想的基础上，将共产主义第一阶段称为社会主义社会。

【拓展阅读】《哥达纲领批判》中关于共产主义社会阶段划分的论述

  ……但是这些弊病，在经过长久阵痛刚刚从资本主义社会产生出来的共产主义社会第一阶段，是不可避免的。权利决不能超出社会的经济结构以及由经济结构制约的社会的文化发展。在共产主义社会高级阶段，在迫使个人奴隶般地服从分工的情形已经消失，从而脑力劳动和体力劳动的对立也随之消失之后；在劳动已经不仅仅是谋生的手段，而且本身成了生活的第一需要之后；在随着个人的全面发展，他们的生产力也增长起来，而集体财富的一切源泉都充分涌流之后，——只有在那个时候，才能完全超出资产阶级权利的狭隘眼界，社会才能在自己的旗帜上写上：各尽所能，按需分配！

  ——马克思. 哥达纲领批判［M］. 北京：人民出版社，2018：16.

  随着社会主义实践探索的不断深入与理论思考的逐渐深化，社会主义阶段划分就成为所有社会主义国家都必须面临的问题。我国完成三大改造、进入社会主义社会后，中国共产党以马克思列宁主义为指导，开始探索我国社会主义发展阶段问题。1959 年，毛泽东根据阅读苏联《政治经济学教科书》所迸发的灵感，将社会主义阶段划分为"不发达的社会主义"和"比较发达的社会主义"两个阶段。1981 年，《关于建国以来党的若干历史问题的决议》明确指出"我国的社会主义制度还是处于初级的阶段"，这一论断在党的十三大上得以系统阐述。社会主义初级阶段理论的提出，对党和全国人民正确把握基本国情、更好制定与执行社会主义建设的基本政策与纲领有着重要的指导意义。2002 年，党的十六大首次提出"我国正处于并将长期处于社会主义初级阶段"的重要论断，党的十七大和十八大报告都重申这一论断。

  中国特色社会主义进入新时代，并未改变我国处于社会主义初级阶段的基本国情，而是在社会主义初级阶段的基础上，我国发展步入了新的发展阶段，这一发展阶段被表述为"新时代"。中国特色社会主义进入新时代这一重大论断，既是对马克思列宁社会发展阶段理论的承继，又是马克思主义中国化与时俱进的理论创新。

  3. 现实逻辑：党的十八大以来的多重现实变化

  中国特色社会主义是在改革实践中形成的。没有改革开放，就不会有中国特色社会主义道路。中国特色社会主义及其发展蕴含在改革开放的实践逻辑之中。所以，我们判断中国特色社会主义进入新时代的现实逻辑，必须基于改革开放 40 多年来，特别是党的十八大以来所取得的伟大成就。

首先，支撑中国特色社会主义进入新时代的依据是主要矛盾的改变。习近平同志在党的十九大报告中提道："中国特色社会主义进入新时代，我国社会主要矛盾已经转化为人民日益增长的美好生活需要和不平衡不充分的发展之间的矛盾。"① 社会主要矛盾的变化，意味着我国发展状况与今后发展任务发生了变化，对我国的发展全局产生了深刻影响。人民日益增长的美好生活需要和不平衡不充分的发展之间的矛盾，要求我们在新的历史起点上，着眼提升发展质量与发展效益，以便更好地满足人民群众对美好生活的需求，进而促进人的全面发展，推动社会的全方位进步。

【历史梳理】我国社会主要矛盾转变史

时间	会议	内容
1949 年 3 月	党的七届二中全会	中国革命在全国胜利，并且解决了土地问题以后，中国还存在着两种基本的矛盾。第一种是国内的，即工人阶级和资产阶级的矛盾。第二种是国外的，即中国和帝国主义国家的矛盾
1956 年 9 月	党的八大	我们国内的主要矛盾，已经是人民对于建立先进的工业国的要求同落后的农业国之间的矛盾，已经是人民对于经济文化迅速发展的需要同当前经济文化不能满足人民需要的状况之间的矛盾。这一矛盾的实质，在我国社会主义制度已经建立的情况下，也就是先进的社会主义制度同落后的社会生产力之间的矛盾
1981 年 6 月	党的十一届六中全会	在社会主义改造基本完成以后，我国所要解决的主要矛盾，是人民日益增长的物质文化需要同落后的社会生产之间的矛盾
2017 年 10 月	党的十九大	中国特色社会主义进入新时代，我国社会主要矛盾已经转化为人民日益增长的美好生活需要和不平衡不充分的发展之间的矛盾

其次，支撑中国特色社会主义进入新时代的依据是历史任务的转变。新时代，我们党面临的主要任务是，实现第一个百年奋斗目标，开启实现第二个百

---

① 习近平. 决胜全面建成小康社会 夺取新时代中国特色社会主义伟大胜利——在中国共产党第十九次全国代表大会上的报告［M］. 北京：人民出版社，2017：11.

年奋斗目标新征程，朝着实现中华民族伟大复兴的宏伟目标继续前进。党的十九大既对实现第一个百年奋斗目标提出了明确要求，又依据我国面临的机遇与挑战对实现第二个百年奋斗目标作了详细的阶段安排：从 2020 年到 2035 年，在全面建成小康社会的基础上，再奋斗 15 年，基本实现社会主义现代化；从 2035 年到 21 世纪中叶，在基本实现现代化的基础上，再奋斗 15 年，把我国建成富强民主文明和谐美丽的社会主义现代化强国。这一安排为新时代党和国家的事业发展明晰了时间表，中国特色社会主义新时代的伟大事业必将按照这一规划走向更加光明的未来。

【历史梳理】我国历史任务转变脉络

时间	新民主主义革命时期	社会主义革命和建设时期	改革开放和社会主义现代化建设新时期	中国特色社会主义新时代
任务	反对帝国主义、封建主义、官僚资本主义，争取民族独立、人民解放，为实现中华民族伟大复兴创造根本社会条件	实现从新民主主义到社会主义的转变，进行社会主义革命，推进社会主义建设，为实现中华民族伟大复兴奠定根本政治前提和制度基础	继续探索中国建设社会主义的正确道路，解放和发展社会生产力，使人民摆脱贫困、尽快富裕起来，为实现中华民族伟大复兴提供充满新的活力的体制保证和快速发展的物质条件	实现第一个百年奋斗目标，开启实现第二个百年奋斗目标新征程，朝着实现中华民族伟大复兴的宏伟目标继续前进

再次，支撑中国特色社会主义进入新时代的依据是理论创新实现新飞跃。党的十八大以来，以习近平同志为核心的党中央创立了习近平新时代中国特色社会主义思想，创造性地回答了新时代坚持和发展什么样的中国特色社会主义、怎样坚持和发展中国特色社会主义的时代课题，实现了马克思主义中国化的重大理论创新。习近平新时代中国特色社会主义思想，实现了马克思主义中国化的新飞跃，是党和国家奋斗的行动指南。在习近平新时代中国特色社会主义思想的指导下，党和国家的事业取得了历史性成就、发生了历史性变革，开创了中国特色社会主义新时代。

最后，支撑中国特色社会主义进入新时代的依据是时局发生重大变化。2018 年 6 月 22 日，习近平同志在中央外事工作会议上指出："当前，我国处于近代以来最好的发展时期，世界处于百年未有之大变局，两者同步交织、相互激荡。"① 在两个大局同步交织、相互激荡的时代背景下，中国日益走近世界舞台中央。随着我国综合国力的不断提升、对外开放格局的越来越大，我国国际影响力进一步提高，在世界舞台上发挥着前所未有的重要作用。在时局发生重大变化的背景下，我国面临着前所未有的战略机遇期，中华民族迎来了从站起来、富起来到强起来的伟大飞跃，实现中华民族伟大复兴进入了不可逆转的历史进程。

（二）新的历史变化：新时代的历史性成就和历史性变革

党的十八大以来，党和国家事业取得历史性成就、发生历史性变革。这些伟大成就与深刻变革改变了国家面貌、极大提升了人民的生活水平，彰显了中国特色社会主义的制度优势。我们要深入了解新时代的历史性成就和历史性变革的标志成果，深刻认识取得成就和发生变革的根本原因，充分把握其间蕴含的经验启示，奋力续写新时代发展的新篇章。

【拓展阅读】中共中央关于党的百年奋斗重大成就和历史经验的决议

> 以习近平同志为核心的党中央，以伟大的历史主动精神、巨大的政治勇气、强烈的责任担当，统筹国内国际两个大局，贯彻党的基本理论、基本路线、基本方略，统揽伟大斗争、伟大工程、伟大事业、伟大梦想，坚持稳中求进工作总基调，出台一系列重大方针政策，推出一系列重大举措，推进一系列重大工作，战胜一系列重大风险挑战，解决了许多长期想解决而没有解决的难题，办成了许多过去想办而没有办成的大事，推动党和国家事业取得历史性成就、发生历史性变革。
>
> ——中共中央关于党的百年奋斗重大成就和历史经验的决议［M］. 北京：人民出版社，2021：27.

1. 标志成果：新时代历史性成就和历史性变革有哪些?

理论创新取得重大成就。党的十八大以来，我们始终坚持继承马克思列宁主义、毛泽东思想、邓小平理论、"三个代表"重要思想、科学发展观，结合新时代新变化创立了习近平新时代中国特色社会主义思想。习近平新时代中国特色社会主义思想内涵丰富、体系庞大，"十个明确""十四个坚持""十三个方

---

① 中共中央宣传部，国家发展和改革委员会. 习近平同志经济思想学习纲要［M］. 北京：人民出版社、学习出版社，2022：31.

面成就"构成了习近平新时代中国特色社会主义思想的主要内容，全面回答了新时代的总目标、总任务、总体布局、战略布局等基本问题，并且规划了新时代坚持和发展中国特色社会主义的方向、方式、步骤，对党和国家事业的方方面面作出了理论概括与战略指引。习近平新时代中国特色社会主义思想，产生于新时代的伟大实践并在实践中不断深化，成为新时代伟大实践的理论指南，实现了理论创新与实践创新的良性互动，为新时代党和国家事业的发展提供了根本遵循。

党的领导得到全面加强。中国共产党是中国特色社会主义事业的领导核心，党的十八大以来，以习近平同志为核心的党中央高度重视加强党的领导，针对为什么要坚持和加强党的全面领导、怎样坚持和加强党的全面领导这一重大课题，提出了一系列新观点新论断，如"党政军民学，东西南北中，党是领导一切的"，"党中央是大脑和中枢，党中央必须有定于一尊、一锤定音的权威"，"必须完善坚持党的领导的体制机制，更好发挥党的领导这一最大优势"①，从理论上回答了坚持和加强党的全面领导的必要性与重要性。此外，党中央还采取一系列新战略新举措，如严肃党内政治生活，加强党的政治建设、思想建设、组织建设、作风建设、纪律建设，把制度建设贯穿其中，深入推进反腐败斗争，加强党内法规建设，健全党的领导制度体系，在实践中落实坚持和加强党的全面领导。在以习近平同志为核心的党中央的领导下，我们党始终发挥着总揽全局、协调各方的领导核心作用，党的领导力、团结力不断增强，带领全国各族人民为中国特色社会主义事业努力奋斗，攻克了一道又一道难关，取得了一个又一个成就。

战略部署日渐科学完整。党的十八大以来，我们对中国特色社会主义建设事业发展作出科学完整的战略部署，明确"五位一体"总体布局和"四个全面"战略布局，着力解决新时代党和国家事业发展的困难，对许多方向性、战略性问题作出部署，统筹发展和安全，紧紧围绕新的社会主要矛盾推进各项工作，以中国式现代化全面推进中华民族伟大复兴。

第一个百年奋斗目标胜利完成。2021年，我们完成了全面建成小康社会的奋斗目标，打赢了人类历史上规模最大的脱贫攻坚战，历史性地解决了绝对贫困问题，为全球减贫事业作出了重大贡献。

经济建设取得重大成就。我们提出并贯彻新发展理念，着力推进高质量发展，推动构建新发展格局，推进供给侧结构性改革，经济实力快速跃升。党的

---

① 习近平. 习近平同志谈治国理政［M］. 北京：外文出版社，2020：85—89.

十八大以来，截至2022年，我国国内生产总值从54万亿元增长到114万亿元，经济总量占世界经济比重达18.5%，稳居世界第二。我们加快推进科技强国建设，全面发展制造业，关键核心技术取得重大突破，基础设施建设取得重大成就，国家经济实力、科技实力、综合国力跃上新台阶。

全面深化改革取得重大进展。党的十八大以来，我们党打响了改革攻坚战。党的十八届三中全会通过《中共中央关于全面深化改革若干重大问题的决定》，对全面深化改革作出了全面部署，开创了改革开放新局面。依据党的十八届三中全会的新部署，我们党坚持改革正确方向，全面深化改革迅速展开。党中央着力抓好基础性、长远性、系统性的制度设计，激发人民首创精神，以满足人民日益增长的美好生活需要为出发点和落脚点，推动重要领域和关键环节改革取得突破性进展。

对外开放更加积极主动。党的十八大以来，我们实行更加积极主动的开放战略，构建面向全球的高标准自由贸易区网络，加快推进自由贸易试验区、海南自由贸易港建设，共建"一带一路"成为深受欢迎的国际公共产品和国际合作平台。我国成为一百四十多个国家和地区的主要贸易伙伴，货物贸易总额居世界第一，吸引外资和对外投资居世界前列，形成更大范围、更宽领域、更深层次对外开放格局。

民主法治建设迈出坚实步伐。党的十八大以来，我们坚持走中国特色社会主义政治发展道路，以全过程人民民主保障人民当家作主，人民代表大会制度、中国共产党领导的多党合作和政治协商制度、基层民主自治制度更加健全。中国特色社会主义法治体系不断健全，法律规范体系更加完备，法治实施体系更加高效，法治监督体系更加严密，法治保障体系更加有力，党内法规体系逐渐完善，全面依法治国和法治中国建设取得重大成就。

思想文化建设取得重大进展。我们加强党的意识形态工作的指导，确立和坚持马克思主义在意识形态领域指导地位的根本制度。我们加强党的创新理论的学习与传播，坚持以社会主义核心价值观引领文化建设。我们推动中华优秀传统文化创造性转化、创新性发展，加快国际传播能力建设，大力提升国家文化软实力、中华文化影响力。在党中央的领导下，全党全国各族人民文化自信明显增强、精神面貌更加奋发昂扬。

人民生活不断改善。我们坚持立党为公、执政为民，深入贯彻以人民为中心的发展思想，坚持保障和改善民生。我们历史性解决了绝对贫困问题，脱贫地区基础设施建设突飞猛进。新型城镇化推动居民生活水平提升，城镇居民恩格尔系数由2012年的32%下降到28.8%。我们建成了世界上规模最大的社会保障体系，基本医疗保险覆盖 13.6 亿人，基本养老保险覆盖 10.4 亿人。我们卫生健康事业发展取得显著成就，人均预期寿命增长到 78.2 岁。我们教育普及水平实现历史性跨越，2023 年，我国高中阶段教育毛入学率达 91.6%，高等教育毛入学率达 59.6%，与高收入国家差距显著缩小。

生态文明建设成效显著。我们坚持绿水青山就是金山银山的理念，全面加强生态环境保护。污染防治攻坚战取得显著成效，我国空气质量明显好转，水环境质量逐步改善，土壤污染风险得到有效管控。绿色低碳发展扎实推进，能源结构明显改善，经济社会发展全面绿色转型。自然生态环境保护力度显著加大，生态环境保护制度体系加快建立完善。

国家安全得到全面加强。我们提出并贯彻总体国家安全观，着力推进国家安全体系和能力建设，把安全发展贯穿国家发展各领域全过程。我们制定出台一系列国家安全领域法律法规，如《中华人民共和国国家安全法》《中华人民共和国反间谍法》《中华人民共和国网络安全法》《中华人民共和国境外非政府组织境内活动管理法》，为维护国家安全提供了有力法治保障。我们巩固国家安全人民防线，设立全民国家安全教育日，推动全社会形成维护国家安全的强大合力。

强军兴军开创新局面。我们确立党在新时代的强军目标，贯彻新时代党的强军思想，贯彻新时代军事战略方针，坚持党对人民军队的绝对领导。坚持既"强大脑"又"壮筋骨"，全面实施改革强军战略，坚持减少数量、提高质量，打造精干高效的现代化常备军，人民军队实现整体性革命性重塑。坚持既"除痼疾"又"增活力"，深入开展组织清理、思想清理，出台《关于新形势下深入推进依法治军从严治军的决定》等法规制度，人民军队的政治生态焕然一新。坚持既"补短板"又"强优势"，创新军事人才培养体系，调整优化军事战略布局，军队现代化水平和实战能力显著提升。

港澳台工作取得新进展。我们全面准确推进"一国两制"实践，坚持"一国两制"、"港人治港"、"澳人治澳"、高度自治的方针，推动香港进入由乱到治走向由治及兴的新阶段，香港、澳门保持长期稳定发展良好态势。我们提出新时代解决台湾问题的总体方略，促进两岸交流合作，坚决反对"台独"分裂行径，坚决反对外部势力干涉，牢牢把握两岸关系主导权和主动权。

外交工作展现新格局。我们全面推进中国特色大国外交，我国国际影响力、感召力、塑造力显著提升。我们把握新方位推进新战略，经略周边，开拓周边，打造周边命运共同体。我们坚持双边与多边结合，构建更加丰富完整的对外交往格局。我们推出新方案采取新举措，推进全球治理体系变革，坚定维护国际公平正义。我们肩负新使命开启新征程，提出打造人类命运共同体倡议，引领人类发展进步潮流。我们开展抗击新冠肺炎疫情国际合作，积极有为，发挥中国力量，展现负责任大国形象。

全面从严治党成效卓著。党的十八大以来，我们深入推进全面从严治党，取得了历史性、开创性成就。我们聚焦"两个维护"强化政治监督，落实严明政治纪律和政治规矩，落实主体责任和监督责任，强化监督执纪问责。我们打出全面从严治党"组合拳"，加强作风建设，坚决惩治腐败，坚持思想建党和制度治党同向发力，推进学习型政党建设，坚持依规治党，完善党内法规体系，提升党的建设科学化、制度化、规范化水平。我们坚持自我革命，坚持提高党的领导能力和执政能力，保持和发展党的先进性和纯洁性，党在革命性锻造中更加坚强。

2. 根本原因：新时代历史性成就和历史性变革是如何取得的？

党的十八大以来，党和国家事业取得历史性成就、发生历史性变革，我们也经历了对党和人民事业具有重大现实意义和深远历史意义的三件大事：迎来了建党一百周年、中国特色社会主义进入新时代、完成了第一个百年奋斗目标。这些历史性成就与历史性变革来之不易，弥足珍贵。深入探究新时代取得历史性成就和发生历史性变革的原因，有助于我们在新的历史起点上总结经验，始终保持奋斗精神，为开辟中国特色社会主义建设事业更加光明的未来奠定基础。

新时代十年取得历史性成就、发生历史性变革的根本原因，以下四个方面至关重要。

第一，坚持党的全面领导。习近平同志总书记指出：党的领导"是党和国家的根本所在、命脉所在，是全国各族人民的利益所系、命运所系"①，"党的领导是党和国家事业不断发展的'定海神针'"②。可以说，坚持和加强党的全面领导，是党的十八大以来取得的最重要成就之一，又是党和国家事业取得历史性成就、发生历史性变革的最根本保证。党的领导地位和执政地位，是历史的选择、人民的选择，我们党始终不负这个选择。回顾党的历史可以看到，什么时候坚持党的全面领导，党和人民事业就健康发展；什么时候弱化甚至放弃党的全面领导，党和人民事业就受到挫折甚至失败。

【历史回顾】大革命时期中国共产党的失败

1922 年，党的二大通过加入共产国际的决议案。中国共产党作为共产国际的一个支部，毫无疑问必须服从共产国际作出的决定。1925 年，斯大林在共产

---

① 习近平. 在庆祝中国共产党成立 100 周年大会上的讲话 [M]. 北京：人民出版社，2021：11.

② 习近平. 论坚持全面依法治国 [M]. 北京：中央文献出版社，2020：223.

国际执委会上明确宣布:"共产国际是无产阶级的战斗组织","它不能不干预各国党的事务","否认它的干预权利,那就是为共产主义的敌人效劳"。这样的"干预",必然会给中国共产党带来积极的与消极的两方面的影响。

共产国际远在万里之外的莫斯科,对中国的具体情况未必很了解,对中国共产党的指导也就难免出现瞎指挥。实践证明,由一个国际指挥中心遥控各国革命的办法并不成功。

共产国际虽然帮助中国共产党建党,但又认为中国共产党的力量太弱小,在中国革命中不能发挥国民党那样大的作用。在这种情况下,"我们要鼓励同志们到国民党中去,并把用这个办法支持国民革命看作是中国共产党人的主要任务","绝对不要为此打出共产党的旗帜,在很长一段时间内也不能在工会的宣传中利用这面旗帜"。因为许多人"害怕共产主义",并且会"削弱俄国同中国国民党人的合作"。共产国际还认为,中国共产党现时的任务,主要是帮助资产阶级进行革命,只有资产阶级革命成功了,中国发展了资本主义,届时才可能进行无产阶级革命,即革资产阶级的命。因为俄国革命就是这样搞的,中国革命也只能走这条路。

这个观点很快被陈独秀所接受。党的三大通过的宣言,更是明确宣布"中国国民党应该是国民革命之中心势力,更应该立在国民革命之领袖地位"。所以,在后来的国共合作中,当蒋介石争夺领导权时,共产国际和中共中央步步退让,思想根源就在这里。

基于这样的指导思想,第一次国共合作实现后,中国共产党真心实意地同国民党合作,老老实实地给人家帮忙,如将自己联系到的优秀青年介绍到黄埔军校,派共产党员到军校和国民革命军中从事政治工作,帮助国民党建立各级党部,就是不去争夺领导权,更不懂在统一战线中领导权要靠斗争才能取得。

1926年12月13日至18日,中共中央在汉口召开特别会议。为了不因工农运动而刺激国民党右派,会议规定当时党的主要策略是:限制工农运动发展,反对"耕地农有",以换取蒋介石由右向左;同时扶持汪精卫取得国民党中央、国民政府和民众运动的领导地位,用以制约蒋介石的军事势力。"这种政策实质上是牺牲工农群众的根本利益,去迁就国民党右派,为蒋介石和汪精卫夺取国民党的领导权提供了方便。"

共产党的妥协退让,坚定了蒋介石叛变革命的决心。1927年4月12日,蒋介石在上海突然发动反革命政变,一大批的共产党员和革命群众惨死在蒋介石的屠刀之下。接着,江苏、浙江、安徽、福建、广东、广西等省份也相继"清党",大批共产党员和革命群众惨遭杀害。4月18日,蒋建立的南京"国民政府"粉墨登场。

1927 年 7 月 15 日，汪精卫不顾宋庆龄等国民党左派的坚决反对，在武汉悍然召开所谓"分共会议"，决定同共产党决裂。随后，汪精卫集团和蒋介石集团一样，在"宁可枉杀三千，不可使一人漏网"的口号下，对共产党员和革命群众展开大搜捕、大屠杀。至此，轰轰烈烈的国民革命宣告失败。

由此可见，大革命失败的原因，就中国共产党自身来说，在于以陈独秀为首的中央领导层，对逐步演化为国民党右派的蒋介石缺乏清醒的认识和足够的警惕，在领导权的问题上一再迁就退让。而中共中央和陈独秀之所以如此委曲求全，又在于共产国际的错误指导和陈独秀教条主义地对待共产国际的指示。

——罗平汉．中共党史知识问答［M］．北京：人民出版社，2021：21—28.

第二，坚持以人民为中心。中国共产党是以马克思主义为根本指导思想的政党，人民性是马克思主义的本质属性，人民立场是中国共产党的根本政治立场。坚持以人民为中心，既是中国共产党区别于西方政党的显著标志，也是对党全心全意为人民服务宗旨的高度凝练。中国共产党立足新时代，不断丰富发展并充分践行马克思主义人民观，推动党和国家事业取得历史性成就。面对突如其来的新冠疫情，我们党坚持人民至上、生命至上，尽最大努力做到不遗漏一个感染者、不放弃一个病患者，最大限度保护了人民生命安全和身体健康。面对我国社会主要矛盾发生历史性转变，中国共产党坚持发展为了人民、发展依靠人民、发展成果由全体人民共享，着力满足人民日益增长的美好生活需要，推动党和国家事业取得历史性成就、发生历史性变革。在向第二个百年奋斗目标奋进的新征程上，中国共产党将始终坚持以人民为中心，以"始终同人民同呼吸、共命运、心连心"的政治自觉，密切联系群众，倾听群众心声，充分发挥亿万人民的创造伟力，打开中国特色社会主义事业发展新天地。

第三，坚持习近平新时代中国特色社会主义思想的指导地位。党的十八大以来，以习近平同志为核心的党中央紧密结合新的国情世情，坚持马克思列宁主义、毛泽东思想、邓小平理论、"三个代表"重要思想、科学发展观，坚持把马克思主义基本原理同中国具体实际相结合、同中华优秀传统文化相结合，对新时代党和国家事业发展面临的一系列问题与挑战进行缜密思考和科学判断，提出一系列原创性的治国理政新论断，从理论和实践的结合上系统回答了新时代坚持和发展什么样的中国特色社会主义、怎样坚持和发展中国特色社会主义，建设什么样的社会主义现代化强国、怎样建设社会主义现代化强国，建设什么样的长期执政的马克思主义政党、怎样建设长期执政的马克思主义政党等重大时代课题，以全新的视野深化对共产党执政规律、社会主义建设规律、人类社会发展规律的认识，实现了马克思主义中国化新的飞跃，为党的十八大以来党和国家事业取得历史性成就、发生历史性变革，提供了科学指引，为新时代坚持和发展中国特色社会主义、把我们党建设成为长期执政的马克思主义政党、把我国建设成为社会主义现代化强国、实现中华民族伟大复兴，提供了根本遵循。

第四，加强党的自身建设。百年来，中国共产党始终坚持加强党的自身建设，为把自身锻造成始终走在时代前列的执政党而努力奋斗。党的十八大以来，我们党继承了建党以来加强党的自身建设的优良传统，围绕加强党的建设问题，从理论和实践两方面进行了创新创造，形成了一系列新思想、新观点、新论断、新要求，如坚持把党的政治建设摆在首位，坚持把推进党的建设伟大工程同推进党领导的伟大事业紧密结合起来，坚持协调推进、不断完善党的建设总体布局，坚持党的性质、宗旨，永葆党同人民群众的血肉联系，坚持与时俱进、改革创新，增强党的生机活力，坚持全面从严治党，提高管党治党水平，坚决维护党中央权威和集中统一领导等。在党中央高度重视党的自身建设的情况下，我们党以伟大自我革命引领伟大社会革命，最终带领全国各族人民取得巨大历史成就，推动党和国家事业发生历史性变革。

（三）新的奋斗征程：全面建设社会主义现代化国家

党的十八大以来，面对错综复杂的国际形势、艰巨繁重的国内改革发展稳定任务特别是新冠肺炎疫情严重冲击，以习近平同志为核心的党中央不忘初心、牢记使命，团结带领全党全国各族人民砥砺前行、开拓创新，奋发有为推进党和国家各项事业，中国经济实力、科技实力、综合国力和人民生活水平跃上了新的大台阶，在中华大地上全面建成了小康社会，我们乘势而上开启全面建设社会主义现代化国家新征程。

1. 中国共产党探索现代化建设的历史脉络

鸦片战争以来，中国无数仁人志士就踏上了寻求中国现代化之路的旅程。各个不同阶级的有志之士先后奔走呐喊，尝试各种不同的救国方案，但都以失败告终。带领人民实现民族独立、人民解放，实现国家富强、人民幸福的历史重任，最终落在了中国共产党的肩上。探索中国式现代化道路的重任，也由中国共产党一并挑起。中国共产党成立百余年来，团结带领中国人民进行的所有奋斗，归根到底就是为了把我国建设成为一个社会主义现代化强国，实现中华民族伟大复兴。

新民主主义革命时期，中国共产党前仆后继，浴血革命，着眼于推翻人民头上的"三座大山"，围绕实现民族独立、人民解放而披荆斩棘。这一时期，以毛泽东同志为主要代表的中国共产党人，在新民主主义革命的实践中，初步萌生了现代化建设的目标。在 20 世纪 30 年代，中国共产党人就在不同场合开始使用"现代化"或"近代化"等字眼，用以研究和描述中国社会发展的目标。如，1938 年 5 月，毛泽东同志在《论持久战》中提出："革新军制离不了现代化，把技术条件增强起来，没有这一点，是不能把敌人赶过鸭绿江的"①，用来强调军队现代化建设对赢得战争的重要性。周恩来同志对此表示支持，在《怎样进行持久抗战》中提出："最后战胜日本帝国主义，不仅要发挥我军在运动战中的特长，并且要在提高技术条件和军队现代化的基础上，使我军转入阵地战的壕沟工事里去。"② 这一时期，中国共产党人还未形成明确的"建设社会主义现代化国家"的意识，且多将"现代化""近代化""工业化"等概念混用，其中"工业化"运用较为频繁，展现了中国共产党想要带领中国人民改变落后的农业国面貌的迫切心情。1944 年 5 月，毛泽东同志在《共产党是要努力于中国的工业化的》中指出："要中国的民族独立有巩固的保障，就必需工业化。我们共产党是要努力于中国的工业化的。日本帝国主义为什么敢于这样地欺负中国，就是因为中国没有强大的工业。"③ 此处的工业化虽无法完全等同于"现代化"，但不可否认的是，此时强调的工业化建设成为后来现代化建设中不可或缺的一部分，也为以后的现代化建设打下了基础。党的七届二中全会上，毛泽东同志多次使用了"现代性工业""现代化"等概念，提出逐步而积极地引导个体经济"向着现代化和集体化的方向发展"，使"农业和手工业逐步地向着现代化发展"。他还指出，在革命胜利以后，迅速地恢复和发展生产，对付国外的帝国主义，使中国稳步地由农业国转变为工业国，把中国建设成一个伟大的社会主义国家。这些思想的提出为新中国成立后正式启动探索中国式现代化道路奠定了坚实的思想理论基础。

社会主义革命和建设时期，我们党在社会主义革命和建设实践中，逐步廓清了中国社会建设的目标，开始明确使用"现代化"这一概念，逐步提出了实现"四个现代化"目标。1954 年，周恩来同志在第一届全国人民代表大会上所作的《政府工作报告》中就明确指出："我国的经济原来是很落后的。如果我们不建设起强大的现代化的工业、现代化的农业、现代化的交通运输业和现代化

---

① 毛泽东. 毛泽东选集：第二卷 [M]. 北京：人民出版社，2006：511.
② 中共中央文献研究室，中国人民解放军军事科学院. 周恩来军事文选：第二卷 [M]. 北京：人民出版社，1997：86.
③ 中共中央文献研究室. 毛泽东文集：第三卷 [M]. 北京：人民出版社，1996：146—147.

的国防，我们就不能摆脱落后和贫困，我们的革命就不能达到目的。"① 这是中国共产党首次正式将现代化的目标任务明确为"四个现代化"。1956 年，"四个现代化"目标被写入党章，"中国共产党的任务，就是有计划地发展国民经济，尽可能迅速地实现国家工业化，有系统、有步骤地进行国民经济的技术改造，使中国具有强大的现代化的工业、现代化的农业、现代化的交通运输业和现代化的国防"②。1964 年 12 月，周恩来同志在第三届全国人民代表大会上，将"四个现代化"的内容修改为"农业、工业、国防和科学技术的现代化"，并提出分"两步走"实现"四个现代化"的战略部署，即"第一步，建立一个独立的比较完整的工业体系和国民经济体系；第二步，全面实现农业、工业、国防和科学技术的现代化，使我经济走在世界的前列"③。遗憾的是，后来发生了"文化大革命"，"四个现代化"建设的目标未能按步骤展开。尽管如此，从1949 年到 1978 年，我们党领导人民在旧中国一穷二白的基础上建立起独立的比较完整的工业体系和国民经济体系，为我国社会主义现代化建设奠定了坚实的理论基础与制度保障。

改革开放和社会主义现代化建设新时期，中国共产党在以经济建设为中心的实践中，逐渐确立了中国式现代化的道路和方向。在改革开放起步后，以邓小平同志为主要代表的中国共产党人逐渐有了走不同于西方现代化道路的思考。1979 年 3 月 21 日，邓小平同志在会见英中文化协会执委会代表团时说："我们定的目标是在本世纪末实现四个现代化。我们的概念与西方不同，我姑且用个新说法，叫做'中国式的四个现代化'。"④ 之后，他在党的理论工作务虚会上进一步阐释了"中国式的现代化"概念，指出中国式现代化道路，就是走适合中国情况的现代化道路，着眼中国"底子薄""贫穷落后""人口多特别是农民多""耕地少"的具体实际，统筹兼顾发展现代化生产与中国人口众多的问题。⑤ 1979 年 12 月，邓小平同志在会见日本首相大平正芳时，用"小康之家"概括了中国式的四个现代化的特征，并强调，到 20 世纪末，中国的四个现代化

① 中央档案馆，中共中央文献研究室. 中共中央文件选集（1949.10—1966.5）：第 24 册［M］. 北京：人民出版社，2013：224.

② 中共中央文献研究室. 周恩来年谱（1949—1967）：上卷［M］. 北京：中央文献出版社，1997：413.

③ 中共中央文献研究室. 建国以来重要文献选编：第二十册［G］. 北京：中央文献出版社，1998：439.

④ 中共中央文献研究室. 邓小平思想年谱（1975—1997）［M］. 北京：中央文献出版社，1998：111.

⑤ 邓小平. 邓小平文选：第二卷［M］. 北京：人民出版社，1994：163—164.

即使达到了某种目标，国民生产总值人均水平也还是很低的，还无法达到第三世界中比较富裕一点的国家的水平，只能算是一个小康的状态。1983 年 6 月，邓小平同志在会见参加 1983 年北京科学技术政策讨论会的外籍专家时再次强调："我们搞的现代化，是中国式的现代化……我们主要是根据自己的实际情况和自己的条件，以自力更生为主。"① 此后，以江泽民同志、胡锦涛同志为主要代表的中国共产党人，接续带领全体人民不断探索中国式现代化，先后提出"新三步走"发展战略，推进我国现代化总体布局由"三位一体"向"四位一体"再向"五位一体"转变等重大战略思想，丰富和拓展了中国式现代化的科学内涵。

2. 全面建设社会主义现代化国家新征程的开启

从"小康之家"到"小康社会"，从"总体小康"到"全面小康"，从"全面建设"到"全面建成"，小康目标不断实现，中国共产党在中国式现代化道路上越走越稳，为开启全面建设社会主义现代化国家新征程奠定了坚实基础。

第一步，如期全面建成小康社会、实现第一个百年奋斗目标。党的十八大以来，以习近平同志为核心的党中央，锚定"全面建成小康社会"这个宏伟目标，团结带领全国人民全力冲刺。2012 年，党的十八大提出，我们要抓住一切机遇，沉着应对挑战，确保到 2020 年实现全面建成小康社会宏伟目标。党的十八大还将全面建成小康社会的指标细化为"经济持续健康发展，人民民主不断扩大，文化软实力显著增强，人民生活水平全面提高，资源节约型、环境友好型社会建设取得重大进展"②。从"全面建设小康"到"全面建成小康"，彰显了中国共产党实现中国式的四个现代化的坚定决心。2017 年，党的十九大在总结过去五年的工作和历史性变革的基础上，科学分析全面建成小康社会的客观条件，吹响了夺取全面建成小康社会伟大胜利的号角。由于全面小康是全体人民的小康，要完成全面建成小康社会的任务，就必须打赢脱贫攻坚战。为此，中国共产党坚持以精准扶贫、精准脱贫为基本方略，组织开展了脱贫攻坚人民战争，以前所未有的力度推进脱贫攻坚，重视贫困地区发展。在中国共产党的坚强领导和各地人民的大力支持下，2020 年 11 月，全国 832 个贫困县全部实现脱贫摘帽，12.8 万个贫困村全部出列，现行标准下 9899 万农村贫困人口全部脱贫，所有深度贫困地区的最后堡垒被全部攻克，区域性整体贫困得到解决。

---

① 邓小平. 邓小平文选：第三卷［M］. 北京：人民出版社，1993：29.
② 胡锦涛. 坚定不移沿着中国特色社会主义道路前进 为全面建成小康社会而奋斗［M］. 北京：人民出版社，2012：17—18.

【案例呈现】怀化市沅陵县脱贫攻坚纪实

湖南省沅陵县是国家级贫困县，"老、少、边、穷、库"地区。是武陵山连片特困地区之一，贫困人口多、贫困程度深、致贫因素多、脱贫难度大，全县153个贫困村32674户贫困户113710名贫困人口……一个个贫困数据，像是沅陵脱贫攻坚路上难以逾越的一座座大山。

众志成城打赢脱贫攻坚战，决不让一个贫困户掉队。脱贫攻坚工作启动后，沅陵县将贫困村基础设施改善作为一项重要工作，累计投资3.66亿元，在全县386个行政村实施美丽乡村建设项目，其中贫困村153个，实现全县所有贫困村美丽乡村建设项目全覆盖。沅陵县坚持以脱贫攻坚统揽全县经济社会发展全局，在"多个渠道引水、一个龙头放水"的扶贫格局下，2019年先后接受了项目资金第三方评估、易地扶贫搬迁、实地交叉年度考核、脱贫摘帽第三方评估四项省级考评检查，无漏评，无错退，无"一超过两不愁三保障"硬伤问题，认可度达99.0923%，位居怀化市第一，湖南省前列。2020年2月29日，湖南省人民政府宣布沅陵县脱贫摘帽。

——摘编自红网. 沅水河畔的脱贫实践——怀化市沅陵县脱贫攻坚纪实[DB/OL]. （2020-05-26）[2024-02-28]. https：//baijiahao. baidu. com/s? id=1667718088804526057.

在中国共产党的大力推进下，在各地区各部门深入贯彻落实党中央的决策部署下，我们终于完成了全面建成小康社会的任务。2021年7月1日，习近平总书记在庆祝中国共产党成立100周年大会上庄严宣告，经过全党全国各族人民持续奋斗，我们实现了第一个百年奋斗目标，在中华大地上全面建成了小康社会。

第二步，乘势而上开启全面建设社会主义现代化国家新征程，向第二个百年奋斗目标进军。党的十三大曾提出社会主义现代化建设"三步走"的战略目标，即解决人民温饱问题、人民生活总体上达到小康水平、基本实现现代化。党的十五大在第二步目标即将实现之际，规划了新的"三步走"发展战略，即人民的小康水平更加宽裕、国民经济更加发展与各项制度更加完善、基本实现现代化。在新"三步走"的前两个目标提前实现的基础上，中国共产党提出了"两个一百年"奋斗目标，即到中国共产党成立一百年时全面建成小康社会，然后再奋斗三十年，到新中国成立一百年时，基本实现现代化，把我国建成社会主义现代化国家。在第一个百年奋斗目标已经完成的基础上，中国共产党再次把握历史大势，作出了新时代社会主义现代化建设"两步走"的战略安排，即从二〇二〇年到二〇三五年基本实现社会主义现代化；从二〇三五年到本世纪中叶把中国建成富强民主文明和谐美丽的社会主义现代化强国。在全面建成小康社会的基础上，分两步走把我国建设成为富强民主文明和谐美丽的社会主义现代化强国，这一战略安排把基本实现现代化的时间提前了十五年，充分展现了我国巨大的发展潜力，也彰显了中国共产党坚持为人民谋幸福、为民族谋复兴的崇高追求与坚定决心。

三、专题小结

党的十八大以来，中国特色社会主义进入新时代。中国特色社会主义新时代，是我国发展新的历史方位。站在新的历史起点，我们党面临的主要任务是，实现第一个百年奋斗目标，开启实现第二个百年奋斗目标新征程，朝着实现中华民族伟大复兴的宏伟目标继续前进。

这一时期，以习近平同志为核心的党中央，立足中华民族伟大复兴战略全局和世界百年未有之大变局，团结带领人民自信自强、守正创新、抓住机遇、迎接挑战，以巨大的政治勇气与强烈的责任担当实现了理论创新与实践创新，创立了习近平新时代中国特色社会主义思想，并以此为行动指南带领全国人民创造了新时代中国特色社会主义的伟大成就。回首过去，展望未来，党用伟大奋斗创造了历史伟业，也一定能用新的伟大奋斗全面建设社会主义现代化国家、全面推进中华民族伟大复兴。

四、推荐阅读

1. 习近平．决胜全面建成小康社会 夺取新时代中国特色社会主义伟大胜利——在中国共产党第十九次全国代表大会上的报告［M］．北京：人民出版社，2017.

2. 本书编写组．《中共中央关于制定国民经济和社会发展第十四个五年规划和二〇三五年远景目标的建议》辅导读本［M］．北京：人民出版社，2020.

3. 习近平．习近平谈治国理政：第四卷［M］．北京：外文出版社，2022.

4. 中共中央关于党的百年奋斗重大成就和历史经验的决议［M］．北京：人民出版社，2021.